뜨거운 사랑❤에 다시금 감사 드립니다
저와 두천교 한걸사 역행을 떠나보아요 ~*

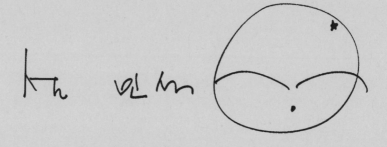

설민석의
무도 한국사 특강

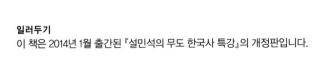

일러두기
이 책은 2014년 1월 출간된 『설민석의 무도 한국사 특강』의 개정판입니다.

설민석의
무도 한국사 특강

설민석 지음

휴먼큐브

설민석의 한국사 대중화를 위한 첫걸음!
『설민석의 무도 한국사 특강』 개정판에 부쳐

'무지 쉽고 도움 되는 한국사 특강!'이라는 깜찍한 제목으로 저의 첫 역사 대중서를 펴낸 지 벌써 4년이라는 세월이 흘렀습니다. 제 첫 책인 만큼 이 책은 다시 훑어봐도 페이지마다 열정이 가득 느껴집니다. 쉽고 재미있게 역사 이야기를 들려달라는 대중의 요청에, 강의 후 피곤함도 잊은 채 즐겁고 신나게 원고를 써내려갔습니다. 그렇지만 이렇게 많은 독자분들이 이 책을 읽어주시고 저에게 분에 넘치는 사랑을 주실 거라고는 상상도 하지 못했습니다.

제가 미처 살피지 못했던 오류들을 발견해 알려주시고, 때로는 칭찬과 격려를, 때로는 질책을 보내주신 독자분들, 고사리손으로 삐뚤빼뚤 쓴 편지에 책을 읽은 소감을 담아 보내준 어린이 친구들, 아이와 함께 재밌게 읽고 있다고 말씀해주셨던 학부모님들, 한국사 공부에 엄두를 못 내고 있었는데 이 책을 통해 시작하게 되었다고 하셨던 학생 및 직장인 독자분들, 모두모두 고맙습니다.

제가 평소 알려드리고 싶었던 여러 역사 이야기들을 충실히 풀어내기는 했으나, 또 그만큼 미숙한 부분도 적지 않았습니다. 많은 분들이 이 책을 사랑해주신 만큼 그에 대한 책임감을 느끼지 않을 수 없고, 그렇기에 부족한 부분을 보완해 개정판을 펴내게 되었습니다. 이제, 새롭게 단장한 『설민석의 무도 한국사 특강』이 또 한 번 독자 여러분을 찾아갑니다! 최신 주류 학설과 이슈를 최대한 반영하려 했으며, 내용 검증의 과정을 재차, 삼차 거쳤습니다. 또한 사진 자료나 사료를 좀 더 보강해 넣으려고 노력했습니다.

많은 분들이 보내주신 응원과 사랑에 저 역시 제가 할 수 있는 방법으로 보답해야겠지요. 여러분이 주신 그 사랑을 밑거름 삼아 앞으로도 한국사 대중화를 위한 다양한 활동을 펼쳐가겠습니다. 저의 이런 활동에 디딤돌이 되어주신 독자 여러분, 우리 역사를 사랑하시는 많은 국민 여러분께 진심으로 감사드립니다. 또한 완벽할 순 없어도 항상 더 노력하고 발전하는 모습을 보여드리고 싶다는 저의 초심을 한결같이 믿어주고 지지해주는 든든한 조력자이자 파트너 휴먼큐브 출판사 황상욱 대표님께 감사의 인사를 전합니다.

『설민석의 무도 한국사 특강』이 제가 책을 통해 여러분을 만나는 소중한 첫걸음이 되었듯, 이 책이 여러분에게도 한국사를 만나는 의미 있는 첫걸음이 되길 바랍니다.

2017년 10월 만개한 가을날에

설민석

대국민 '한국사 바로 알기' 프로젝트!

'역사를 잊은 민족에게 미래는 없다.'

누구나 한 번씩은 들어보셨을 법한 명언이죠. 축구 한일전이 열리는 경기장에 플래카드로 내걸릴 만큼 많은 국민이 알고 있는 유명한 경구이지만, 우리 역사를 기억하는 데 소홀한 요즘 세태를 보면 우리 민족의 미래가 불투명해지고 있는 건 아닌지 때론 걱정스러운 마음이 앞섭니다.

전범국으로서 과오를 인정하지 않고 점점 더 과격한 우경화 행보를 보이는 일본을 앞에 두고, 우리 학생들은 독립을 쟁취했던 선열들의 희생을 잊고 삼일절을 '삼점일절'이라 읽고 있습니다. 3·1운동 당시, 나라의 독립을 부르짖으며 스러져간 학생들이 현재 학교에서 한국사를 공부하는 학생들과 같은 나이였다는 사실을 상기해보면 참으로 씁쓸한 일이 아닐 수 없습니다. 또한 일본이 안중근 의사를 한낱 범죄자로 폄하하며 도발하는 가운데, 안중근이 누구인지도 모르고,

야스쿠니 신사 할 때의 신사는 젠틀맨이며, 매국노 이완용이 나라를 지킨 영웅이 아니냐고 되묻는 우리나라 학생이 많다는 사실은 슬프기까지 합니다.

강단에 서서 학생들에게 한국사를 강의한 지 20년이 넘었습니다. 강산이 두 번 바뀌는 세월 동안 한국사를 알리고 가르치는 데 힘쓰며 우리 역사를 위해 살아왔습니다. 하지만 저의 이런 노력과 무관하게 점점 더 역사에 무관심해져만 가는 사회 분위기를 보면서 때론 가슴이 아프기도 하고, 때론 회의가 들기도 했습니다. 그리하여 우리 역사를 위해 좀더 의미 있는 작업을 해보고 싶다는 생각이 간절히 들었고, 부족하나마 이 책을 펴내야겠다는 결심이 섰습니다.

책의 구체적인 방향과 내용을 정하고, 실행에 옮길 수 있게 되기까지는 저 혼자만의 의욕이 아니라 한국사에 관심을 둔 많은 사람의 도움이 컸음을 밝힙니다. 몇 해 전 저는 MBC 예능 프로그램인 〈무한도전〉에 출연하여 한국사를 가르치는 소중한 시간을 가졌는데요, 그때 제가 맡았던 역할이 우리 역사 속 주요 인물들을 친근하고 재미있게 소개하는 것이었습니다. 인물, 사건, 문화유산이라는 세 가지 테마로 진행된 〈무한도전〉 '한국사 특강' 방송 이후 한국사에 대한 국민들의 관심이 높아졌고, 저 역시 많은 관심과 사랑을 받았습니다. 좀더 다양하고 자세한 내용을 알고 싶다는 문의와, 인물은 물론 사건과 문화유산에 관한 강의도 더 듣고 싶다는 요청이 이어졌고, 저는 이러한 요구들을 반영해 좀더 폭넓은 독자분들에게 다가갈 수 있는 역사 교양서를 펴내면 어떨까 생각하게 되었습니다.

좀더 깊이 있고 전문적인 내용을 다룰 수도 있었겠지만, 모두가 쉽고 편하게 읽고 즐길 수 있는 역사책이 되길 바랐습니다. 가장 대중적인 역사책을 만들고 싶었고, 마치 어릴 적 기분 좋게 받았던 '종합선물세트' 같은 책이 되길 바랐습니다. 편하게 즐길 수 있는 다양한 내용물이 들어 있어서 기호에 따라 어떤 것부터 손을 대도 맛있게 먹을 수 있었던 상자 속의 과자들처럼, 이 책에 실린 어떤 주제를 골라서 읽어도 이해가 쉽고 유익할 것이라 생각합니다. 따라서 한국인이라면 꼭 알아야 할 기본적인 역사 상식들을 바탕으로 우리에게 익숙하지만 정확히 알지 못하거나 잘못 알고 있는 주제들을 선정했고, 생소할 수 있는 용어들은 쉽게 풀어 쓰고자 했습니다.

또한 이해에 도움이 될 자료나 삽화도 충분히 싣고자 노력했습니다. 모든 내용을 통사적으로 광범위하게 다루기보다는 이 책을 내는 계기가 되어주었던 〈무한도전〉 '한국사 특강'의 콘셉트에 맞추어 인물, 사건, 문화유산으로 장을 나눈 후 흥미로운 주제 위주로 지식과 재미 그리고 교훈을 함께 전달하고자 했습니다. 아마도 저 혼자만의 힘으로는 이 책이 완성될 수 없었을 것입니다. 책을 집필하는 데 응원과 조언을 아끼지 않으셨던 연세대학교 박물관장 김도형 교수님, 이 책의 시작과 끝을 책임져준 휴먼큐브 출판사 황상욱 대표님, 자료수집과 구성에 도움을 준 조은호 씨, 김영은 씨에게 감사드립니다.

제게 유일한 소명이 있다면, 바로 '한국사의 대중화'입니다. 어렵고 딱딱하고 지루하게만 느꼈던 우리 역사를 좀더 많은 대중들이 가깝고 친근하게 느끼기를, 쉽고 재미있게 배우기를 바라는 마음이지요. 이 책이 그 작은 디딤돌이 되길 소망하며, 온 국민이 한국사 전문가가 되는 그날까지 제 미약한 힘을 보태겠습니다.

한국사 대중화를 소망하는

설민석

차례

제1장
무도 한국사 특강
: 인물 편

제2장
무도 한국사 특강
: 사건 편

제3장
무도 한국사 특강
: 문화유산 편

제1장
무도 한국사 특강
: 인물 편

단군왕검 한민족의 시조로 받드는 고조선의 첫 임금. 그에 관한 우리나라의 첫 사서 기록은 『삼국유사』에 전하며, 천제天帝인 환인의 손자이자 환웅의 아들로 아사달에 도읍을 정하고 단군조선을 개국했다고 한다.

내 아버지의 아버지,
그 아버지의 아버지……
단군왕검

　　한국사 책을 펼치면 가장 먼저 나오는 인물이 누구던가요? 네, 맞습니다. 바로 단군이죠. 사람들이 단군을 대하는 태도란 그런 것 같아요. 교장 선생님의 훈화를 듣는 기분이랄까요? 특별히 새로울 게 없는 뻔한 이야기, 그 속에 나오는 우리나라의 시조로 아주 상징적이고 훌륭하지만 그 이상도 이하도 아닌 존재…… 곰이랑 호랑이가 쑥하고 마늘 먹느라 고생했다는 이야기가 잠깐 떠오를 것도 같고요. 그렇지만 역사란 이렇게 뒤집어보고 저렇게도 뒤집어보면서 그 이면을 들여다보고 진짜 의미를 캐보려고 다가설 때 진면목을 드러내곤 한답니다. 우리가 익히 알고 있다고 생각하는 단군 이야기에도 여러 가지 오해와 조금 더 깊게 들여다봐야 할 진실이 있거든요. 지금부터 그 숨겨진 이야기들을 하나하나 풀어볼까 합니다.

단군은 사람인가

우선 '단군'이라는 명칭에 대한 오해부터 풀어야겠습니다. 많은 사람이 단군을 성이 단씨인 사람의 이름으로 알고 있는데, 단군은 사람의 이름이 아니라 직책입니다. 오늘날로 따지면 대통령, 조선시대로 따지면 왕을 뜻하는 명칭이죠. 단군의 정식 명칭은 단군왕검입니다. 단군왕검이라는 단어를 나눠보면 '단군'에는 제사장, 무당이라는 뜻이 있고, '왕검'은 정치적 지도자, 무리의 우두머리라는 뜻이에요. 그렇기 때문에 '단군왕검'이라고 하면 정치와 종교를 아우르는 지도자를 가리키는 말이 되는 거죠.

지금 상황으로 바꿔본다면 어떻게 비유할 수 있을까요? 대통령이 월요일부터 토요일까지는 정치를 하다가 일요일에는 교회나 절에 가서 종교의식을 주관하는 형태인 겁니다. 지금으로서는 좀 상상하기 어려운 일이지만 과거 군장국가에서는 가능한 권력 형태였습니다. 따라서 단군을 단순히 고조선의 임금이라고만 일컫는 건 오해를 살 여지가 있습니다. 임금 하면 우리는 보통 정치 지도자를 떠올리잖아요? 그런데 단군은 종교와 정치 권력이 분리되지 않은 제정일치 사회의 우두머리였기 때문입니다.

단군과 관련해 교과서든 교양서든 책을 뒤적여본 사람이라면 아마도 오른쪽의 이미지가 떠오르지 않을까 싶어요. 단군의 모습이라면서 나오는 그림인데, 어느 책을 보든 똑같이 이 그림이 실려 있을 겁니다. 그러면 수천 년 전에 그린 그림이 남아서 지금까지 전해오는 걸까요? 그렇지는 않겠죠. 사실 단군의 생김새는 아무도 모릅니다. 이 그림은 문화체육관광부에서 제작한 거예요. 우리나라에 훌륭한 조상님들이 많은데, 이분들을 선현先賢이라고 부릅니다. 나라

단군 표준 영정

에서 이러한 선현 92명^{2013년 11월 기준}의 표준 영정을 만들어 앞으로 이분들을 책 등에 표현할 때는 같은 그림을 쓰라고 지정합니다. 위인의 모습을 제각기 마음대로 표현하면서 초래하는 혼란을 막기 위한 조치였죠. 이후 여러 선현의 영정이 통일되면서 단군의 영정 또한 이 그림으로 정해진 것입니다.

동아시아 3국의 건국신화 비교

단군을 이야기할 때 빼놓을 수 없는 단군신화에 관해서도 살펴봐야겠죠. 단군신화를 자세히 소개하기 전에 동아시아 3국, 곧 우리와 이웃한 중국과 일본의 건국신화와 우리의 건국신화를 서로 비교해보면 어떨까 싶습니다.

우선 중국의 건국신화를 살펴볼까요? 중국은 워낙 큰 나라라서 그런지 신화 또한 스케일이 큽니다. 반고盤古라는 거인의 이야기로 시작되는데요, 이 거인이 1만 8000년 동안 잠을 자고 일어나 세상을 쭉 밀어내자 윗부분은 하늘이 되고 아랫부분은 땅이 됩니다. 그 거리가 9만 리에 달했다죠. 그렇게 세상을 만든 거인이 죽으면서 한숨을 쉬었는데, 그 한숨이 바람과 구름이 되고, 죽을 때 지른 비명은 벼락이 되고, 두 눈은 각각 태양과 달이 됩니다. 또 몸의 뼈는 산맥, 혈관은 하천이 되고, 머리카락은 초목, 하늘을 받치면서 흘린 땀은 비와 이슬이 되었다는 식으로 설명합니다.

　일본의 건국신화는 어떨까요? 천상계에서 세 명의 신령이 태초 혼돈의 바다를 내려다보다가 세상을 창조하기 위해 남신^{이자나기}과 여신^{이자나미}을 만들어냅니다. 이 두 신이 신령에게 받은 마법 창을 바다에 넣어 휘저은 후 꺼내니 소금이 쌓여 땅이 생기고, 이곳에서 남신과 여신이 결혼하여 여러 신들을 낳고 자연을 탄생시킵니다. 그런데 그만 불의 신을 낳던 이자나미가 타 죽고 말아요. 죽은 이자나미를 찾아 황천국까지 갔던 이자나기는 결국 도망쳐 나오게 되는데요, 이후 부정한 몸을 씻기 위해 목욕을 하던 중 태양과 달과 바다의 신이 생겨납니다. 이 중 태양신인 아마테라스 여신이 일본 황실의 조상신이고, 그녀의 후손이 지금 천황이라는 거예요. 일본은 우리나라를 지배할 때 일본과 조선의 조상이 동일하다는 논리일선동조론日鮮同祖論를 내세워 단군을 아마테라스의 남동생인 스사노오라며 단군과 아마테라스 여신이 남매라고 주장하기도 했습니다. 참 큰 일날 소리죠?

이제 다시 단군신화로 돌아와봅시다. 하늘의 신 환인에게는 환웅이라는 아들이 있었습니다. 인간 세계를 지켜보던 환웅은 어느 날 구름을 타고 풍백, 운사, 우사라는 바람, 구름, 비를 주관하는 신들과 함께 세상에 내려와, 널리 인간을 이롭게 한다는 홍익인간弘益人間의 뜻으로 나라를 세웠습니다. 얼마 후 곰과 호랑이가 환웅을 찾아옵니다. 그리하여 잘 알려진 대로 쑥과 마늘을 이용한 시험에서 곰만 버텨내 마침내 사람웅녀이 되었고, 이 웅녀가 환웅과 결혼해 낳은 아들이 단군왕검입니다.

간단해 보이는 이야기지만 잘 들여다보면 당대의 상황을 알려주는 몇 가지 중요한 단서를 얻을 수 있습니다. 우선 환웅이 데려온 신이 바람, 구름, 비였다는 점에서 고조선이 농경 국가였음이 드러납니다. 농사를 짓는 데에 가장 중요한 게 바람과 구름, 비 같은 환경요인이니까요. 또 신이 내려와 인간을 이롭게 하려 했고, 곰과 호랑이도 인간이 되고 싶어했다는 점에서 인간을 중시하는 아름다운 인본주의 사상을 확인할 수 있습니다. 부족의 기원으로 동물이 등장한 점으로 보아 동물을 숭배하는 토템 사상이 존재했다는 것도 확인할 수 있고요. 무엇보다 쑥과 마늘만 먹으면서 햇빛도 보지 않고 버틴 곰의 이야기, 우리 민족 특유의 은근과 끈기가 엿보이지 않습니까?

이렇게 우리나라의 건국신화를 보면 고조선이 어떤 사회였는지 알 수 있는

건 물론이고, 그 형성 과정까지도 유추해볼 수가 있어요. 이를테면 이런 겁니다. 환웅으로 상징되는 하늘을 섬기는 부족이 점차 세력을 키워 주변 부족을 흡수해갔겠죠. 그 와중에 호랑이를 섬기는 부족과 곰을 섬기는 부족을 통합하려고 했는데, 어떤 이유에선지 호랑이를 섬기는 부족과는 결합하지 못했고, 곰을 섬기는 부족을 통합하는 과정에서 탄생한 무리의 장이 단군왕검이라는 역사적 줄기를 짜볼 수 있습니다. 이처럼 단군신화는 얼핏 허무맹랑한 이야기 같지만 자세히 들여다보면 당시의 상황을 담고 있는 것이 아닌가 추측할 수 있게 하는 좋은 자료인 것이죠.

그렇다면 단군신화는 누가 만든 걸까요? 오른쪽 그림은 청동기시대 군장의 모습을 재현한 것인데요, 목에 걸고 있는 게 청동거울입니다. 단군왕검 또한 이런

행색을 하고 청동거울로 햇빛을 번
쩍번쩍 반사하면서 자신은 똑같은
인간이 아니라 신에게 선택받은
특별한 인간, 즉 신의 아들이라고
주장하며 선민사상選民思想 이를 뒷받침
할 근거로 단군신화를 만들지 않
았을까요? 어떻게 보면 자신의 권
력을 유지하기 위한 수단으로, 피
지배자들에게 지지와 존경을 얻어
내기 위한 방편으로 만들어낸 이
야기가 단군신화인 셈이죠.

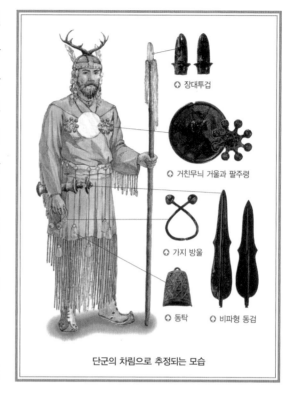

단군의 차림으로 추정되는 모습

이런 이야기가 민간에서 구전
되다가 고려시대 『삼국유사』에 실
리면서 건국신화로 공식화된 것으로 보입니다. 『삼국유사』는 고려 충렬왕 때 제
작되었는데, 그 시기에 고려는 몽골의 공격에 항복하여 내정 간섭을 받고 있었
습니다. 그러다 보니 이민족의 침략과 간섭으로 손상된 자주성을 회복하기 위
해 단군신화를 책에 기록한 것입니다.

지금까지 단군과 단군신화에 얽힌 여러 오해와 진실을 살펴봤고요, 이렇게
탄생한 고조선의 역사를 지금부터 알아보겠습니다.

2000년의 역사! 고조선

일단 고조선이라는 나라 이름부터 정확히 알 필요가 있습니다. 사실 고조선이라는 나라는 없었고 원래 이름은 그냥 조선^{B.C. 2333~108}이었어요. 그런데 고려시대에 일연스님이 쓴『삼국유사』라는 책에서 단군조선과 위만조선을 구분하기 위해 단군조선에 '옛 고^古' 자를 붙여 '고조선'이라고 지칭하면서부터 고조선이라는 용어가 사용되기 시작했죠. 편의상 만들어진 이름과 진짜 이름을 구분할 수 있어야겠죠?

고조선은 우리나라 최초의 국가로, 청동기 문명을 바탕으로 시작되어 철기시대까지 약 2000년간 존속했던 나라였어요. 고조선에 대한 오래된 기록은 중국 책에만 있습니다. 중국 역사학자 사마천이 쓴『사기』, 반고라는 문학가가 쓴『한서』 등에 고조선에 관한 기록이 나옵니다. 우리나라에서는 고려시대 후기에 이르러서야『삼국유사』에 단군과 고조선이 등장해요. 이외에도『제왕운기』 등 여러 책이 있습니다만, 역시 고조선과 관련해 가장 중요한 우리 기록은『삼국유사』로 봐야겠습니다.

조선왕조의 역사를 세세하게 기록해놓은『조선왕조실록』처럼 고조선의 역사를 깊이 있게 기록하고 있는 역사서는 없기 때문에, 고조선의 역사적 변천에 대해 자세히 알 수는 없습니다. 아마 건국 초기에는 단군왕검이 나라를 다스렸을 거예요. 1대 단군, 2대 단군…… 이런 식으로 단군왕검이라는 이름의 우두머리가 나라를 다스렸을 겁니다.

그러다 기원전 3세기 무렵이 되면 고조선은 크게 성장합니다. 삼국시대에 이르러 나라에 중앙 집권 체제가 갖춰지게 되는데, 그 이전 시기의 나라들은 왕권이 약했습니다. 그래서 왕이 아들에게 왕위를 물려주는 게 당연하지는 않았습니다. 그런데 고조선에서는 기원전 3세기 무렵에 부왕, 준왕이라는 왕들이 등장해요. 이들은 왕권을 크게 강화시켜 아버지인 부왕이 아들인 준왕에게 왕위를 물려주기도 했습니다. 또한 중앙에 여러 관직이 마련되어 있어서 국가가 기틀을 갖추었음을 알 수 있습니다.

이 무렵 중국은 여러 나라가 서로 경쟁하던 전국시대였는데, 여러 나라 중 하나인 연燕나라와 대등하게 대립했다는 기록이 있을 정도로 고조선은 성장하고 있었죠. 그러던 중 고조선의 역사를 단군조선과 위만조선으로 나누게 하는 큰 사건이 일어납니다. 위만이 준왕을 내쫓고 왕위에 오른 것입니다.

위만은 진·한 교체기라는 혼란을 피해 1000여 명의 무리를 이끌고 고조선의 준왕에게 투항했다가 반란을 일으켜 준왕을 몰아내고 90여 년 가까이 조선을 다스렸는데, 이 시기를 위만조선이라고 부릅니다. 그런데 위만이라는 사람은 중국 문헌에 따르면 중국 연나라 사람입니다. 하지만 우리는 위만이 중국인이 아닌 조선인과 같은 계통의 사람이라고 보고 있지요. 그 근거로 위만이 상투를

고조선의 영향력이 미친 범위 비파형 동검과 고인돌 출토 지역의 분포로 알 수 있다.

틀고 조선 옷을 입었던 점, 국호를 조선으로 그대로 유지하면서 많은 조선인을 국가 요직에 등용했던 점 등을 들고 있습니다.

사실 고조선과 관련된 많은 내용이 워낙 오래전 역사인 만큼 정확한 사실을 알기는 어렵습니다. 고조선의 수도인 왕검성의 위치조차 분명하지 않아요. 교과서상에는 요동지역에 중심지를 두었다가 후반기에 들어 대동강 부근으로 중심지가 이동한 것으로 추측한다고 기술되어 있기는 하지만요. 어찌되었든 위만조선 이후 고조선은 한나라의 침략으로 멸망했지만, 그 지역에 부여나 고구려 같은 나라들이 건국되어 우리 민족의 정체성을 이어갑니다.

단군과 고조선, 수천 년 전 아득한 과거에 존재했던 역사이기에 분명하지 않은 것도 많고 논쟁의 여지가 있는 부분들도 있습니다. 그렇지만 우리나라의 시초이고 최초의 국가라는 사실만은 변하지 않을 것 같아요. 그러니 적어도 우리 역사의 시조가 되는 단군왕검의 정확한 의미가 무엇이고 고조선은 어떤 나라였는지 오해 없이 이해하는 건 중요한 일이 아닐까 싶습니다.

생각해보면, 우리가 어린 시절 처음 국사를 접할 때 들었던 이야기가 단군신화였을 겁니다. 건국신화라는 건 한 나라의 역사를 흥미롭게 알아가기 위한 첫 단추와 같습니다. 단군신화에 담긴 우리만의 깊은 뜻과 아름다움을 잘 간직해 후대에 전하는 것 또한 우리의 소중한 의무입니다.

중국의 동북공정이란 무엇인가

현재의 중국 국경 안에서 전개된 모든 역사를 자국 역사화하기 위해 2002년부터 중국이 추진한 동북쪽 변경 지역의 역사와 현상에 관한 연구 프로젝트입니다. 중국은 2001년 6월에 동북공정 연구를 추진하기로 계획하고, 이듬해 2월 정부의 승인을 받아 공식적으로 시작했죠. 이에 따른 중국의 역사 왜곡은 지금까지 진행중입니다.

이 프로젝트의 궁극적 목적은 중국의 전략 지역인 동북 지역, 특히 만주 지역과 관련된 역사를 중국의 역사로 편입해, 한반도가 통일되었을 때 일어날 가능성이 있는 영토 분쟁을 미연에 방지하는 데 있습니다. 한국 고대사에 대한 연구는 고조선, 고구려, 발해에 걸쳐 있는데 가장 핵심적으로 집중하고 있는 주제는 고구려입니다. 고구려를 고대 중국의 일개 지방 정권으로 단정하고 이를 공식적인 견해로 확정해버린 것이죠. 물론 고구려 멸망 후 고구려를 계승하며 세워진 발해에 대해서도 마찬가지의 주장을 내세우며 관련 연구를 진행하고 있습니다. 중국 측은 그 주장에 대해 몇 가지 이유를 제시하고 있으나 역사적 사실에 기초하여 볼 때 수긍하기 어려운 궁색한 변명들이 대부분입니다.

이들 3국은 엄연한 한국사의 실체이고, 고구려나 발해는 만주와 한반도를 동시에 영토로 삼았던 국가들입니다. 이 때문에 한국에서도 중국의 역사 왜곡에 체계적으로 대응하기 위해 2004년 3월 교육부 산하의 고구려연구재단을 발족했고, 2006년 9월 동북아역사재단이 출범하여 이를 흡수 통합했습니다.

선덕여왕(?~647) 신라의 제27대 왕이자 최초의 여왕(재위 632~647). 신라가 삼국 통일을 이룩하는 기틀을 다진 당찬 여왕으로 평가받는다. 민생을 향상하고 구휼 사업에도 힘썼으며, 유학생을 파견하고 불법佛法을 들여오는 등 당나라 문화의 수용에도 힘을 기울였다. 첨성대와 황룡사 구층탑을 건립하는 등의 업적도 남겼다.

선덕여왕의
매력 발산

　　불과 수십 년 전까지만 하더라도 정치는 남성의 전유물처럼 여겨졌습니다. 세계 곳곳에서 여성 지도자들이 탄생하고 있는 현재에도 대통령이나 총리는 남자들이 독점하다시피 하니, 여성 지도자라고 하면 아무래도 시선이 쏠리는 건 사실입니다. 그런데 우리나라에 1400년 전쯤 이미 여왕이 있었다는 사실, 알고 계시나요? 바로 이번 이야기의 주인공 선덕여왕입니다. 우리나라 최초의 여왕이고, 이후에 등장하는 진덕여왕, 진성여왕과 비교해볼 때 가장 많은 업적을 남긴 여왕이라 할 수 있어요. 그래서인지 저는 여성 지도자, 여왕이라고 하면 선덕여왕이 가장 먼저 떠오른답니다.

어질고 총명했던 여왕

　　선덕여왕은 신라의 제27대 왕입니다. 여성이 신라의 왕이 된 이유를 알기 위해서는 신라의 골품제를 이해해야겠습니다. 신라는 성골, 진골, 육두품 등 신분에 따라 등급이 나뉘어 있었죠. 그중에 왕이 될 수 있는 등급은 성골뿐이었습니다. 원칙적으로는 같은 골품끼리만 결혼을 할 수 있었고, 다른 골품끼리 결혼을 할 경우 낮은 등급으로 골품이 내려가게 됩니다. 그러다 나중에는 성골이 귀해지게 되고 심지어는 왕위를 이을 남자 성골이 한 명도 남지 않게 된 겁니다. 그래서 진평왕의 딸인 덕만공주가 결국 왕위에 오르게 된 것이죠.

선덕여왕에 대한 전반적인 평가를 찾아보면 선정을 베풀어 민생을 향상했고, 구휼 ^{사회적, 국가적 차원에서 재난을 당한 사람이나 빈민을 구제하는 일} 사업에 힘썼으며, 첨성대와 황룡사 구층탑을 건립하는 등의 업적을 남겼다고 전합니다. 이런 평가들을 보면 선덕여왕이 백성을 아끼는 마음이 크고, 인품과 학식을 고루 갖춘 인물이었음을 짐작해볼 수 있지요. 하지만 아무래도 여자이다 보니 주변국에서 선덕여왕을 얕보는 시선들이 꽤 있었어요. 비담처럼 여자가 왕이라는 이유로 반란을 일으키는 사람이 있는가 하면, 라이벌 백제와의 크고 작은 전쟁에도 끊임없이 시달려야 했습니다. 심지어 후대에 김부식이 편찬한 『삼국사기』에서는 선덕여왕을 두고 '여자를 왕으로 삼았는데 나라가 망하지 않은 게 다행'이라고 평하기도 하죠.

황룡사 구층목탑은 그렇게 내외로 흔들리는 와중에 왕권을 강화하고자 했던 선덕여왕의 마음이 담긴 건축물입니다. 당나라에서 불법을 공부한 자장이라는 승려가 층을 하나하나 쌓아 9층에 이르면 주변의 아홉 나라가 무릎을 꿇을 것이라 조언하여 건립한 탑인데요, 사실 삼국 중에서도 당시 국력이 열세였던 신라가 이런 큰 규모의 탑을 쌓기란 쉬운 일이 아니었을 겁니다.

이 목탑에 대해서는 평가가 엇갈리는 부분이 있습니다. 이런 큰 탑을 세워서 나라의 힘을 모으고 국력을 과시하는 효과가 있었다고 보는 의견도 있고, 불필요하게 너무 큰 공사를 벌이느라 오히려 국력을 소진했다고 비판하는 시각도 있죠. 어쨌든 이 탑은 높이가

황룡사 복원도

80미터쯤 됐다고 하니 당시로서는 어마어마한 축조물이었던 건 맞습니다. 요즘 아파트 한 층의 기준 높이가 2.6미터 정도니, 지금으로 따지면 거의 30층 아파트와 맞먹는 높이입니다. 그러나 아쉽게도 고려시대에 몽골이 침입하여 불태워버리는 바람에 지금은 남아 있지 않죠.

첨성대의 경우도 보통 동양에서 가장 오래된 천체관측 시설 정도로 알려져 있지만, 그 구조를 보면 하늘, 우주를 상징하는 형태임을 알 수 있습니다. 따라서 단순히 하늘을 관찰했던 도구가 아니라, 우주의 힘을 빌려 왕권을 강화하고자 했던 선덕여왕의 뜻이 반영되지 않았을까 생각해보게 됩니다.

여왕의 향기, 여왕의 지혜

선덕여왕이 어떤 사람인지 가장 잘 보여주는 일화가 분황사 모전석탑과 관련된 이야기입니다. 우선 분황사 모전석탑의 뜻을 풀어보면, 분황사芬皇寺는 황

제의 향기를 담은 절이라는 의미고요, 모전석탑模塼石塔은 벽돌을 모방한 석탑이라는 말입니다. 원래 벽돌은 점토로 만들죠. 그런데 한반도의 흙은 중국과 달라 벽돌을 만들기에 적합하지 않았어요. 탑은 쌓아야겠는데 벽돌을 만들 수가 없어 안산암을 직육면체 벽돌 모양으로 깎고 여기에 화강암을 덧대 쌓았기 때문에, 벽돌을 모방한 석탑이라고 이름을 붙인 것이랍니다.

이보다 더 흥미로운 게 분황사라는 이름의 유래입니다. 『삼국유사』에는 이런 일화가 전합니다. 당나라의 태종 황제가 어느 날 선덕여왕에게 붉은색, 자주색, 흰색의 세 가지 색으로 그린 모란꽃 그림과 모란꽃 씨앗을 보냈습니다. 그런데 선덕여왕이 그 그림을 보고 "이 꽃은 정녕 향기가 없을 것이다"라고 말

설민석 作 〈모란도〉

했죠. 꽃씨를 심어 꽃이 피기를 기다렸는데, 실제로 꽃에서 향기가 나지 않았습니다! 훗날 이를 신기하게 여긴 사람들이 꽃에 향기가 없을 것이라는 걸 어찌 알았느냐고 물어보자 선덕여왕은 이렇게 말합니다. "꽃은 그렸지만 나비는 없었소. 그래서 향기가 없는 것을 알 수 있었소. 이것은 당나라 황제가 내가 남편이 없는 것을 비웃은 것이오." 어떻게 보면 당 태종이 성희롱을 했다고 할 수 있으려나요?

이에 선덕은 자신만의 방식으로 당나라 황제에게 대응합니다. 왕으로 즉위하고 3년이 지난 634년에 선덕여왕은 절을 짓고는 '황제의

향기'라는 이름을 붙였습니다. 그 절
이 바로 분황사입니다.

이렇게 당나라 황제와 선덕여왕
이 소통했던 방식을 보면, 그 본질은
조롱일지라도 표현이 무척 절제되고
옛사람들만의 멋이 난다는 생각이
들어요. 직접 말을 주고받는 게 아니
라 문화와 은유로 대화하는 방식이
참 품위 있지 않나요? 무엇보다 이
모든 일화를 통틀어 알 수 있는 사실

분황사 모전석탑

은 선덕여왕이 지혜를 갖춘 사람이었다는 점이지요. 당나라 황제가 보낸 그림
을 보고 자신에 대한 희롱을 알아채는 식견이 있었으니까요. 〈모란도〉에 대한
일화를 조금 덧붙이자면, 당나라 황제가 세 송이의 꽃을 그려 보낸 것은 신라
에 세 명의 여왕이 나올 것임을 예견해서였다는 해석도 있습니다. 실제로 신라
는 세 명의 여왕_{선덕여왕, 진덕여왕, 진성여왕}을 배출합니다.

재색을 겸비했던 아름다운 여인

실제 선덕여왕은 인품과 지혜뿐 아니라 외모도 뛰어났던 모양입니다. 『삼
국유사』나 조선시대 백과사전인 『대동운부군옥』 같은 책에 선덕여왕과 관련된
이런 일화가 전해져요. 선덕여왕의 미모가 워낙 뛰어나 여왕이 한번 경주 성내
에 나서면 온 백성이 몰려들어 여왕을 보려고 안달했다고 합니다. 그중에서도

아주 열성 팬이 한 명 있었던 모양이에요. 지귀라는 청년이었는데, 선덕여왕을 너무 사모한 나머지 상사병에 걸려 몸이 점점 야위어갔다고 해요.

하루는 선덕여왕이 절을 찾았는데 그 소식을 들은 지귀가 절에서 선덕여왕을 기다리고 있다가 깜빡 잠이 든 거예요. 하필 그때 선덕여왕이 절을 나서면서 자신을 기다리다 잠든 지귀를 보고 사모해주는 마음이 고마워 차고 있던 팔찌를 지귀의 가슴에 놓고 떠났다고 합니다. 잠에서 깬 지귀가 비록 선덕여왕은 못 봤지만 팔찌를 자신에게 내준 여왕의 마음에 너무 감격한 나머지 온몸에서 불이 나 그 마을을 홀딱 태워버렸다는 이야기가 설화로 전합니다. 그 일이 있고 나서 경주에는 크고 작은 화재가 자주 일어나 백성들이 큰 피해를 입었고, 이에 선덕여왕은 아래와 같은 시를 짓게 됩니다.

지귀는 마음에서 불이 일어	志鬼心中火
몸을 태우고 화신이 되었네.	燒身變火神
푸른 바다 밖 멀리 흘러갔으니	流移滄海外
보지도 말고 친하지도 말지어다.	不見不相親

이 시를 적어 경주 곳곳에 붙여놓으니 그제야 화재가 멈췄다고 합니다. 그야말로 옛날이야기지만, 남자의 가슴에 불꽃이 일어 온 나라에 불이 났다는 이야기가 전하는 걸 보면 선덕여왕이 매력 넘치는 여자가 아니었을까 상상해볼 수 있습니다. 여왕이 승하한 후 신라는 점점 힘을 키워 삼국 통일까지 이루게 됩니다. 선덕여왕이 내부적으로 왕권을 강화하면서 민생을 안정시키고, 삼국 통일에 중요한 역할을 하는 당나라와 외교 관계를 잘 유지했기에 통일이 가능

했던 게 아니었나 생각합니다.

오늘날 외모 지상주의가 만연합니다. 사람을 판단할 때 얼굴이 얼마나 예쁜지, 몸매는 얼마나 늘씬한지, 키는 얼마나 큰지 등이 기준이 되는 경우가 종종 있지요. 물론 외모가 아름다운 사람은 보기 좋습니다. 하지만 내면의 아름다움이 뒤따르지 못한다면 겉으로 보이는 미모는 금방 색이 바래지 않을까요? 진정 매력적인 사람이 되고 싶다면 얼굴뿐 아니라 마음까지 가꾸는 노력이 필요하다고 생각합니다. 마주 대했을 때 대화가 통하고 마음으로 공감할 수 있는 지혜와 지성을 겸비한 사람이야말로 오랜 시간이 지나도 매력이 사그라지지 않을 것입니다. 1400년 가까운 시간이 지났는데도 여전히 역사책 속에서 자신의 향기를 은은히 내뿜고 있는 선덕여왕처럼 말이지요.

의자왕(?~660)　백제의 제31대 왕이자 마지막 왕(재위 641~660). 재위 초기에는 '해동증자'라 불리며 적극적인 정복 정책으로 국력을 떨쳤으나, 말년에 나당 연합군의 침입을 받아 무기력하게 나라를 잃는다. 『삼국사기』에는 향락에 빠져 정사를 등한시하고 간신들에게 놀아난 임금으로 기록되어 있다.

삼천궁녀의 미스터리, 의자왕

역사를 기록하는 방식에는 크게 두 가지가 있습니다.

- 사실로서의 역사: 역사적 사실을 역사가의 주관적인 생각과 판단을 배제하고 있는 그대로 기록하는 방식—역사가 랑케의 사관.
- 기록으로서의 역사: 역사적 사실을 그 시대와 상황에 비추어 평가하고 판단하여 재구성해 기록하는 방식—역사가 E. H. 카의 사관.

이 중 어떤 입장이 더 옳은지는 판단하기 어려울 것 같습니다. 기본적으로 역사는 가치 평가를 배제하고 객관적으로 서술해야 하지만, 사람이 하는 일이다 보니 개인의 판단이 전혀 들어가지 않기가 어렵죠. 또 어느 시대에 누가 기록하느냐에 따라서도 내용 자체가 완전히 뒤바뀔 것입니다. 그래서 역사는 각 시대적 요구와 상황, 그리고 기록하는 이의 주관에 따라 적절히 평가되고 달라질 수 있는 것입니다.

현존하는 가장 오래된 우리나라 역사책은 고려 중기에 쓰인 김부식의 『삼국사기』입니다. 김부식은 고려의 유명한 문벌귀족으로, 보수 성향의 사람이었습니다. 더구나 신라 진골 귀족 가문의 후예였죠. 그래서 『삼국사기』는 신라 중심으로 쓰일 수밖에 없었습니다. 그런데 이 과정에서 평가 절하된 인물이 있었으니, 바로 의자왕입니다. 흔히 의자왕 하면 나라를 멸망시킨 무능하고 부패한 임금, 삼천궁녀와 놀아난 호색한으로 알려져 있는데, 실제로는 정반대입니다. 치세에 능하고 형제간에 우애가 깊었던 성군 중의 성군이었다면 여러분은 믿으시겠습니까?

성군이 될 수밖에 없었던 의자

의자왕을 왜 의자왕이라고 부르는지 아십니까? 어떤 이들은 의자왕이 밤마다 삼천궁녀와 노느라 힘들어서 낮에는 의자에만 앉아 있다가 그만 의자왕이 되고 말았다는 우스갯소리들을 합니다. 아니, 이 무슨 의자왕이 관 뚜껑 열고 지하에서 뛰쳐나올 소리란 말입니까. 의자왕은 사실 '의'義. 옳을 의 '자'慈. 사랑할 자라는 이름처럼 의롭고 자애로운 임금이었습니다.

『삼국사기』에 따르면 의자왕은 태자 때부터 부모에 대한 효심이 지극하고 형제들과 우애가 깊어 '해동의 증자'증자 : 공자의 제자로서 학식이 출중하고 부모에게 극진히 효도했다고 전해지는 성인로 불렸다고 하니, 그 인품만 봐도 성군이 될 자질이 뛰어났음을 알 수 있습니다. 이런 성품을 타고난 의자는 약 10년간의 태자 생활을 통해 예비 군주로서 탄탄한 수련 과정을 거치게 됩니다. 긴 태자 생활을 마치고 641년 드디어 왕위에 오르는데, 이때 의자왕은 남자다운 연륜과 통찰력을 지닌 인물이었을 것입니다. 한마디로 인생의 절정기에 권력을 잡은 것이지요. 따라서 너무 어리거나 늙어서, 혹은 경험이 없거나 직계가 아니라는 이유로 생길 수 있는 권력의 공백과 시행착오 따위는 전혀 없었던 상황이라는 것입니다.

왕위에 오른 의자왕은 그간의 연륜과 경험을 바탕으로 집권 초기에 정치, 외교, 군사는 물론 민심까지 잡으면서 다방면에서 훌륭한 치세를 보입니다. 일단 즉위하자마자 본인을 견제하던 친척들과 기존 고위 관리 등 40여 명을 섬으로 추방해버리는 숙청을 단행합니다. 왜냐고요? 이제 왕이 되었으니 그동안 자신을 견제하던 세력들은 싹을 잘라야 후환이 없지 않겠어요? 더구나 당시 백제는 귀족 세력의 견제로 왕권이 흔들리던 상황을 막 벗어나 왕권을 강화해나가던 시점이었거든요. 그러고는 직접 주, 군을 순무 여러 행정구역을 두루 돌아다니며 백성들의 어려움을 헤아리고 지방 관리의 잘잘못을 살피는 일하며 죄수들을 사면해주는 등 민심을 수습하기 위해 갖은 노력을 기울였습니다.

영토의 확장 또 확장

내부 권력 기반을 탄탄히 다진 의자왕은 이제 밖으로 뻗어나가기 시작합니다. 라이벌인 신라와의 싸움에서 연이어 승전고를 울리며 자신의 군사적, 외교적 역량을 과시하기 시작한 것이죠. 즉위한 다음해에 직접 군사를 이끌고 신라를 공격해 40여 성을 함락했고, 바로 다음달인 8월에는 신라의 전략적 요충지인 대야성을 공격해 함락하는 등 신라를 위기로 몰아넣습니다. 이때 신라 최고의 진골 귀족이었던 김춘추의 딸과 사위가 목숨을 잃었습니다. 당시 김춘추가 너무 슬퍼 온종일 기둥에 기대서서 눈을 한 번도 깜빡이지 않았다는 기록이 전해질 정도였죠. 의자왕은 즉위하자마자 경쟁국인 신라를 충격과 공포 속에 몰아넣은 무시무시한 정복 군주였던 것입니다. 당황한 신라는 중국 당나라에 구원을 청하기에 이르는데, 당시의 국제 관계를 지도로 보면 아래와 같습니다.

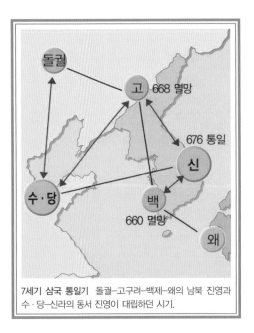

7세기 삼국 통일기 돌궐–고구려–백제–왜의 남북 진영과 수·당–신라의 동서 진영이 대립하던 시기.

그후에도 백제는 645년 신라의 일곱 성을 공격해 빼앗았으며, 655년에는 고구려, 말갈과 함께 신라의 30여 성을 쳐부수는 등 전쟁의 주도권을 쥐는 듯했습니다. 그러나 신라와 당나라가 연합군을 결성해 무려 18만 대군을 이끌고 백제로 쳐들어옵니다. 나당 연합군의 엄청난 인해전술에 계백이 이끈 5천 결사대가 용감히 맞서 싸웠으나, 결국 수적 열세를 극복하지 못하고 전멸하고 말았습니다.

비운의 최후를 맞다

이때 의자왕은 태자와 함께 웅진성오늘날의 충남 공주으로 피신하고, 그곳에서 군을 모아 사비성을 되찾을 계획을 세웁니다. 그러나 웅진성으로 들어간 지 닷새 만에 의자왕은 어이없게도 그냥 항복하고 말았습니다. 왜일까요?

그 의문의 실마리는 2006년 중국 북망산에서 예식진이라는 사람의 무덤과 묘비가 출토되면서 풀리게 됩니다. 예식진은 할아버지 대부터 최고 벼슬을 지냈던 백제의 귀족 출신으로, 백제 멸망 후 당나라의 대장군까지 오른 사람이었어요. 그런데 『구당서』 「소정방열전」 편에 그와 관련해 이런 내용이 있습니다.

其大將禰植 又將義慈來降
그 대장 예식이 의자왕을 거느리고 항복하게 하였다.

이는 신채호의 『조선상고사』에 기록된 백제 멸망 과정과도 맥을 같이하는 내용입니다.

웅진의 수성 대장예식진으로 추정됨이 의자왕을 잡아 항복하라 하니
왕이 동맥을 끊었으나 끊기지 않아, 당의 포로가 되어 묶이어 가니……

이 두 기록은 의자왕이 스스로 당나라에 항복했던 것이 아니라, 믿었던 신하인 예식진에게 배신당했음을 보여주고 있습니다. 의자왕이 예식진이 지키고 있는 웅진성으로 몸을 피해 왔는데, 예식진이 의자왕을 배신하고 당나라에 항복했다는 말이지요. 그러나 『삼국사기』에는 의자왕이 태자 및 웅진방령군을 거느리고 스스로 웅진성을 나와 항복했다고 기록되어 있어서, 무엇이 사실인지는 논란이 되고 있습니다.

포로가 된 의자왕은 당나라 소정방과 신라 무열왕에게 술잔을 올리는 등 굴욕을 겪은 뒤, 왕자들과 대신 80여 명, 백성 1만 2000여 명과 함께 당나라로

끌려갑니다. 그곳에서 포로가 되어 문책 등 갖은 고초를 당하다가 그해에 바로 병사하고 말았습니다. 당시 의자왕의 나이가 이미 예순이 넘었을 것으로 추정되기에, 연로한 나이와 고된 여정 그리고 나라를 빼앗긴 허망함 등이 원인이 되어 사망한 것으로 보입니다.

700년 역사의 백제는 이렇게 무너지고, 의자왕은 망국의 주범이 되었습니다. 역사는 승자의 기록인 법, 신라 입장에서는 백제가 멸망할 수밖에 없었던 이유들이 필요했고, 그래서 백제 말년의 역사는 특히 더 부정적으로 묘사됩니다. '의자왕 말년 태자궁을 수리했는데 대단히 사치스러웠다' '왕이 궁녀들과 주색에 빠져 술 마시기를 그치지 않았다'는 등의 이야기와, '궁궐 나무가 사람처럼 울었다' '우물이 핏빛으로 변했다' 하는 등의 흉흉한 사건들도 기록되어 있거든요.

물론 의자왕은 왕으로서 그 누구보다 나라의 멸망에 책임이 있는 사람입니다. 또한 『삼국사기』의 기록이 신라의 입장에서 부정적인 면만 과장되게 서술되었을 가능성이 있다고 하더라도, 의자왕이 치세 말기에는 즉위 초반처럼 나라를 잘 다스린 것 같지는 않습니다. 그러나 의자왕이 삼천궁녀를 거느렸던 호색한이었다는 것은 기록에도 존재하지 않는 역사의 오류입니다.

의자왕 하면 많은 사람이 가장 먼저 떠올리는 것이 삼천궁녀입니다. 의자왕이 술과 유흥에 빠져 국사를 돌보지 않아 나라를 멸망시켰다며, 그 상징적 존재로 낙화암에서 투신한 삼천궁녀를 거론하곤 하는데요, 그렇다면 삼천궁녀라는 말은 대체 어디서 나온 것일까요?

삼천궁녀의 진실

'삼천궁녀'라는 말은 조선시대 시인인 김흔(1448~?)의 「낙화암」이라는 시에서 처음 찾아볼 수 있습니다. 또한 조선시대 시인 민제인의 「백마강부」라는 시에서도 찾아볼 수 있어요. 이 시들에 '궁녀 수 삼천'이라는 말이 등장하는데, 이는 실제 숫자를 헤아린 게 아니라 '굉장히 많음'을 상징하는 문학적 표현으로 받아들여야 할 것입니다.

왜냐고요? 백제 사비성이 함락되자 삼천궁녀가 몸을 던져 투신했다는 낙화암 아시죠? 실제 낙화암이 있는 궁터에 가보셨습니까? 궁녀라면 궁에서 살았을 텐데, 이곳에 막상 찾아가 보면 협소하여 3000명의 궁녀가 기거할 만한 공간이 없음을 알 수 있습니다. 3000명이 그냥 모여 서 있기도 어려울 만큼 좁습니다. 말이야 바른말이지, 조선시대 궁녀 수가 최대 600명이라고 전하는데 어떻게 사비성의 궁녀가 3000명이 될 수 있겠습니까?

게다가 당시의 기록을 살펴보면 그 어디에도 삼천궁녀에 대한 언급이 없습니다. 심지어 의자왕의 사치와 향락을 기록한 『삼국사기』에도 나와 있지 않아요. 조선시대 시인의 상징적 시구 하나가 졸지에 의자왕을 호색한으로 둔갑시킨 것이지요. 이것이 전해져 1941년 윤승한의 소설 『김유신』에서 그 표현이 반복되고, 오늘날에 이르러 여러 대중가요 속에 계속해서 쓰이면서 기정사실처럼 받아들여지고 있는 것입니다.

말년에 나당 연합군의 침공을 막아내지 못하고 항복함으로써 백제의 마지막 왕이 된 비운의 군주 의자왕. 하지만 해동증자라 불리며 성군 소리를 들었고, 적극적인 개혁 정치로 국정을 쇄신하였으며, 멸망하기 불과 5년 전만 해도 신라를 공격해 30여 성을 빼앗았다는 기록이 전할 만큼 적극적인 정복 사업을 벌이던 왕이었습니다. 1000년 이상 사실처럼 받아들여온 의자왕에 대한 오해와 낙인, 이제는 우리가 좀 풀어드려야 하지 않을까요?

역사를 잊은 민족에게
미래는 없다.

윈스턴 처칠, 영국의 정치가

태조 왕건(877~943) 고려 제1대 왕(재위 918~943). 궁예의 휘하에서 견훤의 군사를 격파했고, 정벌한 지방의 구휼에도 힘써 백성의 신망을 얻었다. 고려를 세운 후 수도를 송악으로 옮기고 불교를 호국 신앙으로 삼았으며, 신라와 후백제를 합병하여 후삼국을 통일했다. 정략결혼과 사성 정책을 통해 호족 통합을 도모했다.

국가의 안정과 번영을 위하여! 일생을 결혼에 매진한 태조 왕건

왕이 된다는 것에 대해 생각해보신 적이 있습니까? 내가 왕이 된다! 어떻게 보면 꿈같이 좋은 일인 것 같지만, 역사를 들여다보면 우리가 생각하는 만큼 화려하고 멋진 자리는 아니었던 듯합니다. 나라를 통치하는 데 따르는 갖가지 어려움에 힘들어하고, 자신의 왕권을 위협하는 무수한 세력들과 갈등하며 하루하루를 보낸 번뇌의 자리가 아니었을까 싶은데요. 이번에는 태조 왕건의 이야기를 따라가면서 자유롭게 상상력을 발휘해, 왕이 된다는 것의 의미와 내가 그 자리에 있었다면 어떤 판단을 했을까 생각해보시면 재미있지 않을까 합니다.

고려의 태조, 왕건

본격적인 이야기에 앞서 태조라는 이름에 대해 먼저 따져볼까요? 태조太祖

는 나라를 세운 왕입니다. 그뒤에 나라의 기틀을 다져 나라를 세운 것에 버금가는 업적을 남긴 왕을 태종太宗이라 하고, 모든 제도와 문물을 완성한 왕은 성종成宗이라고 합니다. 그래서 태조나 성종은 고려에도 있고 조선에도 있는 것이지요. 어쨌거나 왕건은 고려를 세운 왕이고, 그렇기에 태조가 되는 것이랍니다.

왕건은 원래 송악(개성) 출신의 호족으로 궁예 아래에 있었습니다. 그러다가 전쟁에서 승승장구하며 신망을 얻었고, 궁예의 폭정이 계속되자 나중에는 궁예를 몰아내고 자신이 왕이 되지요. 이후 후고구려의 국호를 고려로 바꾸고, 신라와 후백제를 통합하여 후삼국을 통일합니다. 왕건은 나라를 처음 세운 왕인 만큼 업적도 참 많습니다. 대내적으로는 지방의 호족들을 포용하여 왕권을 안정시키고, 백성들을 위해서 빈민 구제 기관인 흑창을 세웠으며, 세금 또한 소득의 10분의 1 이상 걷지 못하게 하는 법을 제정하기도 했고요.

태조 왕건의 북진정책

또 왕건 하면 빼놓을 수 없는 게 북진정책입니다. 고려는 나라 이름에서도 알 수 있듯 고구려를 계승한 나라입니다. 고구려의 영토를 회복해야 할 명분이 있었어요.

왕건은 이런 맥락에서 북쪽 국경을 개척합니다. 또한 고려로 넘어온 발해 유민들을 따뜻하게 맞아주죠. 그래서 흩어져 있던 민족들이 한 나라에 다시 모이는 민족적 통일까지 이루었다는 평가를 받기도 합니다. 이외에도 여진족을 공격하여, 고구려가 멸망하면서 이민족에 빼앗겼던 땅을 일부 되찾아 고려의 영토를 북쪽으로 확장하기도 하지요.

품느냐 내치느냐, 왕의 고민

이런 많은 업적을 남겼지만 태조 왕건은 재위 기간 내내 큰 고민이 있었습니다. 왕의 고민이라면 한두 가지가 아니겠지만, 가장 큰 어려움은 지방 호족들의 세력이 너무 크다는 점이었습니다. 왕건은 스스로의 능력이 뛰어나긴 했지만 근본적으로 추대를 받아 왕이 된 사람이었어요. 궁예의 폭정에 위기감을 느낀 호족들이 당신이 적임자라고 설득해서 왕위에 올랐고, 결국 왕건은 이들의 세력을 등에 업고 고려를 세운 셈이죠. 제가 〈무한도전〉 '한국사 특강' 편에서 강의중에 이 이야기를 했더니 하하씨가 "왕건은 바지사장이냐"라는 말을 해서 웃음바다가 됐었는데요, 과장된 표현이긴 해도 하하씨의 이해도는 90퍼센트 이상이라고 봅니다.

당시 고려는 개국 초기라 국가 전역을 강력하게 통치할 만한 제도가 없었고 군사력도 압도적인 수준은 아니었던 까닭에, 개국공신이라든지 원래 지방에 자리잡고 있던 토착 호족 세력이 사병을 양성하는 등 자기 세력을 유지하고 있었습니다. 일단 고려의 전신이었던 후고구려 자체가 호족들의 연합체였고, 그에 따른 내부 갈등이 적지 않았어요. 전대 왕인 궁예도 사실상 호족들 간의 갈

등 속에 죽음을 맞이했다고 볼 수 있으니까요. 거기에 후백제 세력, 발해에서 내려온 유민 세력까지 있어서 언제 어디서 반란이 일어나 왕권을 뒤흔들지 알 수가 없는 상황이었습니다.

이런 상황에서 여러분이라면 어떤 판단을 하시겠습니까. 칼을 들어 이 피곤한 무리들을 한번에 척결하시겠어요? 아니면 머리를 써서 나에게 반대하는 세력을 교묘하게 제거하시겠습니까? 또는 사랑과 덕으로 반대파들을 내 편으로 끌어들이시겠습니까? 흥미로운 사실은 역사를 돌아보면 구체적 방식과 정도의 차이가 있을 뿐, 왕권을 강화하려는 왕들이 대략 이 세 가지 방법 안에서 행동했다는 점입니다. 그 대표적인 인물을 예로 든다면 조선시대 태종 이방원, 일본의 도요토미 히데요시, 그리고 이 이야기의 주인공 왕건입니다. 한 명씩 살펴볼까요?

새를 대하는 리더들의 태도

토사구팽兎死狗烹이라는 사자성어가 있죠. 사냥을 하러 갈 때는 필요하니까 사냥개를 데리고 가지만 사냥이 끝나면 더이상 쓸모가 없으니 개를 삶아 먹어버린다는 말인데, 역사적으로 이런 사례는 참 많습니다. 아이러니하게도 왕이 될 때 중추적인 역할을 했던 사람일수록 정작 왕이 되고 나면 왕권을 위협하는 세력이 되어버리거든요. 토사구팽이라는 말도 한나라를 세운 유방이 자신의 심복 한신을 처단했던 일화에서 나왔고요.

조선 제3대 왕 태종도 마찬가지였습니다. 태종 역시 순탄하게 왕위에 오른

게 아니라 궁궐 내 여러 가지 갈등 속에 어렵게 왕이 된 사람이었어요. 그러다 보니 왕의 외척 혹은 공신 등 측근 세력이 힘을 키우거나, 자신이 왕자의 난을 벌였듯 다른 왕자들이 세력을 모으는 일을 막고자 했습니다. 이 때문에 왕권 강화에 걸림돌이 되는 주변 사람들을 많이 제거했죠. 여기에는 자신의 심복뿐만 아니라 처남 등 친인척까지 포함되어 있었어요. 어떻게 보면 가장 확실하고 간단하게 반대 세력을 처단하는 방법이지만, 위험도 따르고 충신을 제거한 데 대한 주변의 반발도 뒤따르겠죠.

그렇다면 머리를 쓰는 방식은 어떨까요. 일본 역사상 자주 회자되는 인물로 세 명을 꼽을 수 있는데요, 오다 노부나가, 도쿠가와 이에야스, 도요토미 히데요시가 그들입니다. 재미있게도 이 세 명의 통치 스타일은 모두 달랐어요. 일본인들은 새를 대하는 태도에 빗대 이 세 사람을 비교하곤 합니다. 두견새가 한 마리 있는데, 이 새가 울지를 않습니다. 이 울지 않는 새를 본 오다 노부나가는 "새를 죽여버리라"고 명령하는 사람입니다. 마음에 들지 않는 상대는 처단해버리는 게 그의 성격이라는 거죠. 이에 반해 도쿠가와 이에야스는 "새가 울 때까지 기다리라" 명한다고 합니다. 인내와 끈기를 가지고 때를 기다리는 거죠. 그렇다면 도요토미 히데요시는 어땠을까요? 그는 "새를 울게 만들라"고 말했을 거라고 합니다. 이게 무슨 뜻인지는 그가 다스린 일본을 살펴보면 알 수 있어요.

도요토미 히데요시가 최고 권력자가 되었을 때의 상황은 태조 왕건과 크게 다르지 않았어요. 100년이나 지속된 일본의 전국시대를 끝내고, 서양에서 들어온 조총을 이용해 일본을 통일한 도요토미 히데요시의 권좌는 불안하기만 했습니다. 몇몇 힘있는 다이묘^{지방 호족}를 제압하고 조총으로 위협해 통일까지는 이뤘지만 여전히 각 지방에 막강한 세력들이 살아 있었거든요. 이 상황을 해결하기 위해 그가 쓴 방법이 바로 임진왜란입니다.

생각해봅시다. 100년이나 전쟁을 치른 일본에서 평화로 인해 사무라이들이 할 일이 없어진다면 어떻게 될까요? 그대로 놔뒀다가는 어느 한구석에선가 폭발해 나라 전체를 위협할 수 있는 위험 요소가 되겠죠. 도요토미 히데요시는 이 에너지를 한데 모아 외부로 발산해버립니다. 바로 임진왜란^{1592년}이라는 전쟁을 일으킨 겁니다. 혈기로 가득차 있던 일본의 사무라이들은 도요토미 히데요시에게서 조선을 지나 명나라를 친다는 계획을 듣자마자 환호성을 지릅니다. 도요토미 히데요시는 여기서 한번 더 머리를 써서 조선으로 떠나는 20만 대군의 선봉에 대부분 자신의 반대파들을 세웁니다. 명분은 전쟁의 선봉이었지만 적군의 손을 빌려 반대파들을 척결하겠다는 계산이 깔려 있었던 거죠. 실제로 도요토미 히데요시를 위협할 수 있었던 세력들은 대부분 임진왜란을 거치면서 약해집니다.

임진왜란이라는 전쟁은 그에게는 아쉬울 게 없는 계획이었습니다. 전쟁에서 이기면 조선이든 명나라든 손에 넣을 수 있고, 지더라도 전쟁중에 조선에서 많은 인재와 물자를 약탈해 올 수 있으니까요. 또한 조선이나 명나라가 바다를 건너 일본으로 반격해 오기도 어렵다고 봤기 때문입니다. 실제로 근현대 이전에 배를 띄워 일본 정벌에 나선 나라는 원나라가 유일합니다. 그나마도 태풍과 일본의 강력한 방어로 정벌은 실패했죠. 어쨌든 도요토미 히데요시의 이 같은 상황 타개책은 머리를 잘 썼다고 평가할 수는 있겠지만, 이웃나라에 크나큰 상처를 주고 전쟁으로 많은 사람을 죽음으로 내몰았으므로 긍정적으로 보기는 어렵습니다.

바다와 같은 마음으로 반대파를 끌어안다

태조 왕건은 이렇게 과격하게 반대파를 죽이거나 전쟁 속으로 내모는 방법을 쓰지 않았습니다. 오히려 이들을 끌어안아 가족으로 삼는 유화책을 택합니다. 일단 성씨를 내려주어 대접해주고, 지방 호족들 중에 딸이 있는 경우 그 딸과 결혼합니다. 이러면 딸이 서울에 올라와 있는데다가 장인과 사위 관계에서는 반란을 일으키기가 그만큼 어려워지죠. 그런 명분으로 후고구려 쪽에서 대여섯 명, 후백제 쪽에서 서너 명, 신라 경순왕 쪽에서 한두 명, 이런 식으로 부인의 수를 늘려가게 됩니다. 말년에 헤아려보니 왕건의 아내는 무려 스물아홉 명이었습니다.

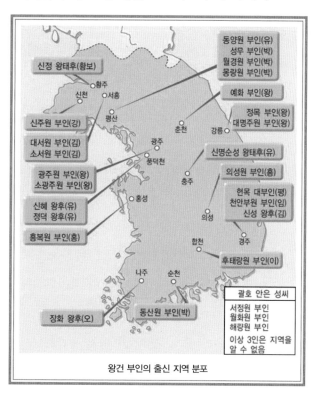

왕건 부인의 출신 지역 분포

그러나 왕건이 정략결혼만 한 것은 아니었어요. 그에게도 아름다운 청춘의 사랑 이야기가 있답니다. 왕건이 장군이었던 시절에 후백제와 전쟁을 치르면서 나주 지방을 공략하던 때였어요. 배를 이용해 나주에 상륙해 작전을 펴던 중, 목이 말라 우물가로 갔더니 빨래하는 처자가 한 명 있더래요. 그래서 물을 한 잔 달라고 했더니, 이 처자가 바가지에 물을 떠주면서 버들잎 하나를 띄워줍니다. 왕건이 왜 버들잎을 넣었냐고 물어보니까, 엄청 목이 말라 보이는데 급하게 마시다 체할까봐 그랬다고 대답했다죠. 마음 씀씀이가 참 예쁘지요? 이에 감동한 왕건이 나주 호족의 딸이었던 그 여인과 결혼을 합니다. 어떻게 보면 정략적 선택이 아니라 정말 사랑해서 결혼한 여자가 바로 이 사람이었겠죠. 이 여인이 바로 둘째 부인 장화 왕후 오씨, 나주 다련군의 딸입니다. 그리고 이들 사이에서 태어난 아들이 고려 제2대 왕 혜종입니다.

어쨌든 왕건이 거느렸던 많은 부인들의 존재는 말도 많고 탈도 많았지만, 실은 그가 호색한이어서가 아니라 왕권을 안정시키고 지방 호족을 다스리기 위해 철저한 정치적 계산 끝에 결정한 선택이었다는 겁니다. 그런데 딸을 시집보내기 어려운 상황의 호족들에게는 어떻게 했냐고요? 그들의 동생이나 조카들을 유학 명분으로 불러들여 돌보아주거나^{기인제도}, 아예 왕씨 성을 내려 가족처럼 끌어안았습니다^{사성정책}. 이제 왕건이 어떤 스타일의 지도자였는지 조금 더 분명해졌나요?

그럼 서두에서 드린 질문으로 돌아가볼게요. 꼭 왕이 아니더라도 우리는 인생을 살아가면서 크든 작든 한 무리의 리더가 되어 그들을 이끌고 책임져야 할 상황과 마주칠 수 있습니다. 지금 이미 그런 고민을 하는 분도 있겠고요. 나에게 어울리는 리더십은 무엇일지 생각해보신 적 있나요?

여러분이라면 강한 카리스마로 집단을 휘어잡고 반대파를 내치시겠습니까? 혹은 제3의 적을 내세워 내부를 다지고 자연스럽게 위험 요인을 제거하시겠습니까? 아니면 내 편과 네 편 모두를 넉넉한 마음으로 가족으로서 끌어안고 화합하시겠습니까? 정답은 없겠지만 역사책을 펼쳐 그에 대한 힌트를 얻을 수는 있겠지요. 우리가 역사를 공부해야 하는 이유가 바로 여기에 있습니다.

공민왕(1330~1374)   고려 제31대 왕(재위 1351~1374). 원나라 배척운동의 일환으로 몽골의 연호와 관제 및 풍속을 폐지했다. 쌍성총관부를 폐지하고 영토를 회복했으며, 신돈을 중용하여 개혁 정치를 펼쳤다. 왕비 노국 공주의 사망 이후 실정을 거듭하다 측근에게 암살당해 생을 마감했다.

사랑에 모든 것을 내던진 남자, 공민왕

'역사'라고 하면 여러분은 무엇이 떠오르시나요? 왕이 나오고 재상과 장군이 등장하는 영웅들의 대서사극이 떠오르시나요? 물론 큰 줄기의 역사들을 알아가는 것도 중요하지만, 역사란 결국 인간이 써내려가는 각본 없는 드라마 아니겠습니까. 인간이 어떤 존재입니까. 울고 웃으며 하루하루를 살아가는 감정적인 동물입니다. 지금 소개해드릴 이야기는 역사 속 한 인간의 스토리, 그것도 '사랑' 이야기입니다. 여러분도 역사를 건조하게 지식으로만 받아들이지 말고 가끔은 가슴으로 느껴보시면 어떨까요? 역사가 한결 가깝게 느껴질 겁니다.

공민왕 집권기의 정세

이 이야기의 주인공은 고려의 제31대 왕 공민왕입니다. 당시 상황을 잠깐 살펴보겠습니다. 우리나라가 다른 나라의 지배를 받은 적이 두 번 있습니다. 정확히는 한 번의 지배와 한 번의 간섭입니다. 가깝게는 일본에 나라를 빼앗겼던 일제강점기가 있고, 멀게는 고려시대에 몽골, 즉 원나라에 지배당했던 원 간섭기가 있죠. 대략 13세기부터 14세기까지 80여 년간 고려는 원나라의 간섭을 받았습니다.

고려가 몽골에 항복한 후 고려는 몽골의 '부마국'이 되었습니다. 부마는 왕의 사위를 가리키죠. 즉 원나라의 공주를 정복한 나라인 고려의 왕에게 시집보내는 겁니다. 그러면 고려의 왕은 원나라 황실의 사위가 되는 거예요. 보통 우리나라 왕 이름을 보면 뒤에 '조'나 '종'이 붙습니다. 이는 왕의 치적을 기리기 위해 붙여주는 것인데, 원나라의 지배를 받았던 시기의 왕들은 그냥 '왕'으로 불렸습니다. 게다가 더 굴욕적이게도 앞에는 원나라에 충성한다는 의미로 '충성 충忠' 자까지 붙였습니다. 충렬왕, 충선왕, 충숙왕, 충혜왕, 충목왕, 충정왕이 이에 해당되죠.

공민왕의 반원 정책

공민왕도 이름에서 알 수 있듯이 고려가 원나라의 간섭을 받던 시기의 왕이었지만, 당시 원나라의 힘이 약해지고 한족의 명나라가 강해지는 분위기를 타고, 국가의 자주성을 키워가며 몽골의 색깔을 씻어내는 데 주력했어요. 우선 행정조직을 개편해 왕의 권한을 강화했죠. 이전까지 왕은 허수아비였고, 정방고려 후기 인사행정을 취급하던 기관이라는 곳에서 힘있는 권문세족무신정변 이후 원나라를 등에 업고 권세를 누리던 고려 후기 지배 세력. 높은 관직을 차지했으며, 불법적으로 대토지를 소유했다. 고려 후기 과거 시험을 통해 중앙으로 진출한 신진 사대부와 대립했다들이 자기 마음대로 나라를 주무르고 있었거든요. 공민왕은 이 정방을 없애고, 토지와 노비 문제를 해결하면서 부패한 관리들을 투옥하는 등 강도 높은 개혁 정치를 펼쳤습니다.

특히 고려에는 자기 집안의 딸^{기황후}이 원나라 황제의 황후가 되자 하늘 높은 줄 모르고 횡포를 부리던 기씨 일족이라는 친원 세력이 있었어요. 공민왕은 왕위에 오르자 이 기씨 일족을 제거해버립니다. 여기서 그치지 않고 쌍성총관부_{고려 후기 원나라가 화주(함경남도 영흥) 이북을 차지하고 설치했던 통치기구}를 무력으로 공격하여 수복하는 등 원나라에 빼앗겼던 영토도 회복합니다. 이 정도만 들어도 업적이 대단하지요? 그래서 고려 후기는 물론이고, 고려 전체를 보아도 태조 왕건과 함께 가장 중요한 왕으로 평가받는 왕이 바로 공민왕입니다.

그런데 이렇게 훌륭한 공민왕, 역사책에는 과연 어떻게 적혀 있을까요? 우리가 공민왕의 이야기를 접할 수 있는 기록이 대부분 조선시대에 쓰인 책인데, 그 책들을 보면 공민왕 치세 말기에 대해 비판적인 내용이 많습니다. 비단 공민왕만 그런 것은 아닙니다. 고려라는 나라 자체를 부정적으로 보는 시각이 대부분이죠. 아시다시피 조선은 고려를 무너뜨리고 세워진 나라잖아요? 그러니 고려에 대해 부정적으로 기술하면서 조선 건국의 정당성을 내세우는 것입니다.

아무튼 조선이 고려를 부정적으로 묘사하려면 그럴 만한 근거가 있어야겠죠? 그래서 고려의 왕이나 고려와 관계된 사건들에는 각각 꼬리표가 붙었는데, 공민왕이 부정적으로 서술되는 가장 대표적인 대목이 바로 공민왕이 이성애자가 아니라 남자를 좋아하는 동성애자였다는 점이었습니다. 성리학으로 무장한 조선에서 공민왕을 욕하기에 이보다 더 좋은 소재는 없었을 테지요.

자제위를 두어 나이 어린 미소년들을 뽑아 이에 예속시켰다. (……) 왕이 천성이 색을 즐겨하지 않았고, 또 능히 감당하지 못하였으므로 (노국)공주의 생시에도 행차함이 드물었다. 공주가 죽자 비록 여러 비를 맞이해 별궁에 두었으나, 가까이하지 못하고 밤낮으로 슬피 공주를 생각하여 드디어 심질을 이뤘다. 항상 스스로 화장하여 부인의 모양을 하고, 먼저 내비內婢 중 나이 어린 자를 방안에 들어오게 하여 보자기로 그 얼굴을 덮고는 김흥경 및 홍륜의 무리를 불러 난행하게 했다. 왕은 옆방에서 구멍으로 들여다보다가 은근히 마음이 동하게 되면 곧 홍륜 등을 데리고 왕의 침실로 들어가 왕에게 음행하게 하기를 남녀 간에 하듯이 해 번갈아 수십 인을 치르고서야 그치곤 했다.

_『고려사』「세가」 43권, 공민왕 21년 10월

그렇다면 공민왕은 원래부터 미소년들과 음란한 생활을 즐기던 사람이었을까요? 아마 노국공주라는 이름을 아는 사람이라면 그렇지 않았음을 아실 겁니다.

오직 그대만이 내 첫사랑, 내 끝사랑

원 간섭기의 고려는 왕자들을 원나라에 인질로 보내는 절차가 있었어요. 공민왕 역시 열두 살에 몽골에 보내져 왕이 될 때까지 원나라 황실에서 살았습니다. 이때 원나라 황실 가문의 딸 노국공주와 정략결혼을 하게 되죠. 남이 시켜서 하는 결혼을 반기는 사람이 누가 있겠습니까만, 다행스럽게도 공민왕은 노국공주가 무척 마음에 들었던 모양입니다. 어린 공민왕은 고려에 두고 온 어머니를 그리는 마음도 컸기에, 노국공주를 아내처럼 사랑하면서, 때로는 어머니처럼 의지하면서 원나라에서 하루하루를 보냈다고 전합니다.

그렇게 노국공주와 알콩달콩 사랑을 하던 공민왕은 스물두 살에 고려로 돌아와 고려의 왕이 됩니다. 그리고 앞서 말씀드린 대로 과감한 개혁 정치를 펼치죠. 이때 노국공주는 어땠을까요? 노국공주는 언급한 대로 원래 원나라 황실의 딸입니다. 공민왕이 원나라에 반하는 정책을 펴는 것을 못마땅하게 여겨야 하는 위치였지만, 그녀는 오히려 아버지의 나라에 등을 돌리고 지아비의 나라인 고려를 품었습니다. 반대하지 않고 적극적으로 협조하여 자주적인 고려를 세우는 데 큰 기여를 했다고 전해집니다.

모든 관계가 그렇지만 연애도 어떤가요. 매일매일 즐겁고 행복하게 좋은 모습만 본다고 해서 꼭 그 관계가 돈독해지진 않죠. 때로는 힘든 일도 겪고 같이 위기도 넘기면서 동고동락할 때, 서로에 대한 신뢰가 쌓이고 애정도 더 깊어진다고 하잖아요. 공민왕과 노국공주도 마찬가지였어요. 공민왕이 돌아왔을 때 고려는 엄청난 혼란의 연속이었습니다. 밖으로는 남쪽에서 왜구가, 북쪽에서 홍건적이 침입해 들어왔거든요. 여담입니다만, 홍건적이 쳐들어왔을 때 공민왕과 노국공주는 경상북도 안동까지 피난을 가야 했는데요, 그때 큰 개울을 건너면서 노국공주가 물에 젖지 않도록 온 동네 여자들이 나와 개울물에 엎드린 후 그 등을 밟고 건너가게 했다고 해요. 그게 지금도 남아 있는 안동의 전통 풍속, 놋다리밟기의 유래랍니다.

또한 고려 내부에서는 공민왕의 개혁에 반대하는 친원 세력들이 반란을 일으켜 공민왕은 죽을 위기를 몇 번이나 넘겼습니다. 신하들이 공민왕을 죽이려 할 때, 노국공주는 왕을 방으로 피신시킨 후 문 앞을 지키고 서서 자신의 목숨을 걸고 끝까지 보호했다고 하니, 이런 여인을 어찌 사랑하지 않을 수 있겠습니까.

아무튼 이런 고난을 함께하며 몸을 사리지 않고 서로를 보호하고 지켜낸 공민왕과 노국공주의 사랑은 날이 갈수록 단단해져갔지요. 그런데 이 부부에게는 한 가지 고민이 있었습니다. 두 사람 사이에 아이가 생기지 않았거든요. 왕실엔 후사를 이을 자손이 꼭 필요했기 때문에 왕비가 임신을 못한다는 건 국

가적으로 큰일이었어요. 그러다가 공민왕이 왕이 된 지 14년 만에 마침내 왕비가 회임을 하게 됩니다.

　여러분, 이쯤에서 감이 오나요? 왕비가 멋진 왕자를 낳아 오래오래 행복하게 살았다면 공민왕과 노국공주의 사랑 이야기가 지금까지 전해졌을까요? 아니죠. 유명한 이야기에는 꼭 비극적인 사연이 있습니다. 노국공주는 아이를 낳다가 그만 난산으로 인해 생명이 위독한 지경에 이르렀습니다. 이때 공민왕은 일급 죄인까지 사면해주며 공주의 무탈을 기원합니다. 그러나 노국공주는 왕의 간절한 기도에도 불구하고 세상을 떠나고 말았습니다. 공민왕은 그토록 사랑했던 아내가 죽자 얼마나 슬펐는지 직접 공주의 초상화를 그려두고 밤낮으로 초상화와 함께하며 울었고, 3년 동안이나 고기 반찬을 입에 대지 않았습니다. 『고려사』에 '노국공주가 죽은 뒤로는 과도하게 슬퍼하여 의지를 상실하였다'라고 기록되어 있을 정도이니, 그 슬픔과 상실감이 상상이 가시는지요.

　왕위에 오르기 전 이미 함께 고락을 맛보았고, 귀국한 후엔 여러 번 사변을 평정하는 공을 세웠다. 흥왕사의 변에서 역적이 지척에 창궐한 때에는 몸으로 나를 막아 지켰으니, 우리나라가 오늘까지 존속할 수 있었던 데에 공적이 비할 바 없이 크다. 또한 일관되게 온공하고 침착하였으며 은혜롭고 인자했다. 나라를 가지고 가정을 가지는 데 배필처럼 중한 것은 없으며, 이렇듯 내조의 공을 세운 이에 대해서는 더욱더 잊을 수가 없다.

_『고려사』「후비열전」

노국공주의 죽음, 그후……

노국공주의 죽음 이후 공민왕은 예전과 달라지기 시작합니다. 노국공주의 초상화 앞에서 밥을 먹으면서 그림을 바라보며 음식을 권하거나, 관리들이 왕에게 올리는 예를 노국대장공주의 무덤에서도 올리게 하는 등 괴이한 행동들을 하기 시작해요. 그러면서 술에 빠져 살며 나랏일을 돌보지 않는 날이 많아집니다.

하지만 내부에서 끊임없이 공민왕에게 반대하는 세력이 일어났고, 밖에서는 외적이 침략해 들어왔습니다. 결국 노국공주의 죽음으로 망연자실해 있던 공민왕은 6년 후 신돈을 중심으로 한 개혁 정치마저 실패하자 완전히 바닥으로 떨어졌던 것으로 보입니다.

자신에게 여자는 노국공주뿐이라며 후궁들도 가까이하지 않던 공민왕은 이후 자제위라는 기관을 설치해 미소년들을 뽑아 자신의 시중을 들게 했습니다. 이 과정에서 이들과 잠자리를 같이하거나 이들에게 후궁과의 성관계를 강요하고 그 모습을 지켜보는 등 예전에 하지 않았던 행동들을 벌이게 됩니다. 이게 후일 공민왕이 공격받는 핵심적인 근거가 되죠. 자제위와 후궁들을 간음시켜 왕자를 얻을 생각도 있었던 공민왕의 이 같은 행각은 결국 후궁^{익비}을 임신시키게 됩니다. 이후 공민왕은 이와 연루된 무사들을 없애 입을 막고자 했으나 도리어 이를 눈치챈 최만생, 홍윤 등 자제위 무사들의 공격으로 매우 처참하게 암살당하고 말죠. 고려사에서 괄목한 만한 업적을 내고도 이렇듯 비참한 최후를 맞이한 왕이 바로 공민왕입니다.

하지만 공민왕이 미소년들과 어울렸다는 것은 조선시대에 씌어진 역사서 『고려사』에 나와 있는 내용이므로, 조선 건국의 정당성을 내세우기 위해 과장되거나 윤색되었을 수 있어요. 따라서 이런 부분은 문자 그대로 보되, 이 때문에 공민왕의 업적이 묻혀서는 안 되겠지요. 그럼에도 확실한 사실은 노국대장공주의 죽음 이후 공민왕이 전과는 다른 사람이 되었다는 겁니다. 이 모든 게 결국 노국공주를 잃은 슬픔 때문이었다고 하면 너무 과장된 해석일까요?

공민왕이 노국공주를 얼마나 사랑했는지 알려주는 증거는 곳곳에 남아 있습니다. 고려시대의 무덤은 통일신라시대의 양식을 계승했는데요, 오늘날의 무덤과 비슷합니다. 중간에 봉분이 솟아 있고 둘레에 돌을 쌓아 자리를 잡는 방식이죠. 고려시대를 통틀어 유일하게 쌍릉으로 만들어진 왕릉이 바로 공민왕의 무덤입니다. 지금도 개성에는 공민왕의 무덤이 남아 있는데, 무덤 두 기가 나란히 있습니다. 공민왕 옆은 누구의 무덤일까요? 두말할 필요도 없이 노국공

개성에 있는 공민왕릉 왼편이 공민왕의 현릉이고, 오른편이 노국공주의 정릉이다. 노국공주의 죽음을 애통해하며 공민왕이 직접 9년에 걸쳐 건립한 왕릉은 지금도 그 애절함이 살아 숨쉬는 듯하다.

공민왕

공민왕과 노국공주의 영정 공민왕과 왕비가 마주보듯 앉아 있다.

주의 무덤이지요. 이 무덤을 공민왕은 9년에 걸쳐 직접 설계해 만들었습니다. 노국공주의 무덤과 맞닿아 있는 공민왕의 무덤 벽에는 구멍이 뚫려 있어서, 노국공주의 무덤으로 통하고 있음을 나타냅니다. 죽어서 영혼이라도 교감하고 싶은 공민왕의 마음이 고스란히 담겨 있는 거죠.

공민왕을 깎아내리는 많은 문헌 속에는 말년에 그가 술과 색에 빠졌던 점, 특히 남색을 즐긴 점이 언급되어 있지만, 그 배경에는 노국공주를 잃은 슬픔이 있었습니다. 너무도 아내를 사랑한 나머지 미쳐버린 남자. 그의 애절한 사랑 이야기는 고려를 삐딱하게 바라보던 조선 사람들마저도 감동시켰습니다. 고려를 다룬 많은 역사책 속에 공민왕에 대한 부정적인 이야기뿐 아니라 노국공주와의 애절한 사랑 이야기가 담겨 있으니 말입니다.

더 놀라운 건 역대 조선 왕들의 신주를 모셔놓은 사당인 종묘에 생뚱맞게 공민왕 신당이 있다는 것입니다. 이상한 일이죠. 조선의 왕들을 모신 자리에 고려의 왕이 끼어 있다는 사실 자체가요. 물론 그 정도로 공민왕의 업적이 크다는 반증이 될 수도 있죠. 여기에 한 가지 사실을 덧붙이자면 공민왕의 초상화는 단독 초상화가 아니라, 노국공주가 함께 그려진 부부 초상화입니다. 공민왕의 지고지순한 사랑이 준 감동이 아니었다면 불가능했을 일일 겁니다.

공민왕은 왕으로서 훌륭한 치적이 많고, 예술적으로도 당대에 가장 뛰어난 화가이자 서예가로 명성을 떨친 인물입니다. 저는 그의 이런 업적들도 훌륭하다고 생각하지만, 죽음도 가로막지 못한 한 사람을 위한 사랑에 더 마음이 움직인답니다. 사랑이 주는 따스함과 감동을 느낄 새조차 없는 오늘날, 공민왕의 이야기는 시공을 초월한 진정한 사랑의 의미를 전해주는 것만 같습니다. 여러분은 어떻게 느끼셨는지요?

세종(1397~1450) 조선 제4대 왕(재위 1418~1450). 인재를 고르게 등용하여 이상적 유교 정치를 구현했다. 훈민정음을 창제하고 측우기 등의 과학 기구를 제작하여 백성들의 생활에 실질적으로 도움이 되는 문화 정책을 추진했다.

한글은 과연
세종이 만들었는가

세종대왕, 대한민국 국민이라면 모르는 사람이 없겠죠. 그런데 세종대왕을 그저 한글을 만든 훌륭한 분 정도로만 알고 넘어간다면 조금 서운한 일입니다. 오히려 한글 창제라는 거대한 업적 때문에 다른 수많은 치적이 덮여버리는 측면도 있거든요. 하나하나 짚어보면 정말 대단한 업적들을 남긴 임금이 바로 세종대왕입니다.

어마어마한 실록의 양, 세종 업적의 위용

우리가 조선 왕의 업적을 살펴보고자 할 때 주로 참고하는 것이 바로 『조선왕조실록』입니다. 왕이 죽은 후 그 왕과 관련된 사초_{실록, 일기 등 공식 역사 편찬의 첫번째 자료} 가 되는 기록으로서 사관史官이 매일 작성한 원고, 왕에게 올라온 상소문, 비서실인 승정원에서 기록한 『승정원일기』 등 각종 문서를 모아 왕에 대한 모든 기록을 정리한 것이 실록이니까요. 실록의 수 또한 상당합니다. 총 2077책(유네스코 세계문화유산 등재기준)으로 이루어져 있지요. 이 모든 실록 중에서 가장 방대한 양을 차지하는 것이 바로 『세종실록』입니다. 실록은 여러 벌을 필사해 보관하는데, 『세종실록』은 모두 163권으로 양이 너무 많아 딱 한 벌만 만들 수 있었습니다. 이후 세조 때에 이르러서야 금속활자 인쇄를 시작해, 7년 만에(성종 때인 1473년) 간신히 세 벌을 더 완성하게 되죠.

그뿐이 아닙니다. 『조선왕조실록』은 보통 편년체로 기록되어 있습니다. 편년체란 일어난 일을 시간 순서대로 기록하는 방식을 말해요. 1일, 2일, 3일……날짜순으로 기록을 하는 거죠. 이렇게 적으면 상당히 꼼꼼하고 세심한 기록이 가능하겠죠. 하지만 세종의 어마어마한 업적을 편년체로 다 기록하기란 여간 어려운 작업이 아니었어요. 그래서 『세종실록』은 총 163권 중 127권까지는 편년체로 되어 있지만 나머지 36권은 전례없이 '지^志'로 구성됩니다. '지'는 시간 순서가 아닌 주제별, 사건별로 내용을 정리하는 방식인데요, 이렇게 기술 방식을 바꾸고 나서야 비로소 왕의 업적을 모두 기록할 수 있었습니다. 역사를 기록하는 사관까지 녹다운시킨 장본인! 바로 세종대왕이십니다.

세종이 앓던 치명적인 병, 활자중독증

세종대왕이 왕위에 오르는 데에는 에피소드가 있었어요. 세종은 조선의 제3대 임금 태종의 세번째 아들이었습니다. 그렇다면 고개가 갸우뚱해지죠. 보통은 첫째 아들이 왕이 되기 마련인데 세종이 어떻게 왕위에 올랐을까요. 처음에는 태종도 순리에 따라 첫째 아들인 양녕대군을 세자로 책봉했어요. 그런데 양녕대군의 세자로서의 자질이 부족했던 모양입니다. 요즘 표현으로 하면 정신 세계가 꽤나 독특했다고 할까요.

양녕대군에 얽힌 몇 가지 일화를 소개해보면, 일단은 공부를 싫어했어요. 그래서 몰래 궁을 빠져나가 사냥을 하러 가기도 했고, 한번은 태종이 글을 외워보게 했는데 제대로 외우지 못하자 공부를 열심히 하라고 꾸지람을 들은 적도 있었죠. 이런 점으로 볼 때 아주 훌륭한 왕세자의 자질을 지녔다고 보기에는 다소 미흡한 면이 있습니다. 특히 양녕은 여자 문제로 사고를 많이 쳐요. 양녕은 어리라는 여인에게 반하게 되는데, 이 여인은 이미 한 남자의 첩으로 살고 있는 상황이었습니다. 그럼에도 불구하고 어리를 궁에 들여 사랑을 나누었고, 심지어는 어리가 임신까지 하게 된 겁니다. 거기다가 여자 문제로 아버지인 태종에게 꾸지람을 듣자 되레 "아버지도 여자 많으면서 왜 저만 혼내세요?"라는 맥락의 편지를 쓰기까지 했죠. 이러한 이야기를 들으면 도저히 한 나라의 왕위를 이을 사람이라고 보기 어렵습니다.

이에 비해 세종은 타고난 천재였다고 평가받고 있습니다. 조선시대 임금 중에 천재로 꼽히는 대표적인 인물이 조선 전기의 세종과 조선 후기에 등장한 정조인데요, 정조가 노력형 천재였다면 세종은 날 때부터 천재였던 것 같아요. 세종은 왕자 시절 충녕대군으로 불렸는데, 태종에 대한 기록 중에도 충녕대군의 총명함과 학문에 대한 열정, 정치적 감각 등을 칭찬하는 내용이 많습니다. 특히 얼마나 독서에 몰두했던지 시력에 무리가 오고, 몸이 아파 누워 있을 때도 손에서 책을 놓지 않아서 아버지 태종이 신하들을 시켜 충녕대군 방에 있는 책을 모두 치워버리게 합니다. 그러자 세종은 우연히 병풍 뒤에 있어 빼앗기지 않은 책 한 권을 찾아내 이불 속에 감춰두고 수십, 수백 번을 반복해서 읽습니다. 이런 일화들이 전하는 걸 보면 세종은 거의 활자중독 수준의 공부 마니아였음을 알 수 있어요.

야사에 따르면 이토록 총명한 충녕대군에게 왕위에 물려주고 싶으나 셋째 아들이라는 이유로 고민하는 태종의 뜻을 눈치챈 양녕대군이 일부러 미친 짓을 했다고도 하고, 아버지 태종이 왕위에 오르는 과정에서 형제까지 죽이며 피의 숙청을 단행하는 모습을 보고 정치에 염증을 느낀 양녕이 실성한 척을 했다는 설도 있습니다. 그러나 이런 말들은 모두 추측일 뿐 양녕대군의 속내는 누구도 알 수가 없죠. 여하튼 행실이 바르지 못했던 양녕이 폐위된 후 세종은 세자로 책봉되어 왕위에 올랐습니다. 양녕대군도 동생의 비호 아래 말년을 평안하게 보냈다고 하니 모두에게 좋은 결과였다고 볼 수도 있겠네요.

이렇게 왕위에 오른 세종은 앞서 말했듯 헤아릴 수 없이 많은 업적을 남깁니다. 우선 이 시기에 조선의 과학기술이 크게 발전하는데요, 세종은 과학적 재능이 비상했던 장영실을 등용하여 여러 학자들과 함께 수많은 발명품을 만들어냅니다. 농업에 도움을 줄 수 있는 측우기는 물론, 반원 형태의 해시계^앙

앙부일구　　　　혼천의

부일구도 만들었고, 저절로 움직이는 자동 물시계인 자격루도 만듭니다. 천체 운행과 위치를 측정하는 혼천의라는 각도기를 고안하기도 하고요.

또 세종은 국방에도 힘을 기울여

남쪽의 왜구 근거지인 대마도를 정벌하고, 신기전이라는 화포를 제작하는가 하면, 북방의 여진족을 몰아내면서 국토를 넓힙니다. 게다가 음악에도 관심이 많아 궁중 음악인 아악_{고려·조선 연간에 궁중의식에서 연주된 전통음악}을 정비합니다. 악보와 악기를 일일이 정리하면서 모든 음악의 기틀이 될 큰 사업

신기전

을 벌이지요. 동양에서 가장 오래된 악보인 정간보까지 세종 때 고안되었으니 그야말로 다재다능의 아이콘이었습니다.

이 무수한 활약상 중에서도 역시 세종대왕 하면 떠오르는 게 바로 한글이죠. 그럼 이제 본격적으로 한글에 관한 이야기를 해보겠습니다. 제가 이렇게 소중한 지면을 통해 독자 여러분을 만날 수 있는 것도 모두 세종대왕 덕분이라 하겠는데요, 한글의 소중함은 굳이 따로 말씀드릴 필요가 없을 것 같습니다. 다만 많은 사람이 한글 창제에 담긴 세종의 진심까지 알게 된다면 앞으로 한글을 더 아끼고 사랑하게 되지 않을까 싶습니다.

한글은 과연 누가 만들었을까

한글은 세종 대에 만들어졌다고 하지만 그 정황이 구체적으로 밝혀진 건 아닙니다. 한글 창제와 관련해 공동창제설과 단독창제설 두 가지 설이 있거든요. 세종이 신하들과 함께 한글을 만들었는지, 아니면 정말 자신의 천재성을 유감없이 발휘해 단독으로 만들었는지 논란이 있다는 얘기죠.

우선 공동창제설부터 살펴볼까요? 세종이 집현전 학사들의 도움을 받아 한글을 만들었다는 게 공동창제설이에요. 조선시대 전기에 나온 『용재총화』라는 책에는 이런 기록이 있습니다.

세종이 언문청을 설치하고 신숙주, 성삼문에게 명해서 언문을 만들었다.

바로 이 내용이 공동창제설의 진원지입니다. 이후 허봉의 『해동야언』이나 이긍익의 『연려실기술』에서 모두 『용재총화』의 기록을 인용해 한글을 세종과 학자들이 함께 만들었다고 적고 있습니다. 이 구절만 따지면 누가 봐도 공동창제설이 맞는 듯합니다.

하지만 정작 세종에 관한 직접적인 내용이 담겨 있는 『세종실록』을 살펴보면 그렇게 단정지을 수만은 없어 보입니다.

이달에 임금이 직접 언문 스물여덟 자를 만들었다. 그 글자는 옛 전자를 본떴는데, 초성, 중성, 종성으로 나뉘어 합한 연후에야 글자를 이룬다. 무릇 문자한 자에 관한 것과 우리나라의 이어^{이두}에 관한 것을 모두 쓸 수 있다. 글자는 비록 간요하지만 전환이 무궁한데 이를 훈민정음이라 일컬었다.

_『세종실록』 102권, 25년 12월 30일 두번째 기사

따로 설명이 필요 없죠? 『세종실록』에서는 분명히 세종이 직접 한글을 만들었다고 표현합니다. 어째서 같은 사실이 다르게 서술된 걸까요? 그 이유까지 알 수는 없지만 둘 중에 어느 쪽 입장이 맞는지 추리해볼 수는 있습니다.

결론부터 말씀드리면 여러 가지 근거들이 단독창제설, 즉 세종이 혼자 한글을 만들었음을 뒷받침하고 있습니다. 일단 『세종실록』을 살펴보면 세종이 훈민정음을 공표하기 전까지 단 한 번도 한글 창제와 관련된 기록이 나오지 않아요. 이게 무슨 뜻일까요? 실록은 왕이 한 일을 세세히 기록한 역사적 사실입니다. 실록에는 군사기밀은 물론 국가의 일급 정보까지 왕과 관련한 모든 이야기가 적혀 있습니다. 만약 세종이 공개적으로 신하들을 모아놓고 함께 한글을 만들었다면 이 내용이 반드시 적혀 있었겠죠. 그런데 이런 기록 없이 훈민정음이 어느 날 갑자기 짠 하고 나타났다는 건 세종이 그동안 비공식적으로 은밀하게 혼자 문자를 만들었음을 추론케 합니다.

극비리에 진행된 한글 창제 프로젝트

그러면 세종은 왜 비밀리에 훈민정음을 만들었을까요? 훈민정음이 공표되자 이에 반대하는 관료들의 상소문이 빗발칩니다. 훈민정음을 반대하는 상소 중 대표적으로 최만리가 올린 상소문을 보면 이런 내용입니다. 첫째, 중국의 문물을 본받고 섬기며 사는 처지에 한자와는 다른 이질적인 소리글자를 만드는 것은 중국에 부끄러운 일이다. 둘째, 한자와 다른 글자를 가진 민족은 몽골, 여진, 왜 등 하나같이 오랑캐들뿐이니 새로운 글자를 만드는 것은 스스로 오랑캐가 되는 일이다. 셋째, 한글은 이두보다도 더 비속하고 쉽기만 한 것이라 어려운 한자로 표현된 중국의 높은 학문과 멀어져 우리네 문화 수준을 떨어뜨릴 것이다. 넷째, 훈민정음이 억울한 송사에 휘말리는 백성을 구제할 수 있다는 논리는 맞지 않는다. 이 네번째 이유를 내세운 건 바로 훈민정음 창제의 취지 때문일 텐데요, 이는 『훈민정음해례』에 나오는 내용과 연관이 있습니다.

우리나라 말이 중국과 달라서 한자와 서로 통하지 못한다. 그러므로 어리석은 백성들이 말하고 싶은 바가 있어도 마침내 그 뜻을 펴지 못하는 이가 많다. 내 이를 딱하게 여겨 새로 스물여덟 글자를 만드노니 사람마다 쉽게 익혀 나날이 쓰기에 편리하도록 함에 그 목적이 있느니라.

즉 세종은 글을 모르는 백성이 책을 읽지 못해 옳고 그름을 알지 못하여 죄를 짓고, 또 하고 싶은 말을 전하지 못해 억울한 일을 당하고 있으니 그런 일이 없도록 하기 위해 백성들을 불쌍히 여겨 훈민정음을 만들었다는 것입니다. 하지만 상소를 올린 최만리는 글을 몰라서가 아니라 관리의 자질에 따라 억울한 일이 생기는 것이며, 이런 일은 중국에서도 흔하다고 말합니다. 지금 시각으로 보면 최만리의 상소는 철저히 사대주의에 사로잡힌 터무니없는 트집들입니다. 아무튼 훈민정음 반포 후 한글 사용을 반대하는 엄청난 양의 상소문이 올라왔습니다. 그런데 이상한 건 말이죠, 훈민정음 창제 전까지는 한글과 관련된 상소가 단 한 건도 없었어요. 만약 소문이 조금이라도 돌았다면 양반들이 어떻게든 기를 쓰고 상소를 올렸을 텐데 말이죠. 이 말은 곧 세종이 한글을 만드는 걸 아무도 몰랐음을 의미합니다. 이것이 단독 창제설의 두번째 근거입니다.

세번째 근거를 들어볼까요? 세종대왕의 업적 중에 의정부서사제議政府署事制라는 것이 있습니다. 의정부란 조선시대에 임금을 보좌하여 정무를 총괄하던 국가 최고 기관으로, 행정 실무를 담당하던 육조의 업무들은 모두 이 의정부를 거쳐 국왕에게 올라가도록 되어 있었어요. 그러나 아버지 태종은 왕권 강화를 위해 의정부를 유명무실화하고, 임금이 직접 육조의 판서들에게 보고를 받고 명령을 내리는 육조직계제를 실시했습니다. 그런데 세종은 1436년에 의정부서

사제를 실시합니다. 육조의 업무를 의정부를 거쳐 왕에게 올라가게 한 것이죠. 이것이 의미하는 바는 쉽게 유추해볼 수 있습니다. 육조직계제는 왕이 일일이 실무에 관여해야 하기에 여간 피곤한 체계가 아니었어요. 한글 창제에 뜻을 두고 있던 세종으로선 많은 시간을 빼앗기고, 복잡한 정무를 신경쓰는 일이 곤혹스러웠을 것입니다. 과중한 업무를 피하면서 한글 창제에 투자할 시간을 더 확보하기 위해 육조직계제를 의정부서사제로 바꾸었다고 추론해보는 것이죠.

게다가 다음해인 1437년에는 나라의 각종 대소사를 결정하는 서무 결재권까지 아들인 세자에게 넘겨버립니다. 왕이 할 업무를 대폭 줄여버린 것이죠. 신하들이 궁금해하며 그 이유를 묻자 세종은 몸이 아파서라고 대답합니다. 실제로 세종은 당시 당뇨를 앓고 있었어요. 하지만 이때 세종의 나이는 불과 마흔 정도였고, 이후에도 10년 이상 산 걸 보면 왕의 업무를 못 볼 정도로 몸이 불편했던 것 같지는 않습니다. 결론적으로 한글은 세종이 단독으로 창제했고, 본격적으로 집중한 시기는 1437년 직후부터라 여겨집니다. 그리고 그 이후의 『세종실록』을 보면 세종이 언어와 관련한 자료를 모았다는 내용이 나옵니다.

주자소에 명하여 『국어國語』『음의音義』를 펴내게 하다

경연經筵에 갈무리한 『국어』와 『음의』 한 본本이 매우 탈락된 것이 많으므로 중국에 구하여 별본을 얻었으나, 궐하고 빠진 것이 오히려 많고 주해가 또한 소략하였다. 일본에 구하여 또 상세한 것과 소략한 것 두 본, 『보음補音』 세 권을 얻어왔으나 역시 완전하지 못하였다. 이에 집현전에 명하여 경연에 간직하고 있는 구본을 주主로 삼아, 여러 본을 참고하여 와류訛謬된 것은 바로잡고 탈락된 것은 보충하며, 인하여 『음의』와 『보음』을 가지고 번란한 것은 깎아버리고 절목 절목 아래에 나누어 넣고, 그래도 완전하지 못한 것은 『운서韻書』로 보충하매, 드디어 주자소에 명하여 인쇄하여 널리 펴내게 하였다.

_『세종실록』89권, 22년 6월 26일 두번째 기사

이쯤 되면 대략 결론이 나오죠? 결국 세종은 몸 상태로 인해 왕의 주요 업무를 신하와 세자에게 넘기고는 그 와중에도 남몰래 문자 만들기에 열중했고, 그로부터 10년이 지난 세종 28년 9월에 훈민정음을 반포했다고 보는 게 자연스럽지 않을까 합니다. 여러 정황이 세종이 뒤따를 숱한 비난의 화살을 피해 혼자 비밀리에 한글을 만들었다는 단독창제설에 무게를 실어주고 있어요. 그러나 중요한 건 단순히 어떤 설이 맞느냐를 따지는 것보다는 그 내막에 얽힌 진실을 파악하는 일이겠지요.

내 백성들을 불쌍히 여기어······

그렇다면 세종은 왜 왕권을 축소하면서까지 외롭고 힘들게 한글 창제에 전념했을까요? 많은 시간과 노력을 들여 한글을 만들고 집권층의 반대를 무릅쓰며 훈민정음 반포를 추진한 세종의 행동은 백성을 생각하는 끝없는 사랑이 아니고는 설명할 길이 없습니다.

당시 지배계급은 한자를 자신들만이 누리는 특권이라고 생각했어요. 다수의 백성들이 알지 못하는 한자를 읽고 쓸 줄 안다는 것이 양반들에게는 하나의 권위로 작용했죠. 양반들은 이런 상황에서 백성들이 글을 알게 되면 서적을 접하게 될 것이고, 이를 통해 지식이 깊어지고 함께 뜻을 나눈다면 그들의 힘이 커질 것이라 우려했습니다. 그로 인해 양반층의 특권이 사라지게 될까봐 두려웠던 것이죠.

하지만 세종은 글을 알고 모름에 따라 백성들이 억압받는 것을 원하지 않았고, 그리하여 한글을 창제, 반포하여 널리 퍼뜨리고자 노력했던 것입니다. 이후 세종은 집현전 학자들을 시켜 훈민정음의 창제 원리와 사용 방법을 설명하는 해설서를 편찬하고 각종 서적과 불경, 계몽서, 『용비어천가』 같은 개국찬가 등을 훈민정음으로 번역하는 작업을 했습니다. 결과적으로 공동창제설에 등장하는 집현전의 학사들은 훈민정음 창제에 참여한 게 아니라, 이 시기 훈민정음 운서_{한자를 음으로 분류하는 작업} 편찬에 관여했다고 봐야겠어요. 아래 기록을 참고해보시죠.

> 임금이 언문 자모 스물여덟 자를 만들었다. 대궐 안에 국을 설치하고 성삼문, 최항, 신숙주 등을 뽑았다. 이때 한림학사 황찬이 요동에 유배 와 있었는데 성삼문, 신숙주에게 명해 사신을 따라 요동에 가서 황찬에게 음운에 대해 묻게 했다. 무릇 요동에 열세 번이나 왕래했다.
>
> _『동각잡기』『본조선원보록』

세종의 추진력은 굉장했습니다. 정음청을 설치해 훈민정음 관련 사업을 전담하도록 했고, 하급 관리인 서리를 뽑는 시험에 훈민정음을 포함하고, 일반 백성들이 관가에 제출하는 서류를 훈민정음으로 작성하도록 지시했습니다. 궁중의 여인들도 훈민정음을 배웠습니다. 그렇게 해서 훈민정음을 널리 퍼뜨리고

자 했죠.

한글 창제에 얽힌 세종의 도전과 노력은 지금 우리에게도 시사하는 바가 분명 있습니다. 앞서 양반들은 피지배계층이 글을 알게 되면서 품게 될 저항 의식을 두려워한 나머지 훈민정음 반포에 반대했다고 했죠? 이에 아랑곳없이 세종은 꿋꿋하게 훈민정음을 널리 퍼뜨렸고, 역시나 역사는 양반들이 우려한 대로 흘러갔습니다. 조선 후기에 나온 국문소설인 『홍길동전』『춘향전』『흥부 전』이 어떤 내용인가요? 모두 양반을 비꼬고 조롱하고 있죠. 한글을 통해 백성 들이 생각을 깨우치고 힘을 키워나간 사례는 무수히 많습니다. 한글은 민중의 소리를 대변하는 힘이었습니다.

인간은 왜 읽고 쓸까요? 내가 가진 생각을 글로 쓰거나 남의 생각을 글로 읽는 과정에서 우리는 깊이 사유하고 분석하며 비판할 수 있는 힘을 얻습니다. 또한 유용한 지식을 주고받게 되지요. 읽고 쓰는 일을 가까이하지 않는다면 우 리는 그럴 기회를 잃어버리고 말겠죠. 한글 창제에 얽힌 이야기를 읽고 세종대 왕의 진심을 느끼셨다면 앞으로 우리말, 우리글을 더욱 더 사랑하고 아껴야 할 것입니다.

역사는 모든 과학의 기초이며
인간 정신의 최초 산물이다.

토머스 칼라일, 역사학자

우리가 몰랐던
'인간 세종'

제가 어렸을 때만 해도 연예인이나 정치인 같은 유명인들은 신비로운 존재였어요. 그 당시에는 유명한 사람에겐 일반인과 다른 무언가가 있겠거니 생각하며 살았던 것 같습니다. 어쩌다 멀찍이서 얼굴만 봐도 그 사람 주변에 범접하기 어려운 거룩한 아우라가 드리워 있는 듯했어요. 어린 마음에 저런 사람들은 은은한 음악이 흐르는 집 안에서 화려한 옷을 입고 고급 음식을 먹으면서 고상한 대화를 나누며 살 거라고 믿었습니다.

요즘은 어떤가요? 대중과 멀리 떨어져 신비주의 전략을 쓰는 스타보다 마치 친구처럼 편안하고 소탈한 인물들이 사랑받는 세상 아닌가요? 때로는 어설프게 센 척하기보다 아예 인간적 면모나 약점을 대놓고 드러내는 게 매력이 되기도 합니다. 인터넷이 발달하고 스마트폰이 일상화되면서 더이상 무언가를 숨기기 어려운 시대가 되기도 했고, 사람들이 더이상 자신이 모르는 어떤 것에 무조건 환상을 품을 만큼 순진하지도 않기 때문이죠.

이제는 역사적 인물에 대한 판단도 비슷한 흐름으로 가야 한다고 봅니다. 위인전을 한번 펼쳐보세요. 그들이 일생 내내 훌륭하고 아름답게 살았다고 적혀 있지만, 아무리 위인이라도 한 인간으로서 말하기 힘든 고민을 하며, 가끔은 실수도 하고, 해서는 안 될 일을 저지르기도 했을 겁니다. 그렇다고 해서 그 사람이 위대한 일을 하지 않은 건 아니죠.

지금부터 다룰 내용은 세종대왕의 위인전에는 나오지 않을 이야기들입니다. 분명한 역사적 사실이지만, 세종을 흠결 없는 완벽한 위인으로 치켜세우고자 하는 사람의 입장에서는 감추고 싶은 내용일 수도 있겠죠. 하지만 저는 이런 사실들이 역사 속에 박제되어 있는 세종을 생생한 한 명의 인간으로 되살려 우리 곁으로 더 가깝게 끌어당긴다고 믿습니다. 역사를 더 재미있게 이해하는 하나의 방식이기도 하고요.

세종은 보통 학문적인 능력이 뛰어나고 글공부를 좋아했던 사람으로 표현되는데요, 운동은 그리 좋아하지 않았습니다. 그런 까닭에 몸이 비대했던 것으로 전해져요. 아마도 세종은 광화문에 있는 동상이나 책에 실린 그림으로 보는 모습보다는 훨씬 풍채가 좋은 분이었을 겁니다. 요즘도 비만 하면 과도한 육식이나 그로 인해 축적되는 콜레스테롤이 언급되곤 하잖아요? 세종은 몸을 움직이기 싫어하는데다가 고기를 참 좋아했던 모양입니다. 그냥 좋아하는 정도가 아니라 고기가 없으면 병이 나고 기력이 떨어질 정도였다고 하니까요. 그럼 지금부터 역사 속에 기록된 세종의 고기 사랑을 짚어보기로 하죠.

고기를 사랑한 육식남 세종

혹시 아시나요? 온라인상으로 『조선왕조실록』을 찾아볼 수 있는 조선왕조실록 홈페이지에서 '고기' 혹은 옛날 고기반찬을 뜻하던 '육선'이란 단어를 검색해보면 『세종실록』에서 검색되는 양이 압도적으로 많다는 사실을요.

세부적인 내용들을 살펴보면, 우선 선왕인 정종^{조선 제2대 왕, 태종의 둘째 형으로 재임 2년} ^{후 보위를 태종 이방원에게 양위하고 상왕으로 물러났다}이 사망하자, 고기를 먹지 않았던 세종을 보고 아버지 태종이 감동했다는 기록이 있어요. 평소에 고기를 얼마나 좋아했던지 예를 갖춘다고 고기를 마다했다는 사실만으로도 아버지에게 감동을 주었다는 얘기죠.

> 주상이 젊었을 때부터 고기가 아니면 밥을 먹지 못하였으니, 이제 초상을 당하여 소찬素饌, 고기나 생선이 들어 있지 않은 반찬 한 지가 이미 오래되었으니, 내가 어찌 어여삐 보지 않겠는가.
>
> _『세종실록』 9권, 2년 8월 29일 세번째 기사

이후 태종은 자신이 죽으면 세종이 예법에 따라 고기를 먹지 않을 것을 우려해 상중에도 고기를 먹으라고 유언까지 합니다. 죽는 순간까지도 아들이 고기를 먹지 못하면 얼마나 고통스러워할지를 걱정했다고나 할까요. 그럼에도 효심이 깊었던 세종은 예법에 따라 상중에 고기를 먹지 않는데, 불과 두 달 만에 고기 금단현상에 시달리며 온몸이 허약해져 어쩔 수 없이 다시 고기를 먹게 됩니다.

"졸곡卒哭 뒤에도 오히려 소선素膳을 하시어, 성체聖體가 파리하고 검게 되어, 여러 신하들이 바라보고 놀랍게 생각하지 않는 사람이 없으며, 또 전하께서 평일에 육식이 아니면 수라를 드시지 못하시는 터인데, 이제 소선 한 지도 이미 오래되어, 병환이 나실까 염려되나이다." (……)

하니, 임금이 말하기를,

"상중에 고기 먹는 것이 예로 보아 어떨까. 경들은 내가 소식蔬食에 익숙하지 못하여 병이 날까 염려한 것이나, 내가 이제 병도 없으니 어찌 예에 범할 수가 있겠는가. 승려는 항상 소식만 하여도 오히려 살찐 자가 있는데, 나만 소식을 못한단 말인가. 경들은 다시 말하지 말라."

_『세종실록』 17권, 4년 9월 21일 네번째 기사

후일 세종은 자신의 고모인 경신공주가 죽은 후에도 무려(?) 사흘이나 고기를 끊었다가 신하들에게 고기를 먹으라는 청을 받습니다.

"경신공주가 죽은 지 벌써 사흘이 지났는데, 전하께서는 지금까지 소선을 드시오니, 신 등이 퍽 두렵게 여기는 바는, 모든 일을 살피시며 수고하시는 몸으로서 이렇게 해서는 안 될까 하옵니다. 하물며 태종께서 항상 말씀하시기를 '주상께서는 하루라도 소찬을 해서는 안 된다' 하셨사오니, 바라옵건대 고기반찬을 다시 드소서."

_『세종실록』 31권, 8년 3월 25일 세번째 기사

이후에도 신하들은 임금이 기력이 없거나 나랏일로 수심에 빠질 때마다 고기를 먹으라고 청합니다.

의정부와 육조에서 대궐에 나아가 문안하였다. 임금이 가뭄을 걱정하여 18일부터 앉아서 날 새기를 기다렸다. 이 때문에 병이 났으나 외인에게 알리지 못하게 하였는데, 이때에 와서 여러 대신이 알고 고기찬 드시기를 청하였다.

_『세종실록』 29권, 7년 7월 28일 두번째 기사

한번은 고기반찬 투정도 했습니다. 임금 밥상에 고기가 올라왔는데 자기가 보기에는 백성들이 먹는 고기보다 못하다는 거죠.

임금이 대언들에게 이르기를,
"어제 행한 연회는 1년에 한 번만 실시하는 것이라, 연회가 파한 뒤에 신녕궁주에게 술 한잔을 올리기 위하여 중궁에 들어갔었는데, 마침 보니 큰상에 놓인 고기가 바깥 사람들의 작은 상에 차린 것만도 못하니, 이것은 담당 관청에서 반드시 내가 직접 보지 않을 줄로 알고 이렇게 한 것이다. 어찌하여 이렇게까지 조심하지 아니하는가" 하였다.

_『세종실록』 31권, 8년 1월 2일 첫번째 기사

자기만 먹는 게 아니라 남한테 고기를 권하기도 했습니다. 세종이 아꼈던 황희가 상중에 조정으로 돌아와 일을 하게 되었는데, 나이가 들어 기력이 없자 다른 것들을 다 제치고 고기를 하사했답니다.

승정원에 전교하기를,
"예전에 나이 예순 이상인 사람은 비록 거상중居喪中이라도 오히려 고기 먹기를 허락하였는데, 지금 좌의정 황희는 이미 기복起復하였고 나이도 또한 예순이니 소식素食 할 수 없으므로, 내가 불러서 고기를 권하고자 하였다가 마침 몸이 불편하여 친히 볼 수 없게 되었으니, 너희들이 나의 명으로 (황희를) 빈청에 청하여 고기 먹기를 권하는 것이 어떠하겠는가. 혹은 대신을 접대하는 법을 가볍게 할 수 없으니 나의 몸이 회복되기를 기다려서 내가 친히 보고 고기를 권하는 것이 어떠할까."

_『세종실록』 38권, 9년 11월 27일 두번째 기사

이쯤 되면 세종이 얼마나 고기를 좋아했는지 알고도 남을 일이죠. 만약 세종대왕이 지금 살아 계셨다면 당장 고깃집으로 모셔 가 삼겹살에 소주 한잔 곁들여드렸을 텐데요. 여하튼 이 못 말리는 고기 사랑 덕분에 세종은 청년 때부터 당뇨나 심근경색 같은 각종 성인병에 시달렸다고는 합니다만, 어쩌겠습니까, 고기를 안 먹으면 도리어 병이 났다고 하니까요.

이런 일화를 접하면서 세종이 고기가 없으면 못 사는 사람이었다는 사실 자체도 재미있지만, 고기라는 음식을 통해 아들을 걱정하는 태종의 마음이라든지 왕을 아끼는 신하의 마음, 또 신하를 아끼는 왕의 마음 같은 것이 느껴져 한편으로 훈훈했답니다. 또다른 한편으로는 조선왕조를 통틀어 가장 훌륭한 성군으로 평가받는 세종이 건강 관리에 조금만 더 힘썼다면 얼마나 더 눈부신 발전이 있었을까 하는 생각에 아쉽기도 하고요.

뼛속까지 육식남, 우리가 몰랐던 남자 중의 남자 세종

우리는 보통 세종대왕 하면 찬란한 학문적 업적들로 인해 매우 고고한 선비 같은 인상을 떠올리게 됩니다. 그런데 혹시 그거 아십니까? 세종이 영토 확장이나 수복에 있어서도 매우 과감하고 적극적인, 그야말로 남자 중의 남자라는 사실을요. 고기를 좋아했던

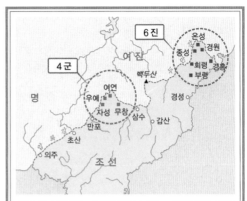

4군 6진 조선 세종 때 여진족을 물리치고 개척한 지역. 4군은 압록강 상류로 최윤덕이 확보한 지역이고, 6진은 두만강 유역으로 김종서가 개척했다. 4군 6진 개척으로 압록강과 두만강을 잇는 현재와 같은 국경선을 확보했다.

힘이 바로 이런 데서 표출되는 걸까요? 국방에 힘을 쏟아 신기전이라는 화포를 만들었는가 하면, 김종서를 시켜 북방의 여진족을 몰아내고 4군 6진을 개척했으며, 남쪽으로는 왜구를 격파한 정복왕이기도 하죠. 세종은 조선의 임금들 중 영토를 넓힌 유일한 왕이라 해도 과언이 아닙니다.

조선시대에 해외 정벌에 나선 것은 세종 때가 유일합니다. 왜구의 본거지인 쓰시마 섬^{대마도}을 토벌한 것입니다. 왜구는 고려 말부터 극성을 부리더니 세종 대에 들어서 백성들을 죽이고 노략질을 일삼는 등 악명이 드높았지요. 결국 상왕이었던 태종은 이종무 장군에게 병선 227척을 주며 대마도 정벌을 명했습니다. 그때 어변갑이라는 신하를 시켜 대마도를 정벌하라는 명령서인 「정대마도교서征對馬島敎書」를 내리는데요, 그 무시무시한 내용은 다음과 같습니다.

대마도라는 섬은 본래 우리나라 땅인데 다만 험하고 궁벽하며 협소하고 누추한 곳이므로 왜노가 웅거해 사는 것을 들어주었을 뿐이다. 그런데 이에 감히

개처럼 도둑질하고 쥐처럼 훔치는 흉계를 품어서, 경인년 이후로부터 변경에서 방자하게 날뛰기 시작하여 우리 군민을 살해하고, 우리 백성의 부형을 잡아가고, 가옥을 불태운 탓에, 고아와 과부 들이 바다 섬 속에서 울고 헤매지 않는 해가 없었다. 이에 뜻있는 선비와 어진 사람 들이 팔뚝을 걷어붙이며 분통이 터져서, 놈들의 살을 씹어먹고 놈들의 살가죽을 깔고 자려고 생각한 지가 몇 해가 되었다.

강한 카리스마가 과연 태종답습니다. 그리고 대를 이어 세종도 역시 강력한 경고를 보내는데요, 그 내용은 아래와 같습니다.

만일 본국으로 돌아가지도 내게 항복하지도 않고, 여전히 도적질이나 하려는 흉계를 품고 계속 섬에 눌러 있는다면, 마땅히 크게 병선을 준비하여 군량을 가득 싣고 가서 온 섬을 에워싸고 공격할 것이니, 시일이 오래되면 반드시 그 속에서 자멸할 것이다. 그리고 만일 또 용감한 군사 10만 명을 뽑아서 곳곳에서 쳐들어간다면, 주머니 속의 물건이 어디로 가겠는가. 반드시 부녀자, 어린것까지 하나도 빠짐없이 땅에서는 까마귀와 솔개의 밥이 되고, 물에서는 고기와 자라의 배를 채울 것이 의심 없는 일이다. 그러니 어찌 깊이 슬픈 일이 아니겠는가. 여기에는 화가 오고 복이 되는 길이 뚜렷이 나타나 있는 것으로, 아득하여 추측하기 어려운 일이 아니다.

_변계량, 「유대마주서諭對馬州書」

아버지 태종과 그 피를 물려받은 세종, 역시 내 나라, 내 민족을 위협하는 자는 용서치 않는 기개가 넘치는 군주였습니다.

아들을 가슴에 묻은 세종

한편 세종에겐 인간적인 고뇌도 있었습니다. 세종은 자식이 많았는데요, 무려 18남 4녀를 두었습니다. 왕의 자손들은 잘 먹고 잘살기만 할 것 같지만 왕족으로서 힘든 점도 많은 것이 사실이죠. 배다른 형제들끼리 권력 다툼을 하는 경우도 허다했고요.

야사에 의하면 자식들의 앞날과 안위를 걱정하던 세종은 어느 날 소문난 역술가였던 홍계관을 불러 자식들의 사주를 물어봅니다. 예나 지금이나 부모의 마음은 똑같나봐요. 그런데 이상하게도 사주를 보던 홍계관이 다섯째 왕자 광평대군의 사주에 대해서만은 입을 다무는 것이었습니다. 어릴 때부터 총명하고 성품도 너그러워 세종의 사랑을 한 몸에 받던 광평대군이었기에 불안했던 세종은 홍계관을 다그쳐 말해보라고 합니다. 그런데 홍계관의 입에서 나온 얘기는 정말 황당했습니다. 다섯째 왕자는 굶어 죽을 사주라는 겁니다. 이게 말이 되나요? 백성들이야 그럴 수 있다 치지만 왕의 아들이 굶어 죽는다니요. 세종은 말도 안 되는 소리라고 생각했지만 그래도 혹시나 금지옥엽 아끼던 왕자가 굶어 죽을 수도 있을까 싶어 광평대군에게 많은 전답을 내립니다.

그런데 어느 날 정말 희한한 일이 일어납니다. 밥을 먹던 광평대군이 생선을 넘기다가 목구멍에 가시가 박힌 거예요. 별일 아닌 것 같았지만 어떤 처방에도 가시는 쉽게 빠지지 않았습니다. 제아무리 용한 의원도, 심지어 어의마저도 이를 해결하지 못했죠. 결국 밥은커녕 물도 한 모금 마시지 못하던 광평대군은 시름시름 앓다가 얼마 후 정말 굶어 죽고 말았습니다. 이게 웬 운명의 장난인가요. 세종은 이렇게 총애하던 다섯째 아들을 먼저 보내고 맙니다. 찬란한 그의 후광 뒤에는 이렇게 자식을 가슴에 묻은 불행의 그림자도 있었지요. 하지만 실록 등의 자료에는 광평대군이 병으로 죽었다고 기록하고 있으니, 이 이야기는 입에서 입으로 전해지는 신기한 이야기 정도로만 기억하는 게 좋겠습니다.

며느리 복이 없는 세종

또한 세종은 가정사에서 남들에게 밝히기 힘든 고민이 있었어요. 앞서 말했듯이 세종은 여섯 명의 부인과 스물두 명의 자녀를 두었습니다. 수가 많다 보니 자식 걱정이 끊이질 않았는데요, 특히 세자의 며느리 문제로 골치를 썩었어요. 앞서 세종의 업적에 관한 이야기에서 언급했듯이 세종이 세자에게 왕의 업무를 8년 동안 넘긴 적이 있었습니다. 우리가 흔히 생각하기엔 왕이라면 무조건 편하고 좋을 것 같지만, 『조선왕조실록』을 보면 왕은 하루 종일 신하들에게 둘러싸여 공부와 격무에 시달렸다는 걸 알 수 있습니다. 세종의 세자 역시 어린 나이부터 왕의 일을 물려받아 하다 보니 스트레스가 적지 않았을 거예요. 이 세자가 세종의 뒤를 이어 왕이 된 문종인데, 세자 때 겪었던 힘든 일들의 영향인지, 문종은 즉위한 지 2년 6개월 만에 세상을 뜨고 맙니다.

특히 문종은 세자 때부터 부부관계에 문제가 있었어요. 처음 정실로 들어온 여인은 휘빈 김씨였습니다. 그런데 문종은 부인이 마음에 들지 않았는지 처소에 거의 들지 않았습니다. 당연히 자식도 없었고요. 혼인 당시 문종의 나이가 너무 어려 성에 대한 관념이 없었기 때문이라는 분석도 있지만, 나중에 나이가 들어서도 문종은 정실부인보다는 후궁을 더 자주 찾았습니다. 이에 위기감을 느낀 휘빈 김씨는 압승술이라는 민간 비법을 어디서 듣고는 문종이 자주 찾는 궁녀의 신발을 훔쳐 태우고 그 재를 문종에게 먹이려 했어요. 그러면 남편의 마음이 자신에게 돌아오리라 믿은 거죠. 그런데 이 계획이 발각되어 휘빈 김씨는 그만 쫓겨나고 맙니다.

그래서 두번째로 간택된 세자빈이 순빈 봉씨였어요. 안타깝게도 문종은 두번째 아내 역시 마음에 들지 않아했고 후궁인 양원 권씨와의 사이에서 아이를 갖습니다. 순빈 봉씨는 질투심이 아주 강해 양원 권씨를 불러다 매질을 하는가 하면 본인이 임신을 했다며 거짓말까지 서슴지 않았다고 해요. 이에 시어머니인 중전에게 불려가 혼나기도 하고요. 처음부터 별로 정이 가지 않았는데 이런저런 소동까지 일으키자 문종은 더욱 세자빈을 멀리합니다.

이 와중에 순빈 봉씨가 벌인 엽기적인 사건이 그 유명한 조선시대 동성애 사건이에요. 조선시대 궁녀들이 서로 동성애 행위를 하는 것을 '대식'이라 불렀는데요. 원래 대식이란 궁 밖 출입이 자유롭지 못한 궁녀를 보러 가족들이 면회 오는 걸 칭하는 말이었습니다. 궁녀에게는 휴가가 없었기에 가족을 만날 수 있는 유일한 방법은 가족들이 궁으로 오는 것이었고, 궁궐에서는 이렇게 찾아온 가족이나 지인이 궁녀의 처소에서 함께 밥을 먹을 수 있게 배려했습니다.

그런데 이 대식이라는 말이 어느 틈엔가 동성애를 뜻하는 은어로 바뀌어버려요. 임금의 승은을 입지 못하면 평생 남자와 관계할 일이 없는 궁녀들이 언제부턴가 서로서로 동성 관계를 갖는 일이 벌어지기 시작했습니다. 그러면서 원래는 가족이나 지인을 데려오는 일을 뜻하는 대식이 동성애 상대를 데려온다는 말로 변질된 거죠. 혼자 방을 쓰는 게 가능했던 상궁들을 중심으로 대식 행위가 있었습니다.

외로움에 하루하루를 보내던 순빈 봉씨는 견디다 못해 소쌍이라는 궁녀를 불러 대식 행위를 하기에 이릅니다. 이에 그치지 않고 단지라는 궁녀가 소쌍과 관계하는 걸 구경까지 합니다. 그러다가 이 모든 사실이 들통나 난리가 났죠. 세종이 왕이었을 때 벌어진 일인데, 며느리의 대식 행위에 격분한 세종은 순빈 봉씨를 폐하고 대식 행위에 대한 처벌을 대폭 강화합니다. 그러면서도 신하들에게 순빈 봉씨를 폐하는 이유를 기록에 남기지 말아달라고 부탁하죠. 왕도 끝내 숨기고 싶었던 왕가의 스캔들이었습니다.

비대한 몸으로 각종 성인병에 시달렸으며, 자식을 잃고, 며느리 문제로 골치가 아팠던 세종, 상상해보신 적 있습니까? 널리 알려져 있지는 않지만 이 또한 엄연히 세종의 삶이었고, 인간 세종이 겪었던 아픔이었습니다. 백성에 대한 깊은 사랑과 학문적 열정, 뛰어난 정치력으로 역사에 길이 남을 훌륭한 업적을 이룩한 성군이었지만, 그에 앞서 무수한 일상적 고민들 속에 한세상을 살아간 평범한 인간이기도 했던 것입니다.

흔히들 위인 하면 인간을 넘어선 초월적이고 위대한 존재라고 느끼기 마련입니다. 하지만 세상 모든 희로애락이 인간들이 그리는 그림이듯이, 결국 불완전하기에 사랑하고 사랑받을 수 있는 존재가 바로 인간이 아닐까 생각합니다. 세종도 우리와 똑같은 '인간'이었습니다.

조선시대의 왕비

여러분이 생각하는 조선시대 왕비는 어떤 사람인가요? 화려한 장신구로 치장을 하고 조신하게 앉아 수를 놓고 있는 여인? 왕을 뒤에서 조종하는 요부? 어떤 여인을 떠올리든 그 모습은 아마 사극을 통해 접한 이미지일 것입니다.

그렇다면 어떤 사람이 왕비가 될 수 있었을까요? 대체로 왕의 입장에서 세력 기반을 갖추는 데 도움이 될 만한 명문가의 딸이 왕비로 정해지는 경우가 많았습니다. 정략결혼의 성격이 있는 것이죠.

왕비를 간택하는 절차에 대해 알아볼까요? 왕비(또는 세자빈)를 간택하기에 앞서 국가에서는 전국의 결혼 적령기 처녀를 대상으로 금혼령을 내리고, 인적사항과 사주를 적은 처녀단자를 올리게 합니다. 하지만 전국 팔도의 처녀들 중 처녀단자를 올리는 사람은 25~30명 내외였습니다. 간택은 형식적인 절차일 뿐 사실상 후보가 내정된 경우가 많았기 때문입니다. 또한 간택에 참여하는 비용 등도 부담스러웠겠죠.

아무튼, 간택 대상이 된 처녀들 가운데서 초간택, 재간택, 삼간택의 세 차례 심사를 거쳐 최종적으로 왕비 후보가 정해집니다. 심사위원은 왕실 가족과 경력 있는 상궁들이었는데, 왕비를 간택할 때 살펴보았던 요소는 집안, 용모, 행실 등이었죠. 특히 용모 심사에서는 가슴이 크거나 목이 굵거나 미간이 좁은 경우 감점이 되었다고 합니다.

최종적으로 간택된 왕비는 별궁으로 가서 왕비 수업을 받습니다. 일종의 신부 수업이죠. 왕비는 별궁에서 왕실의 법도를 익히고, 가례, 즉 결혼식 순서를 연습하는 시간을 갖습니다. 이후 가례를 올리고 왕과 함께 궁궐에 입성하게 됩니다.

조선시대의 왕비는 왕의 부인이자 한 나라의 국모國母였습니다. 이 때문에 많은 사람들의 관심을 받았고 실제로 맡은 역할도 중요했죠. 왕의 아내이자 차기 왕의 어머니로서 모범을 보여야 했고, 때론 친히 누에를 치는 친잠親蠶 행사를 통해 농업을 권장하기도 했습니다. 그리고 무엇보다도 왕실의 명맥을 이을 왕자를 출산해야 했습니다. 이 때문에 사극에서 아들을 낳지 못한 왕비가 홀대받거나, 아들을 낳은 후궁이 기세등등해하는 모습이 연출되는 것입니다. 왕이 여러 후궁을 거느렸던 것은 바람기가 있어서가 아니라, 왕실을 번창시키기 위한 국가적 차원의 출산 장려 활동이었다고 볼 수 있답니다.

역사는 항상 새롭게 다시 쓰이며,
따라서 모든 역사는 현재의 역사이다.

칼 베커, 역사학자

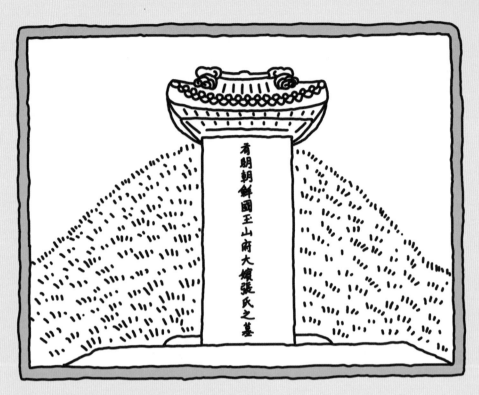

희빈 장씨(1659~1701) 조선 후기 숙종의 빈. 아들 윤(경종)이 세자에 봉해지자 희빈에 올랐다. 이후 인현왕후가 폐출되고 중전이 되었으나, 이를 후회한 숙종이 다시 인현왕후를 복위시키고 장씨를 희빈으로 강등했다.

숙종(1661~1720) 조선 제19대 왕(재위 1674~1720). 대동법을 전국에 실시하여 실효를 거두었으며 임진왜란과 병자호란 이후 계속된 토지 사업을 추진해 완결을 보았다. 주전(鑄錢)을 본격적으로 시행해 상평통보를 주조, 중앙 및 지방 관청 등에 통용하도록 했다. 영토 회복운동을 전개하고 금위영을 추가로 설치하여 5영 체제를 확립했다.

역대 드라마
최다 출연 커플?
장희빈과 숙종

　역사를 비교적 쉽고 재미있게 접할 수 있는 방법 중 하나가 역사 드라마를 보는 거죠. 사극은 꾸준히 방영되는 편이니까요. 우리 민족은 오랜 역사를 자랑하니 소재도 많죠. 다만 드라마에서 다루는 역사는 시나리오에 맞게 각색된 하나의 해석일 뿐, 그것을 온전히 사실로 믿기에는 곤란한 측면이 있습니다. 드라마라는 건 일단 재미가 있어야 하기 때문에 극적 요소가 추가되다 보면 과장이나 확대해석이 따르기 마련일 테니까요.

　드라마를 통해 가장 많이 조명된 역사적 인물 중 하나가 바로 장희빈입니다. 여러 이유가 있겠지만, 역시 사연이 기구하고 극적인 삶을 살았던 여자이기 때문이겠죠. 또한 조선시대에 후궁 출신으로 중전의 자리까지 올랐던 유일한 인물이라는 상징성 등에서 장희빈이 꾸준히 주인공으로 등장하는 게 아닌가 싶습니다.

2013년에 방영된 〈장옥정, 사랑에 살다〉라는 드라마를 보면 장희빈에 대한 시각이 기존의 해석보다 다소 유해졌다는 느낌을 받아요. 이전까지 장희빈은 조선을 대표하는 요부, 악녀로 표현되는 경우가 대부분이었거든요. 1961년 김지미부터 출발해 가장 최근 김태희까지 모두 아홉 명의 배우가 장희빈이 되어 드라마와 영화에 등장했는데요, 그 악랄함과 표독스러움을 얼마나 잘 드러내느냐가 장희빈 사극의 핵심이었다고도 할 수 있을 거예요.

조선의 미인, 환국의 소용돌이에 서다

장희빈의 본명은 장옥정으로, 희빈은 중전 아래의 후궁을 뜻하는 직함입니다. 조선시대 내명부의 정1품 여자 관리를 가리키는 '빈'은 후궁 중에서도 가장 지위가 높았다. 빈이 여럿일 경우 왕이 각각 그에 맞는 이름을 내렸다. 조선 후기, 장희빈이 등장한 시기의 임금은 숙종이었습니다. 그는 절대왕권을 휘두른 카리스마 넘치는 왕으로 알려져 있습니다. 숙종이 집권 내내 고민했던 것 중 하나가 왕권 강화였는데요, 당시 조선의 정치체제는 붕당정치 특정한 학문적, 정치적 입장을 공유하는 조선시대 양반들의 집단인 붕당에 따라 정치가 진행되는 일였습니다.

붕당정치를 조선을 무너뜨린 나쁜 체제로 여기는 시선이 아직 있는데, 사실 붕당정치는 오늘날 우리 국회에도 남아 있는 아주 보편적인 정치 문화입니다. 우리나라도 현재 집권 여당과 비집권 야당이 있어 각자의 가치를 내세우며 서로 충돌하곤 하잖아요? 당시 조선도 서인과 남인으로 나뉘어 여당과 야당을 오가며 정쟁을 벌이고 있었을 뿐입니다. 적당히 균형을 맞추면서 독재를 견제하고 상호 발전적 경쟁을 통해 보다 나은 대안을 제시할 수 있는 체제가 붕당정치입니다. 그러나 서로 대립하는 건 그렇다 쳐도 어느 한쪽의 힘이 지나치게 강해져버리면 왕의 입장에서는 곤란하겠죠.

이에 숙종은 재위 기간 동안 자신이 직접 주도하여 무려 세 번이나 여당과 야당의 위치를 바꾸면서 왕권을 강화하는 데 주력했습니다. 이렇게 정국을 주도하는 당이 급작스럽게 뒤바뀌는 걸 환국換局이라고 합니다. 첫번째 환국은 경신년에 일어나 경신환국1680이라고 하는데요, 남인의 세력이 지나치게 강해졌다고 생각한 숙종이 역모를 꾀했다는 이유로 그들을 몰아내고 지배 세력을 서인으로 교체한 사건을 말합니다.

이후 주도권을 잃은 남인이 생각해낸 꾀가 바로 장옥정을 이용하는 것이었습니다. 남인들과 가까웠던 장옥정을 궁녀로 궁궐에 들여 숙종의 마음을 얻는 거죠. 당시에 숙종에게는 이미 인현왕후라는 중전이 있었어요. 서인들과 가까웠던 그녀는 전형적으로 참한 여성 스타일이었던 것 같습니다. 얼마나 청순했던지 태어날 때 그 집에 벌과 나비가 날아들어 춤을 추고 온 동네에 향기가 진동했다고 해요. 물론 이 내용은 서인이 썼다고 추측되는 『인현왕후전』에 등장하는 내용이긴 합니다.

그런데 남인은 장옥정을 궁녀로 들입니다. 이런 계략이 가능했던 것은 우선 장옥정의 출중한 미모 덕분이었던 듯합니다 장옥정의 사진이 남아 있지 않으니 얼마나 예뻤는지 확인할 길은 없지만, 『숙종실록』을 보면 "장희빈의 미모가 자못 아름다웠다"라는 구절이 있어요. 좀 예뻤다고 써놓은 게 무슨 대수냐고 하실지 모르지만, 실록에서 여인의 미모를 칭찬한 기록은 잘 없거든요. 아름답다는 기록까지 남아 있는 걸 보면 장옥정은 여간 미인이 아니었나 봅니다.

남인들은 이 정도 외모라면 궁궐에 들어가기만 하면 단번에 숙종의 마음을 사로잡을 거라 생각했고, 실제로도 그렇게 됩니다.

장옥정이 전략적으로 궁녀로 들어갔다고 볼 수 있는 확실한 근거는, 장옥정이라는 인물이 궁녀를 자청할 이유가 전혀 없었다는 것입니다. 조선시대 궁녀의 삶이란 그다지 아름답지 못했어요. 물론 당시 여성이 가질 수 있는 전문직 중 하나였고 꽤 많은 보수를 받았지만, 왕실의 시중을 들며 지내야 하고 결혼도 할 수 없었습니다. 궁녀는 왕의 소유였기 때문에 궁녀를 탐하는 건 국법을 위반하는 일이었고 궁궐 안에는 남자도 없었죠. 유일하게 기거하는 남자인 내시는 아시다시피 거세된 사람들이었습니다. 왕의 눈에 들지 못한 궁녀는 그냥 그대로 궁궐에서 지내다 죽는 거예요. 그래서 딸을 가진 입장에서 자식을 궁궐에 보낸다는 건 정말 형편이 어려워 부양이 힘들거나 돈이 필요한 경우에나 이루어지는 슬픈 일이었습니다.

그런데 장옥정은 중인 출신이긴 했지만 5촌 당숙^{아버지의 사촌}이 엄청난 부자라서 궁궐에 팔려 갈 이유가 없었어요. 당시 조선에서는 중국과 비단, 인삼 등을 거래하는 밀무역이 성행했는데, 이를 주도하던 역관^{고려와 조선시대에 통역, 번역 등 역학譯學에 관한 업무를 담당하던 관리} 중 장현이라는 거부^{巨富}가 바로 장옥정의 당숙이었습니다. 당시 역관은 중인 신분이었지만 상당한 부를 축적했고, 그것을 매개로 어느 정도 권력도 누릴 수가 있었어요. 장옥정의 당숙은 이런 배경을 바탕으로 남인들과 친분을 쌓을 수 있었습니다. 그러니 부잣집 출신에 얼굴도 아름다운 장옥정이 굳이 궁녀로 궁궐에 들어온 것은, 장옥정을 내세워 재기를 노린 남인들의 물밑 작업이 아니었나라는 생각을 감출 수 없습니다. 남인들의 전략이 맞아떨어져 장옥정은 입궁한 뒤 곧 숙종의 마음을 얻게 되고, 숙종과의 사이에서 윤이라는 아들까지 낳습니다.

상황은 점점 남인들이 원하는 방향으로 발전합니다. 보통 중전이 낳은 아들이 세자가 되는데 인현왕후는 자식을 낳지 못했습니다. 이에 숙종은 장옥정의 아들 윤을 세자로 책봉합니다. 집권당인 서인은 남인 쪽 사람인 장옥정의 아들이 세자가 되자 아직 중전이 젊은데 후궁의 아들을 세자로 책봉하는 것은 너무 성급한 결정이라며 거세게 반발하죠. 이에 가만있을 숙종이 아닙니다. 세자 책봉에 반대한 죄를 물어 서인들을 쫓아내고 남인들을 다시 여당으로 들이지요. 이 사건을 기사년에 벌어진 환국이라고 해서 기사환국[1689]이라 합니다. 이 과정에서 서인 계열이던 인현왕후도 중전의 자리를 박탈당하고 궁궐에서 쫓겨나고 맙니다.

새로운 여인, 무수리 최씨의 등장

이렇게 해서 장옥정이 중전이 되고 나라의 실질적인 안주인으로 자리잡으며 이야기가 끝나는 걸까요? 당연히 아니죠. 이런 와중에 무수리 최씨라는 여자가 등장합니다. 원래 이 여자는 인현왕후의 수발을 드는 무수리였어요. 야사에 따르면 어느 날 숙종이 밤에 궁궐을 거닐고 있는데, 주인 없는 인현왕후의 침소에 불이 켜져 있는 겁니다. 의아하게 생각한 숙종이 침소에 가보니 무수리 최씨가 상다리가 휘어지도록 상을 차려놓고 있었어요. 왜 상을 차려놓고 이곳에 홀로 있는지 물어보자 무수리 최씨는 오늘이 인현왕후의 생일인데 몸은 없어도 마음만이라도 챙겨드리고 싶어 그랬다고 대답합니다.

이 마음 씀씀이에 숙종이 그만 홀딱 반했던 모양이에요. 그때부터 둘 사이의 관계가 시작돼 무수리 최씨는 숙종의 승은을 입고 연잉군이라는 아들까지 낳아 숙빈이 됩니다. 조선시대의 관직은 품계에 따라 정1품부터 종9품까지 있는데, 희빈과 숙빈은 품계로 따지면 정1품에 해당했어요. 이는 오늘날의 국무총리, 즉 영의정, 좌의정, 우의정 급이었다는 겁니다. 궁녀 중에서도 가장 낮은 무수리 출신으로 정1품까지 오른 여자가 최숙빈이었으니, 이 또한 역사적으로 유례가 없는 일이었죠.

숙종의 사랑을 독차지하던 장옥정에게 닥친 시련은 최숙빈의 등장이 끝이 아니었습니다. 숙종이 변덕을 부리기 시작한 겁니다. 시간이 흘렀으니 장옥정도 예전처럼 아름답지 않았을 테고, 숙종도 나이가 들어가면서 편안하고 인품이 뛰어났던 인현왕후가 다시 떠오르지 않았나 싶어요. 숙종은 은밀히 사람을 시켜 인현왕후의 안위를 알아보게 합니다. 그런데 자신을 궁궐에서 내친 임금을 원망하고 있을 줄 알았던 인현왕후가 웬걸, 시를 짓고 편지를 쓰며 자신을 낮추고 왕을 그리워하고 있다는 소식을 듣게 됩니다.

몰락의 그림자

천하의 숙종이 이 소식을 듣고 가만있지 않았겠죠? 크게 감동해 이전의 조처를 뉘우치며 인현왕후를 다시 궁으로 불러들이려 합니다. 그러지 않아도 인현왕후 폐출 당시 함께 실권했던 서인들은 인현왕후의 복위운동을 준비하고 있었습니다. 당연히 당시 집권 세력이었던 남인들은 이를 반대하면서 서인들을 탄압했죠. 하지만 이미 심경의 변화가 생긴 숙종은 남인들을 내치면서 다시 한

번 환국을 불러옵니다. 갑술년에 일어난 갑술환국[1694]이죠. 결과적으로 남인들은 물러나고 서인이 다시 집권하는 한편, 인현왕후도 중전의 자리로 돌아옵니다. 그럼 장옥정은 어떻게 되었을까요? 중전이 된 지 5년 만에 별당으로 쫓겨나 다시 강등되는 신세가 되었지요. 자신의 지위는 인현왕후가 가져가고, 자신의 남편은 최숙빈에게 빼앗기게 된 것입니다.

장옥정은 질투심에 불타오릅니다. 특히 자신을 몰아낸 인현왕후를 용서하기 어려웠죠. 그래서 자신의 거처인 취선당에 무당을 불러 인현왕후를 저주하며 한을 풀기 시작합니다. 거기다 인현왕후의 침전 근처에 동물 사체를 묻기도 하죠. 그런데 이게 정말 통한 걸까요? 그후 인현왕후는 시름시름 앓다가 그만 죽고 맙니다.

사건은 이렇게 끝나지 않습니다. 인현왕후가 승하한 직후, 장옥정이 왕비를 저주했다는 사실이 숙종의 귀에 들어가고 맙니다. 야사에 따르면 장옥정의 행동에 노한 숙종은 처음엔 장옥정에게 자결을 권했다고 합니다. 그런데 두 번을 권해도 장옥정이 자결하지 않자 사약을 내렸다고 하죠. 장옥정은 울부짖다가 마지막으로 세자인 윤을 보고 싶다고 청해 윤이 불려오는데, 서인 측의 야사 기록에 따르면 이때 장옥정은 아들 윤의 하초下焦를 잡아당겼다고 해요. 그리고는 사약을 강제로 마시고 생을 마칩니다. 장희빈 드라마의 클라이맥스는 항상 마지막 회의 이 부분입니다. 억지로 먹이는 사약에 피를 토하며 비참하게 죽는 장희빈의 모습을 보여주는 것으로 드라마가 마무리되곤 했죠.

진실과 평가

그런데 방금 말씀드린 장옥정의 죽음에 얽힌 이야기는 사실 모두 야사입니다. 그러니까 정식으로 기록된 역사가 아니라 전해 내려오는 설화인 거죠. 맞는지 안 맞는지 확인할 길이 없는 내용이고요. 『조선왕조실록』에는 장옥정을 사사했다고만 나와 있습니다. 아마도 장옥정과 관련된 일화는 후일 숙종의 뒤를 이어 왕이 되는 세자 윤, 경종 때문에 나왔을 가능성도 있어요. 경종은 즉위할 때부터 몸이 매우 약했고 후사 또한 남기지 않았습니다. 그래서 장옥정이 하초를 잡아당겼다느니 하는 소문이 돌았는지도 모르죠. 혹은 이런 얘기들 중에 사실이 있었더라도 실록에 정식으로 적기는 어려웠을 것으로 보입니다. 이후 역사는 흐르고 흘러 장옥정과 숙종, 경종까지 모두 죽고 최숙빈의 아들 연잉군이 왕이 됩니다. 그가 바로 영조입니다. 무수리의 아들이 왕까지 된 거죠.

지금까지 장옥정의 이야기를 살펴보며 눈치채셨겠지만, 장옥정이 등장하고 퇴장하는 과정에는 서인과 남인이 늘 함께합니다. 이쯤 되면 장옥정은 요부의 대명사이자 악녀의 화신이 아니라 붕당정치의 정쟁 속에서 사랑하는 남자를 잃은 희생양이라고 보는 편이 더 타당할지도 모르겠어요. 장옥정의 악행들도 서인들이 과장했거나 지어낸 적은 것일 수도 있고요.

장옥정의 외로움은 사후에도 계속되고 있습니다. 현재 경기도 고양시 서오릉_{조선시대 왕가의 무덤 다섯 곳이 모여 있는 사적지}엔 숙종과 인현왕후의 무덤이 함께 나란히 자리잡고 있지만, 장옥정의 무덤은 그들의 묏자리에서 한참이나 떨어진 곳에 홀로 있습니다. 장옥정을 몰아낸 서인 세력이 역사 속에서 그녀를 좋게 표현하지 않았겠죠. 그때 생겨난 나쁜 소문들이 지금 드라마에 등장하는 장옥정의 이미지를 형성했는지도 모르겠습니다.

생각해보면 장옥정 역시 부유한 집안을 등에 업고 좋은 집안으로 시집가서 평범하게 살 수도 있었습니다. 그녀 삶의 모든 비극은 바로 궁궐에 들어오면서부터 시작된 것이죠. 그녀가 행했던 최대의 악행이라고 할 수 있는, 무당을 불러 중전을 저주한 일조차 한 남자의 사랑을 잃고 아무것도 할 수 없었던 여자의 마지막 몸부림 같은 게 아니

명릉 숙종과 인현왕후의 능이 쌍릉으로 나란히 있다.

희빈 장씨 묘(대빈묘) 서오릉 좌측의 가장 후미진 곳에 작은 규모로 조성되어 있다. 묘의 전체적인 꾸밈새, 석물 등이 초라하다.

었나 생각합니다. 사랑에 살고 사랑에 죽은 여자 장옥정. 그런 의미에서 드라마 〈장옥정, 사랑에 살다〉는 꽤 잘 지은 제목이 아닌가 싶네요. 조선시대 붕당정치의 피바람 속에서 말 그대로 드라마 같은 삶을 살다가 희생양으로 전락한여인, 이젠 역사적으로 재평가를 내려야 할 시점이 아닌가 합니다.

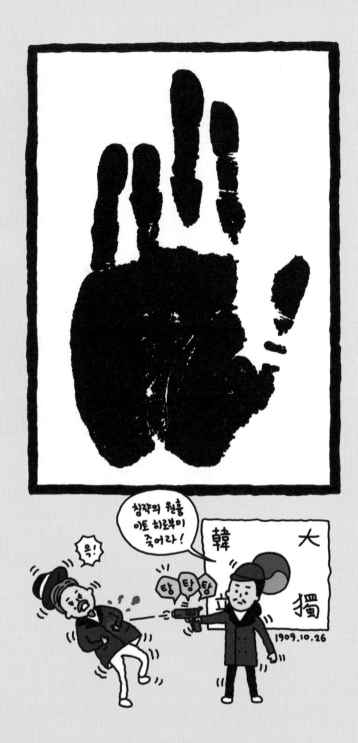

안중근(1879~1910) 한말 韓末. 대한제국의 마지막 시기의 독립운동가로 삼흥학교를 세우는 등 인재 양성에 힘썼으며, 만주 하얼빈에서 독립군을 조직해 무력 저항운동을 펼쳤다. 1909년에 한반도 침략의 원흉 이토 히로부미를 사살하고 이듬해에 사형되었다. 사후 건국훈장 대한민국장이 추서되었다.

만세를 부를 그날을 위해, 도마 안중근

이야기를 시작하기에 앞서 존경의 의미를 되새겨보려고 합니다. 누구나 존경하는 사람이 한두 명쯤 있기 마련인데요, 꼭 역사적인 위인이 아니더라도 주변의 부모님이나 친척, 선생님, 이웃 등일 수도 있겠죠. 누군가를 존경하는 데에는 여러 가지 이유가 있을 겁니다. 인품이 훌륭해서, 능력이 뛰어나서, 닮고 싶은 모습이어서…… 그런데 존경받는 사람들을 보면 공통적인 특징이 있는 것 같아요. 자신만이 아닌 타인을 위한 삶을 실천한 분들, 나 혼자 잘 먹고 잘사는 게 아니라 사회 다수를 위한 가치에 헌신한 분들, 주로 그런 분들이 존경의 대상이 되는 듯합니다. 바로 그런 행동들이 인간이 할 수 있는 가장 숭고하고 아름다운 일이기 때문 아닐까요? 지금 소개해드릴 분 역시 우리나라 근현대사에서 정말 소중한 가치를 위해 자신의 삶을 희생한 대표적인 인물입니다. 그 사연을 자세히 알면 알수록 더 존경하게 되는 인물이기도 하지요.

가슴에 호연지기를 키우던 청년 안중근

흔히 안중근 선생을 도마 안중근 의사라고 부릅니다. 우선 이 호칭부터 살펴보죠. 안중근 선생의 '도마'라는 호는 '토마스'라는 이름에서 따온 것입니다. 안중근 선생은 천주교 신자였고, 세례명이 토마스였거든요. 어머니의 존함은 조마리아였는데, 이것만 봐도 안중근 선생의 가문이 천주교 집안이었음을 알 수 있어요. 실제로 안중근 선생의 삶을 되짚어보면 천주교 신자로서 행한 인도주의적인 행적을 많이 발견할 수 있습니다.

안중근 선생의 아명兒名은 '응칠'이었습니다. 아명이란 아이 때 불리던 이름을 말하는 것인데요, 가슴과 배에 북두칠성 같은 일곱 개의 점이 있어서 붙여진 이름이라고 해요. 저 역시 아명이 있었습니다. 맞벌이하시던 부모님을 대신해 저를 돌봐주시던 외할머니께서 항상 '민석아' 말고 '민아'라고 부르셨거든요. 그러니 저 설민석의 아명은 '민이'가 되는 것이지요. 아무튼 가슴에 별을 품고 태어난 소년 안응칠. 훗날 안중근 선생은 본인의 저서에 '안응칠 역사'라는 제목을 붙이기도 하였으니 안응칠이라는 이름도 함께 알아두면 좋겠죠?

안중근 선생의 의거는 무력으로 이루어졌지만, 그는 문인이었던 아버지의 영향 아래 기본적으로 교육과 계몽에 관심이 많았습니다. 청년 시절에 애국계몽운동을 하며 민중을 교육하는 데 많은 공을 들였고 학교를 세우기도 하지요. 그렇다고 책상머리에만 앉아 있는 점잖은 선비는 아니었던 것 같아요. 어려서부터 말을 잘 타고 사냥에 뛰어나서 총을 쏘면 백발백중일 정도로 실력이 출중했다고 해요. 잘 놀고 주먹도 잘 쓰는 호걸로 우애와 의리가 깊었던, 가슴에 호연지기를 키우던 청년이었죠.

몸으로 맞서 나라를 구해야 한다!

이런 기질 때문일까요? 학교를 설립해 교육운동에 열중하던 안중근 선생은 조선을 노리는 일본의 움직임이 갈수록 심상치 않자 실질적인 힘이 필요하다고 여겨 의병^{나라가 외적의 침입으로 위급할 때 국가의 명령을 기다리지 않고 민중이 자원해 외적에 대항하여 싸우는 구국민병}으로 변신합니다. 만주 지역으로 건너가 자리를 잡고, 국경을 넘어 일본군을 공격하며 무력 투쟁을 시작한 거죠. 그러던 중 결정적인 사건이 벌어집니다. 안중근 선생의 의병들이 일본군 수비대를 공격해 제압한 뒤 일본군과 상인 열 명 정도를 포로로 잡은 거예요. 그런데 적군이나 다름없는 이 일본인들을 안중근 선생은 모두 털끝 하나 건드리지 않고 풀어줍니다. 국제법상 전쟁 포로에 관한 규약을 엄수해야 한다는 것이 이유였어요. 인도주의적 입장을 취한 것으로 천주교 신자다운 행동이었다고 볼 수 있겠죠.

이 행동 자체는 아름다웠지만 결과는 좋지 않았습니다. 그의 행동을 이해하지 못한 의병들은 곁을 떠났고, 반대를 무릅쓰고 풀어준 포로들은 기지로 돌아가 안중근 부대의 존재와 위치를 발설해버립니다. 결국 일본군이 출동해 이 부대의 본거지를 초토화해버렸고, 안중근 선생은 목숨은 건졌지만 이후 독립군 자금이나 의병 지원이 끊어지고 말았습니다. 강단 있게 독립운동을 이끌 사람이라는 신뢰를 얻지 못한 거죠. 하지만 역사의 실타래라는 것이 참 오묘해서 이 사건은 결국 오늘날 안중근 선생을 있게 한 그 유명한 거사로 그를 이끌게 됩니다.

1909년 새해, 안중근 선생은 의병 동지 열한 명과 함께 왼손 무명지를 잘라내고 구국의 결의를 다집니다. 그 유명한 '단지동맹^{斷指同盟}'이지요. 태극기에 피로 아로새긴 '대한독립'이라는 네 글자. 그 네 글자를 위해 투신하겠다는 사나이들의 목적은 단 하나! 손가락을 끊어내면서까지 지키고자 했던 조국의 자주독립이었습니다.

아마 이런 모양의 손도장을 보신 적 있을 겁니다. 우리에게 이미 잘 알려져있는 안중근 선생의 손도장입니다.

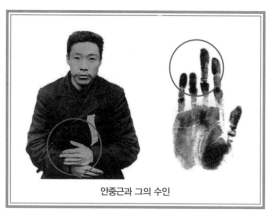

안중근과 그의 수인

왼손 넷째 손가락 한 마디가 잘려나가고 새끼손가락과 나란히 같은 높이로 찍혀 있습니다. 바로 이 손안에 나라를 구하고자 했던 용감한 젊은이의 뜨거운 의지가 담겨있는 것이지요.

이런 와중에 안중근 선생에게 한 가지 소식이 전해집니다. 우리나라의 초대 통감으로 부임해 온갖 만행을 저지르던 이토 히로부미가 만주에 나타난다는 것이었습니다. 이토 히로부미는 일본의 한반도 침략에서 아주 중요하고 결정적인 역할을 한 상징적인 인물이었습니다.

이토 히로부미는 현대 일본에서도 영웅으로 인식되고 있습니다. 초대 총리로서 여러 근대적 개혁을 시도하여 성공했고, 그 결과 일본이 서구 열강과 어깨를 나란히 할 정도로 성장하게 된 바탕을 만든 인물이기 때문입니다. 일본 입장에서는 이토 히로부미가 영웅일지 모르겠습니다만, 우리에게 이토 히로부미는 한반도 침략의 원흉이자 동양 평화의 파괴자였고, 1905년에 을사늑약으로 우리 외교권을 강탈하는 등 우리나라가 식민 지배를 당하게 되는 전체적인 틀을 세운 결정적인 인물입니다.

침략의 원흉 이토 히로부미를 처단하다

거사는 1909년 10월 26일에 벌어졌습니다. 장소는 만주의 하얼빈 역이었고요. 안중근 선생은 가슴에 권총 한 자루와 이토 히로부미의 사진 한 장을 품고 이른 아침부터 찻집에서 상대를 기다리고 있었습니다. 마침내 이토 히로부미가 기차에서 내려 도열해 있는 러시아 의장대 앞을 지날 때 번개처럼 달려들어 세 발의 총탄을 쏩니다. 그리고 혹시 그가 이토 히로부미가 아닐 것을 우려해 주변에 있던 일본인 수행원들에게도 총을 한 발씩 쏘았다고 하죠.

전하는 얘기 중에는 안중근 선생이 사진만으로 이토 히로부미가 누군지 알 수 없어 현장에서 대담하게도 그의 이름을 크게 부르고 이토 히로부미가 반응하는 걸 확인한 후 총을 쏘았다는 말도 있습니다. 아무튼 총탄은 이토 히로부미에게 명중했고, 안중근 선생은 그 자리에서 러시아군에 생포되고 맙니다. 그러나 끌려가는 마지막 순간까지도 장렬히 외쳤습니다. "코레아 우라!" 러시아어로 '대한만세!'라는 뜻이었습니다.

당시 이토 히로부미 암살에 나선 건 안중근 선생만이 아니었어요. 이토 히로부미가 정확히 어느 역에 모습을 드러낼지 알 수가 없었기 때문에 안중근 의사를 포함해 총 세 명의 의사가 각기 다른 장소에서 저격을 준비하고 있었습니다. 만약 이토 히로부미가 다른 역에 나타나 다른 의사가 총을 쏘았다면, 우리가 기억하는 이름은 안중근이 아니었겠죠. 하지만 이토 히로부미는 안중근 선생 눈앞에 나타났고, 그는 놓치지 않고 그 역사의 순간을 포착했습니다.

총에 맞은 이토 히로부미는 응급처치를 받았으나 곧 사망합니다. 옆에 있다가 저격당한 수행원들도 중경상을 입었고요. 생포되어 끌려간 안중근 의사는 사형을 선고받습니다. 하지만 항소나 상고를 하지 않았어요. 그는 담담히 죽음을 기다리며 감옥에 있는 5개월 동안 독서와 저술 활동에 힘썼는데, 이때 저술한 책이 『안응칠 역사』라는 자서전과 『동양평화론』입니다. 특히 우리가 주목해야 할 것은 『동양평화론』입니다. 재미있는 점은 '동양평화론'을 처음 주장한 사람이 다름 아닌 이토 히로부미였다는 겁니다.

이름은 똑같은 '동양평화론'이지만 깊이 들어가보면 기본 관점과 생각에는 차이가 있습니다. 동양평화론 자체는 우선 동서양의 대립 구도를 전제로 합니다. 서양이 동양을 침략해 오는 세계적인 정세에서 동양인들이 어떤 태도를 취해야 하는지에 관한 내용이죠. 이토 히로부미의 동양평화론이란 서양 세력에 맞서 일본과 중국, 한국이 하나로 뭉치되 그 중심은 일본이 되어야 한다는 주장이었어요. 일본이 한국과 중국을 식민지화하는 데 명분을 부여하는 내용이죠. 이에 반해 안중근 선생은 서양 세력에 맞서 동아시아 3국이 뭉쳐야 한다는 데는 동조하지만, 세 나라의 평등한 관계 속에 이루어져야 한다는 의견이었습니다. 일본의 침략 논리를 정면으로 반박했다고 할 수 있죠.

또한 안중근 선생은 글만 잘 쓰는 게 아니라 글씨도 잘 쓰는 명필이기도 했습니다. 그래서 감옥에 있던 교도관들이 수시로 찾아와 가훈이나 글귀를 써

줄 것을 부탁할 정도였다고 해요. 워낙 식견이 뛰어나고 인품도 훌륭하여 감옥 안에서도 대단히 존경을 받았던 것으로 전해집니다. 재판을 받을 때에도 검사나 변호사는 물론 판사조차도 그를 함부로 대하지 못했다고 하지요.

안중근 선생은 재판중에 자신을 '암살자'라고 부르는 것을 부정하고, 본인은 대한의군 참모중장 자격으로 침략자에 항거한 것이며, 따라서 범죄자가 아니라 교전중에 붙잡힌 포로로서 대우해달라고 주장하기도 했습니다. 또한 이토 히로부미의 죄가 15가지나 된다면서 자신의 책『안응칠 역사』에서 조목조목 비판하기도 했어요. 그 15가지 죄목은 다음과 같습니다.

1. 한국의 명성황후를 시해한 죄
2. 한국 황제를 폐위시킨 죄
3. 을사늑약과 정미 7조약을 강제로 맺은 죄
4. 무고한 한국인들을 학살한 죄
5. 정권을 강제로 빼앗은 죄
6. 철도, 광산, 산림, 천택을 강제로 빼앗은 죄
7. 제일은행권 지폐를 강제로 사용한 죄
8. 군대를 해산시킨 죄
9. 교육을 방해한 죄
10. 한국인들의 외국 유학을 금지시킨 죄
11. 교과서를 압수하여 불태워 버린 죄
12. 한국인이 일본인의 보호를 받고자 한다고 세계에 거짓말을 퍼뜨린 죄
13. 현재 한국과 일본 사이에 경쟁이 쉬지 않고

살육이 끊이지 않는데 태평 무사한 것처럼 위로 일왕을 속인 죄

14. 동양 평화를 깨뜨린 죄

15. 일왕의 아버지를 죽인 죄

숭고한 희생, 떳떳한 죽음

안중근 선생은 뤼순 감옥에 갇힌 지 5개월 만인 1910년 3월 26일, 형장의 이슬로 사라졌습니다. 그때 그의 나이 31세였습니다. 그는 사형수였음에도 늘 의연하고 떳떳하여 일제 관료들마저도 머리를 조아렸다고 합니다. 안중근의 사형 집행에 대한 기록을 보면 이런 대목이 있습니다.

> 매우 침착한 태도로 안색이나 말도 평상시와 조금도 다름없이 끝까지 떳떳하게 죽음에 이르렀다.
>
> _뤼순 감옥을 관할하던 일제 관동도독부의 기록

일제가 다른 사형수들과 달리 시신을 눕힐 수 있는 '침관'을 허락한 것은 아마도 안중근 의사의 이러한 인품을 존중하여 보인 최대한의 예우였을 것입니다. 치바 도시치라는 일본인 간수는 안중근 의사를 흠모하여 안중근에게 받은 유묵을 죽을 때까지 간직했고, 또 안중근 선생의 기일도 챙겼다고 해요. 안중근 의사의 목숨을 던진 의거에도 불구하고, 결국 1910년 8월 우리나라는 일본에 국권을 빼앗기고 맙니다. 사형을 당하기 직전까지 "한일 양국이 서로 협력해서 동양 평화 유지를 도모하길 바란다"고 했던 안중근 선생의 바람이 무참히도 짓밟히는 순간이었습니다.

안중근 의사는 죽음을 앞두고 유언을 남겼는데, 이 유언을 한번 읽어봅시다.

 안중근 의사의 마지막 유언

내가 죽은 뒤에 나의 **뼈**를 하얼빈 공원 곁에 묻어두었다가 우리 국권이 회복되거든 고국으로 반장해다오. 나는 천국에 가서도 또한 마땅히 우리나라의 회복을 위해 힘쓸 것이다. 너희들은 돌아가서 동포들에게 모두 각각 나라의 책임을 지고 국민 된 의무를 다하며 마음을 같이하고 힘을 합하여 공로를 세우고 업을 이루도록 일러다오. 대한 독립의 소리가 천국에 들려오면 나는 마땅히 춤추며 만세를 부를 것이다.

나라의 독립을 간절히 원하는 그의 마음이 전해지나요? 안중근 선생의 모든 삶과 업적, 그리고 그가 남긴 흔적들을 보면 오로지 조국을 위해 살았다는 것이 절절히 느껴집니다. 안타까운 점은 그의 유언대로 유골을 우리나라로 모셔와야 하는데, 무덤의 위치를 정확히 몰라 그러지 못하고 있다는 것입니다. 당시 간수의 증언에 따르면 안중근 의사를 처형한 후 유해를 근처에 묻었다고 하는데, 정확한 장소를 알 수가 없는 상황입니다.

안중근 의사는 떠났지만 그의 굳은 의지는 이봉창, 윤봉길, 유관순 같은 후배들에게 전해져 우리나라의 민족정신을 유지하고 독립을 이뤄낼 수 있는 힘이 되었습니다. 나라를 잃는다는 건 참 슬프고 서러운 일입니다. 그러나 그렇게 어려운 시기를 거치면서도 다시 일어서 현재의 대한민국에 이를 수 있었던 것은, 안중근 의사와 같은 훌륭한 분들의 숭고한 희생이 있었기 때문입니다. 적어도 그분들이 무슨 일을 했고 어떻게 살았는지를 공부하는 것은 이 나라에서 살아가는 국민으로서의 의무가 아닐까 생각해봅니다.

역사 없인 자유가 없고,
또 그와 반대로
자유 없인 역사가 없다.

E. H. 카, 역사학자

윤봉길(1908∼1932)　일제강점기의 독립운동가. 농촌계몽운동을 주도하다 만주로 망명해 본격적인 독립운동을 준비했다. 1932년 4월 29일 일왕의 생일 기념 행사장에 폭탄을 던져 일본 상하이 파견군 대장 등을 즉사시키는 거사를 치르고 현장에서 체포된 뒤 총살당했다.

내가 던진 건
도시락 폭탄이 아니었다!
윤봉길 의사

사람과 쉽게 친해지는 비법 하나 알려드릴까요? 원래 사람은 자신을 알아주는 상대에게 끌린다고 하죠. 그런데 알아준다는 게 사실 좀 애매해요. 이름, 전화번호, 직업, 주소 따위를 안다고 그 사람을 잘 안다고 할 수 있을까요? 저도 사람을 잘 안다는 것이 무엇인지 아직 모릅니다. 다만 그 사람을 알아가는 저만의 방법은 있어요. 바로 사소한 부분을 기억하는 거죠. 그 사람이 나를 처음 만날 때 입었던 옷, 좋아하는 음식, 습관, 말투…… 그런 게 뭐가 중요하냐고 반문하실 수도 있지만, 나중에 그 조그만 기억들이 그 사람과 나를 연결해주는 중요한 고리가 되곤 한답니다. 그 사람에게 저는 그런 작은 일까지 기억해주는 세심하고 관심 많은 사람이 되는 것이고요. 관계는 디테일에서 시작된다는 게 타인을 대하는 저의 소신입니다.

우리가 역사를 대할 때도 때로는 그런 디테일들이 역사와 가까워지는 데

도움을 주기도 합니다. '이거면 어떻고 저거면 어때' 하면서 넘어갈 수 있는 일들을 꼼꼼히 따져보고 정확히 기억할 때 역사는 한층 더 가까이 내 곁으로 다가온다는 얘기지요. 우리에게 소중한 역사일수록 더더욱 그런 관심들이 필요할 터이고요. 그런 의미에서 윤봉길 선생에 대해 우리가 잘못 알고 있는 사실들을 중심으로 이번 이야기를 풀어갈까 합니다.

우선 이 얘기부터 꺼내볼게요. 흔히들 윤봉길 선생을 '의사'라고 부르는데요, 우리가 독립운동가를 부르는 말 중에 '열사'라는 호칭도 있죠. 그럼 '의사'와 '열사'의 차이는 무엇일까요? 어떤 이들은 "성공하면 의사고, 실패하면 열사"라고 말하기도 하는데, 이는 명백히 잘못된 지식입니다. 일단 의사는 나라와 민족을 위해 항거하다가 의롭게 죽은 사람, 그중에서도 주로 무력으로 싸우다 죽은 사람을 가리킬 때 쓰는 말입니다. 성패에 관계없이 무력으로써 적에 대항해 거사를 결행한 분을 의사라고 불러요. 한편 열사는 나라와 민족을 위해 저항하다가 의롭게 죽은 사람, 그중에서도 주로 맨몸으로 싸우다 죽은 사람을 가리킬 때 쓰는 말로, 비폭력적인 운동으로 자신의 뜻을 펼친 분을 칭합니다. 그런 맥락에서 유관순 선생은 열사가 되겠죠? 이토 히로부미를 저격한 안중근 선생은 의사가 되고요.

그 밖에도 '지사'가 있는데요, 이는 나라와 민족을 위해 제 몸을 바쳐 일하려는 뜻을 품은 사람, 즉 나라의 독립을 위해 헌신하고 투쟁한 분들을 말합니다. 의사와 열사가 순국한 분들에게 붙이는 명칭이라면 지사는 주로 살아 있는 분에게 붙이는 명칭이에요. 한편 국가보훈처에서는 의사와 열사의 구분 없이 '독립유공자'로 표기하고 순국선열과 애국지사로 구분하고 있습니다.

무지가 나라를 잃게 한 적이다! 농촌계몽운동에 힘쓰던 청년

윤봉길 선생은 안중근 선생이 돌아가시기 2년 전인 1908년 태어나 일제강점기에 유년기와 청년기를 보냈습니다. 원래 본명은 '우의'禹儀이고 봉길은 별명입니다. 거사를 치르기 전까지 윤봉길 선생은 주로 농촌계몽운동을 펼치며 문인에 가까운 활동을 했어요. 이분이 본격적으로 계몽운동을 하게 된 계기가 인상적이에요. 당시 10대 소년이던 윤봉길 선생이 서당에서 공부를 마치고 돌아가는데 어떤 청년들이 묘표를 들고 와서 부탁을 합니다. 지금 아버지의 무덤을 찾고 있는데 공동묘지 묘표에 뭐라고 쓰여 있는지 알 수가 없어 뽑아 들고 왔다는 거예요.

이를 본 윤봉길 선생은 기가 막히죠. 묘표라는 게 뭔가요. 무덤의 정보를 담고 있는 표는 제자리에 꽂혀 있어야 제 역할을 하는데 그걸 뽑아버리면 아무짝에도 쓸모없는 나무판자가 되는 거잖아요. 그런데 이 청년들은 묘표가 뭔지도 모르고 그걸 읽을 수도 없었기 때문에 다짜고짜 뽑아 들고 글 읽을 줄 아는 사람을 찾아 헤맨 겁니다. 윤봉길 선생은 이런 무식함이 나라를 뺏긴 근본 원인이라 생각하고 야학당을 개설해 문맹 퇴치에 힘을 쏟아요.

그렇게 3~4년 정도 계몽운동에 매진했지만 윤봉길 선생은 결국 독립을 위해서는 단순히 사람들을 각성시키는 데 그치지 않고 구체적으로 행동에 나서야 한다는 생각을 했던 것 같습니다. 그리고 마침내 1930년 '장부출가생불환' 丈夫出家生不還, 대장부가 집을 떠나 뜻을 이루기 전에는 살아서 돌아오지 않는다 이라는 글을 남기고 중국으로 떠나요. 국내에서 독립운동을 펼치기에는 일본군의 감시가 너무 심했기 때문에, 당시 독립운동에 뜻을 품은 사람들은 중국으로 떠나는 경우가 대부분이었습니다. 이런 삶의 궤적들을 보면 독립운동의 선배 격이라고 할 수 있는 안중근 선생과 비슷하죠.

윤봉길 의사 쾌거의 발단, 모던 보이 이봉창의 거사

이야기의 무대는 이제 중국으로 옮겨집니다. 윤봉길 선생이 중국으로 건너갔을 때, 일본의 탄압을 피해 중국 상하이에서는 대한민국 임시정부가 나라의 명맥을 이어가고 있었습니다. 이를 이끌던 김구 선생은 갈수록 어려워지는 임시정부의 상황을 타개하고자 '한인애국단'이라는 항일독립운동 단체를 조직합니다. 이 단체는 비밀 공격으로 일본의 주요 인물을 암살하여 단기간에 큰 성과를 올리려는 목표를 가지고 있었어요. 말 그대로 암살 조직이었죠.

한인애국단이 생기고 얼마 지나지 않은 1931년에 일본에서 한 청년이 찾아옵니다. 그는 서울과 일본에서 운전사나 제빵사 등을 하면서 생계를 이어오던 평범하면서도 호탕한 조선인이었는데, 서툰 한국말로 꺼낸 얘기는 놀랍고도 다소 황당하기까지 했습니다. 자신이 일본에서 일왕의 행렬을 자주 보는데 조선인으로서 응징하고 싶은 마음에 무기를 얻으러 왔다는 것이었습니다. 그 청년이 바로 이봉창이었습니다. 그는 만주와 일본에서 일하면서 조선인이라는 이유로 여러 가지 학대와 설움을 당했는데, 그것이 결국 나라를 일본에 빼앗겼기 때문이라는 사실을 분명히 알고 있었던 것입니다.

처음에는 그를 일본에서 건너온 건달쯤으로 의심하던 김구 선생도 마침내 이봉창의 확고한 의지를 확인하고 거사에 필요한 자금과 폭탄을 건넵니다. 그리하여 그는 양손에 수류탄을 든 채 기념 촬영을 하고 일본으로 떠나죠. 죽음을 향해 가는 이봉창을 보고 눈물을 흘리던 김구 선생에게 그는 웃으며 이렇게 얘기했다고 합니다.

> 선생님, 제 나이 이제 서른하나입니다. 앞으로 서른한 해를 더 산다 해도 지금보다 더 나은 재미가 없을 것입니다. 인생의 목적이 쾌락이라면 지난 31년 동안 쾌락이란 것을 모두 맛보았습니다. 이제부터 영원한 쾌락을 위해 목숨을 바칠 각오로 상하이로 온 것입니다. 저로 하여금 세상을 깜짝 놀라게 할 성업聖業을 완수하게 해주십시오.

1932년, 이봉창 선생은 일왕에게 폭탄을 던지지만 불발해 마차가 뒤집히고 말이 다쳤을 뿐 어떤 피해도 주지 못합니다. 그리고 그 자리에서 체포되어 죽음을 맞이하죠. 하지만 이 거사는 세계에 알려져 충격을 주었습니다. 당시 일본은 동아시아에서 건드릴 수 없는 강대국이었는데, 그 수도의 한복판에서 폭탄 공격이 이루어졌다는 것은 일본의 위상 자체를 흔드는 사건이었던 거죠.

이봉창 선생의 거사 배경이 상하이에 있는 대한민국 임시정부임을 알고 일본은 발끈합니다. 이때 중국 언론은 이봉창 선생의 의거를 옹호하며 '불행히도 뒤따르던 마차를 부수는 데 그쳤다'고 보도하는 등 폭탄이 일왕에게 적중되지 못했음을 안타까워하는 반응을 보입니다. 이에 당시 좋지 않던 중·일 사이의 갈등이 증폭되면서 결국 1932년에 상하이에서 양국의 무력 충돌이 벌어집니다. 이 충돌을 제1차 상하이사변이라고 합니다. 결과적으로 일본이 승리해 상하이 군대는 무장해제를 당했고, 상하이는 자국의 군대가 상주하지 못하는 지역이 되었죠.

일왕의 생일, 기회를 포착하다

역사가 꼬리에 꼬리를 무는 것이, 이 상하이사변이 윤봉길 선생의 거사를 가능하게 한 요인이 됩니다. 상하이사변 전승을 기념하고 중국과 정전협정을 맺기 위해 일본의 고위 장군들이 상하이에 모여들었는데, 때마침 일왕의 생일까지 겹치면서 상하이의 훙커우 공원에서 큰 행사가 벌어진 거죠. 늘 거사를 꿈꾸던 윤봉길 선생 입장에서는 말 그대로 크게 한 건 할 수 있는 환경이 조성된 셈입니다. 독립운동을 위해 중국 칭다오에 있던 윤봉길 선생은 소식을 듣자마자 상하이로 달려와 곧장 한인애국단에 가입합니다.

준비는 매우 치밀하게 이뤄졌습니다. 많은 고위직이 모이는 자리인 만큼 경계가 삼엄해 그냥 폭탄은 들고 갈 수가 없었어요. 때마침 지참 가능한 소지품 중에 도시락이 있다는 점에 착안, 한인애국단은 도시락 모양의 폭탄과 물통 모양의 폭탄 두 개를 만들어 위장합니다.

도시락 폭탄과 물통 폭탄

여기서 생긴 대표적인 오해가 바로 윤봉길 선생이 도시락 모양 폭탄을 던졌다는 것입니다. 하지만 윤봉길 선생이 실제 공격용으로 투척한 것은 물통 모양 폭탄이었습니다. 그럼 도시락 폭탄은 뭐였냐고요? 도시락 모양의 폭탄은 자결용이었던 것으로 보입니다. 안타깝게도 윤봉길 선생은 거사를 치른 후 스스로 목숨을 버리겠다는 결의를 품고 있었습니다.

거사 당일, 김구 선생과 윤봉길 선생이 시계에 관해 나눈 대화는 유명합니다. 김구 선생과 함께 아침식사를 들던 윤봉길 의사는 김구 선생의 낡은 시계를 보고 자신의 시계는 얼마 전에 산 새것이니, 시계를 바꾸어 갖자고 말합니다. 허름한 시계와 비싼 시계를 바꾸자고 하니 김구 선생은 당연히 거절을 하죠. 그러자 윤봉길 의사는 "앞으로 저의 시간은 한 시간밖에 남지 않았다"고 말하고, 이에 김구 선생이 눈물을 흘리며 "지하에서 만나자"고 했다고 합니다.

거사를 앞둔 윤봉길 의사

김구 선생 시계(좌)와 윤봉길 의사 시계(우)

그렇게 담담히 나선 윤봉길 선생은 1932년 4월 29일 홍커우 공원에서 물통 폭탄을 던져 많은 일본인 장교들을 죽거나 다치게 했습니다. 시라카와 대장과 가와바타 거류민단장은 사망하고, 노무라 중장은 실명했으며, 우에다 중장은 다리가 부러지고, 시게미쓰 공사는 절름발이가 되고, 무라이 총영사와 도모노 거류민단 서기장도 중상을 입었습니다. 윤봉길 선생은 공격에는 성공하지만 곧바로 군중과 경찰이 달려드는 바람에 자결에는 실패합니다. 그는 거사 현장에서 형체를 알아보기 어려울 정도로 심하게 구타를 당하면서도 대한 독립 만세를 외쳤습니다. 마치 짐짝처럼 구겨져 트렁크에 실려간 윤봉길 의사는 이후 가혹한 고문에 시달리다가 12월 19일 아침에 형장의 이슬로 생을 마감하죠.

　　윤봉길 선생의 거사는 그 자체로도 큰 성과를 거두었지만 후일 한인애국단
과 대한민국 임시정부에 큰 영향을 주었습니다. 당시 중국국민당 최고 권력자
장제스가 "중국의 100만 대군도 하지 못한 일을 한 조선 젊은이가 해냈다"며
탄복했다는 유명한 일화도 있죠. 이 일은 중국국민당이 대한민국 임시정부를
지원하는 결정적인 계기가 됩니다. 국민당의 지원을 바탕으로 대한민국 임시
정부는 8년 후 우리나라 최고의 독립군부대인 한국광복군을 창설하게 됩니다.

　　거사 당시 윤봉길 선생은 불과 스물다섯 살이었습니다. 그에게는 부양해야
할 가족과 노모가 있었어요. 특히 아직 어린아이였던 두 아들이 있었습니다.
젊은 나이에 이들을 뒤로하고 죽음을 향해 뛰어드는 그 마음이 어땠겠습니까.
거사를 며칠 앞두고 그가 두 아들에게 남긴 글이 있어 이 지면에 담아봅니다.

✺ 강보에 싸인 두 병정, 두 아들 모순과 담에게

　　너희도 만일 피가 있고 뼈가 있다면
　　반드시 조선을 위해 용감한 투사가 되어라.
　　태극의 깃발을 높이 드날리고
　　나의 빈 무덤 앞에 찾아와 한잔 술을 부어놓아라.
　　그리고 너희는 아비 없음을 슬퍼하지 말아라
　　사랑하는 어머니가 있으니.

어머니의 교양으로 성공한 자를 동서양 역사상 보건대,

동양으로 문학가 맹자가 있고

서양으로 프랑스 혁명가 나폴레옹이 있고

미국의 발명가 에디슨이 있다.

바라건대 너희 어머니는 그의 어머니가 되고

너희는 그 사람이 되어라.

나중에 커서 나라를 위해 목숨을 바친 아버지가 남긴 글을 읽는 두 아들의 마음은 또 어땠을까요? 그 심정을 생각해보면 가슴이 먹먹해집니다.

죽음은 누구에게나 피하고 싶고 두려운 일입니다. 하지만 윤봉길 의사가 스스로 죽음을 택한 단 한 번의 기회, 바로 조국을 위한 순간이었습니다. 분연히 일어서 삶을 떨쳐버린 용기와 결의에 절로 고개가 숙여집니다.

제가 상하이에 답사를 갔을 때, 홍커우 공원에서 가이드의 안내를 받은 적이 있습니다. 그 가이드는 중국인이었는데도 "윤봉길 의사는 (도시락 폭탄이 아닌) 물통 폭탄을 던졌다"고 아주 정확히 알고 말하더군요. 명색이 한국의 역사 선생으로서 매우 놀랍고 부끄러운 경험이었습니다. 중국인조차 명확히 아는 사실을 우리나라 사람들이 제대로 모르고 있다는 생각 때문이었죠. 사명감을 가지고 우리 학생들에게 제대로 알려주어야겠다는 다짐을 하게 되었습니다. 물론 어떤 폭탄을 던졌는지는 중요하지 않을 수 있습니다. 그러나 윤봉길이란 인물이 가져다준 소중한 역사와 관계를 맺고 가까워지는 일은, 그런 사소한 부분을 세심히 기억하는 일에서부터 출발하는 것 아닐까 생각합니다.

제2장
무도 한국사 특강
: 사건 편

칭기즈칸의 몽골과 대몽 항쟁 13세기 초에 몽골제국을 수립한 칭기즈칸은 주변 국가를 차례로 정복하여 대제국을 이루었다. 이 과정에서 고려 역시 40여 년에 걸쳐 전쟁을 벌이며 강화도로 수도를 옮기는 등 몽골에 저항했으나, 결국 복속해 이후 고려의 많은 문화와 풍속이 몽골의 영향을 받았다.

100만 인구로 2억을 지배하다, 몽골의 침입과 항전

어릴 적에는 역사를 공부할 때 전 세계를 호령한 정복자나 위대한 전쟁 군주에게 왠지 더 눈길이 가곤 했습니다. 나폴레옹이나 알렉산드로스 등 '대왕' 칭호가 붙는 인물들 말이에요. 철없던 시절의 저는 역사 속 화려한 승리나 어마어마한 영토 확장에 매력을 느꼈던 모양입니다. 하지만 시간이 지나면서 그들이 저질렀던 실수나 악행, 전장의 비극도 알게 되는가 하면, 그들의 정복 전쟁이 후대에 미친 문화적 영향력도 좀더 주의 깊게 바라보게 되었습니다. 지금 소개해드릴 칭기즈칸 역시 세계의 상당 부분을 지배했던 무시무시한 정복자였습니다. 그의 정복 활동은 많은 것을 바꾸어놓았고, 그 흔적은 지금도 우리 곁에 남아 있습니다. 역사상 최고의 정복 군주 칭기즈칸, 그의 흔적을 찾아 떠나볼까요?

유목민족에 대한 이해

몽골의 전쟁사를 짚어보는 일은 여전히 흥미롭습니다. 인구가 많지도 않았고, 우수한 문화도 없었던 몽골이 어떻게 유라시아를 지배할 수 있었는지 상당히 궁금하죠. 몽골족은 기본적으로 유목민입니다. 유목민은 한곳에 정착해 농사를 지으며 살아가는 농경민족과는 반대로 양이나 말을 키울 수 있는 목초지를 찾아 이동하며 살아갑니다. 상대적으로 농경민족에 비해 문화적 수준이 떨어진다고 생각하는 경우가 있는데, 이는 잘못된 생각입니다. 유목민족은 정착 생활을 하지 않다 보니, 들고 다닐 수 없는 웅장한 건물이나 이동에 방해가 되는 조형물 같은 것을 만들 필요가 없었을 뿐이죠. 농경민족과 유목민족은 전쟁을 일으키는 이유도 다릅니다. 농경민족은 농사를 지을 토지를 빼앗고 노예를 획득하기 위해 전쟁을 벌입니다. 그러나 유목민족은 목초지 확보와 재물의 약탈이 목적이지요. 물론 유목민족이 훨씬 더 호전적인 특성을 띱니다.

12세기 중반에 태어난 칭기즈칸 역시 몽골의 유목민족 출신입니다. 어렸을 때는 아버지가 독살당하는 등 매우 힘든 시기를 보냈습니다. 그러다가 점점 세력을 키워 13세기 초에 몽골을 통일하고 군사 조직을 재편하면서 마침내 세계를 정복할 만한 최고 수준의 기마병 군단을 완성합니다. 이 군대는 중국을 시작으로 중앙아시아, 서남아시아, 러시아와 동유럽 대부분의 지역을 몽골의 영토로 편입시킵니다. 전성기 몽골 _{원나라}은 인류 역사상 두번째^{첫번째는 대영제국}로 큰 나라였습니다. 현대의 몽골인들에게도 칭기즈칸은 국가의 상징이나 다름없는 인물입니다. 지폐에도 등장하고, 지명으로도 활용되며, 집집마다 칭기즈칸 초상화가 걸려 있을 정도니까요.

전쟁의 기술

대체 어떤 힘이 있었기에 몽골은 그토록 넓은 지역을 지배할 수 있었을까요. 무엇보다 몽골인들은 오랜 유목 생활을 통해 기마와 궁술에 특화된 뛰어난 마궁수馬弓手들이었습니다. 몽골 군대의 상징은 기병입니다. 몽골인들은 세 살 때부터 말 위에 오르는 경험을 해서 일곱 살만 되어도 승마에 능숙해집니다. 말과 거의 한 몸이나 다름없이 살다 보니 체형 자체가 아예 안짱다리였습니다. 따라서 기병전에서는 당해낼 군대가 없었지만 거꾸로 말 없이 맞붙는 백병전에는 대단히 취약했어요.

이러한 몽골 기병의 첫번째 강점은 기동력입니다. 당시 몽골 기병은 하루에 최대 70킬로미터가량 이동을 한 적도 있습니다. 이게 당시 기준으로 얼마나 빠른 건지 감이 안 오실 텐데요. 임진왜란 때 일본군 보병이 서울까지 오는 데에는 20일 조금 넘는 시일이 걸렸어요. 서울에서 부산까지 400킬로미터쯤이라고 치면 하루에 20킬로미터씩 전력으로 전진을 한 셈이죠. 이렇게 따져보면 몽골 기병이 부산에서 서울까지 진격하는 데에는 6일이면 충분하다는 계산이 나옵니다. 상상이 되시나요? 이렇게 빠르다 보니 상대 입장에서는 몽골이 쳐들어온다는 소식을 듣자마자 공격을 받는 격이었죠.

그런데 전쟁에서는 군대가 빨리 움직인다고 해서 무조건 좋은 것만은 아닙니다. 보통 군대는 전투부대만 독자적으로 움직이지 못해요. 군인들이 먹고 자고 쉬면서 무기를 보충할 수 있게 지원하는 보급부대가 반드시 따라와야 하죠. 전쟁 역사에서 보급 문제는 항상 승패를 가르는 중요한 요인이었습니다. 만약 몽골 기병의 속도를 보급부대가 따라가지 못한다면 기병들은 굶어 죽고 말겠죠.

놀랍게도 몽골은 보급부대를 따로 두지 않았습니다. 대신 기병 한 명이 자기가 타고 가는 말 외에 5~10마리 정도의 말을 같이 데리고 다녔어요. 그래서 타고 있던 말이 지치면 바로 새 말로 갈아탈 수 있었습니다. 그리고 이 말들은 유럽이나 다른 지역의 말들에 비해 강인해서 먹이를 잘 먹지 못하거나 날씨가 좋지 않은 상황에서도 오래 버틸 수 있었다고 합니다. 그러다 보니 별도로 말의 먹이를 들고 다니지 않고, 각자의 기병이 자신의 식량만 일부 챙기면 됐어요. 덕분에 몽골 부대는 보급에 대해 큰 걱정 없이 빠르게 진격할 수 있었습니다.

몽골이 승승장구한 비결 중 두번째로는 공포심을 유발하는 심리전을 들 수 있습니다. 몽골군은 상대에게 이제까지 경험한 적과는 차원이 다른 두려움이었습니다. 보통 전쟁이 일어나 한쪽이 상대 영토를 점령하면 주민들을 노예로 삼거나 약탈하는 일은 꽤 있었지만, 아예 그 마을을 없애버리거나 사람들을 모두 죽여버리는 일은 극히 드물었어요. 그런데 몽골 군대는 항복만 하면 여러모로 자비를 베풀었지만 저항하면 인정사정 보지 않고 격파한 후 모든 군인과 마을 사람을 잔인하게 학살했습니다. 마을과 도시에 온통 불을 질러 주거지와 농지를 폐허로 만들어버렸죠. 몽골인은 노예도 영지도 필요 없는 유목민들이었으니까요. 특히 러시아를 정복하는 과정에서 이런 일이 잦았어요. 그 유례없는 잔인함이 유럽에 전해지면서 유럽의 기사들은 싸워보기도 전에 겁을 먹었고 사기는 땅에 떨어져버렸습니다. 그리고 곳곳에 폐허가 늘어나게 되었죠.

세번째로 몽골 기병은 전술적으로도 매우 뛰어났습니다. 그들이 유럽을 공격했을 때를 예로 들어볼까요? 유럽 기사들은 매우 뛰어난 전투력을 보유하고 있었지만 몇 가지 문제도 있었습니다. 그중에서 치명적인 부분이 기동력이었습니다. 일단 장비가 너무 무거웠어요. 당시 유럽에서는 중무장이 발달하면서 베거나 찌르는 무기인 칼은 비효율적이었습니다. 그런 까닭에 기사들의 무기는 상대의 갑옷을 뚫는 것이 아니라 부수는 형태가 대부분이었죠. 이런 무기들은 무거울 수밖에 없고, 또한 이 무기들을 막기 위한 방패와 갑옷은 더더욱 두꺼워질 수밖에 없었습니다. 나중에는 갑옷이 너무 무거워져 갑옷을 입고는 제대로 걷거나 말에 혼자 오를 수조차 없었죠. 전신 갑옷의 경우 보통 무게가 30~40킬로그램 정

중세 유럽의 기사

도였으니 그 체감 무게는 실로 엄청났을 것입니다.

전투가 벌어지면 처음엔 체격이 작은 몽골 기병들을 얕잡아 본 기사들이 신나게 돌격합니다. 몽골 기병은 최초 공격을 피해 한참을 후퇴하죠. 기사들은 열심히 추격하고요. 일종의 유인책에 말려든 것인데, 어느 정도 추격을 하다 보면 힘은 좋지만 지구력이 뛰어나지 않은 서양의 말들은 그러지 않아도 무거운 기사를 태우고 달리다 금방 지쳐버려요. 반대로 몽골의 말들은 오래달리기에 능했죠. 더군다나 몽골 군사들은 몸무게도 적게 나가고, 갑옷 대신 여러 겹의 얇은 천을 덧대는 방식의 군복을 입었기 때문에 말도 체력적 부담이 훨씬 덜했습니다. 결국 유럽 말이 지쳐 기동력을 상실하면 몽골 기병은 이 말을 활로 쏘아 기사들의 전열을 무너뜨렸습니다. 그후 우왕좌왕하는 기사들을 포위한 뒤 주변을 빙글빙글 돌며 활을 쏘거나 돌을 던졌습니다. 그렇게 서서히, 아주 서

서히 죽였던 겁니다.

고려, 몽골에 맞서다

이렇게 막강한 몽골, 우리나라는 어떻게 대처했을까요? 세계를 다 집어삼키려 했던 몽골이 멀지 않은 고려를 그냥 둘 리 만무하죠. 당시 고려는 장군들이 높은 자리에 올라 정책을 결정하던 무신 집권기였습니다. 몽골의 첫번째 침입에서부터 고려는 큰 위기에 빠집니다. 중앙군이 무참히 무너지고 개경까지 함락 위기에 처하게 되

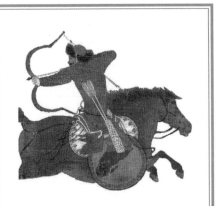

몽골 기병 몽골군이 사용했던 활은 나무, 동물의 뿔과 힘줄 등을 이용해 만든 합성궁에 속했다. 짧고 가벼우며 최대사거리 1킬로미터, 유효사거리 300미터에 이르는 강력한 무기였다. 몽골군은 별다른 짐 없이 가죽 부대에 물을 담아서 휴대하다가 강을 건널 때 이것을 부낭(헤엄칠 때 몸이 잘 뜨게 도와주는 기구)으로 썼다. 그들은 전속력으로 달리는 말 등에서도 정확하게 활을 쏠 수 있었으며, 말 위에서도 잠을 잘 수 있어서 상황에 따라서는 밤낮으로 말을 바꾸어 타고 계속 전진할 수 있었다.

었죠. 고려 조정에서는 부랴부랴 몽골에 화친을 제의하고 몽골군을 돌려보냈어요. 몽골군을 돌려보내고 나자 고려 조정에서는 몽골군에 맞서기 위해서 강화도로 수도를 옮기기로 결정했어요. 몽골 군대가 바다에서 싸우는 데 능숙하지 못하다는 점을 이용한 것이죠.

그러자 몽골은 굳이 바다를 건너오지 않고 한반도를 마음껏 누비며 특유의 방식대로 나라 곳곳을 불태우고 사람들을 학살합니다. 이때 초조대장경과 황룡사 구층목탑도 소실되어버리죠. 고려 조정이 강화도로 옮겨간 상황에서 누가 남아서 몽골군과 싸웠을까요? 승려 김윤후 등이 처인성에서 몽골군의 대장인 살리타를 죽이고, 곳곳에서 백성들이 의병으로 활약하며 몽골군과 맞섰습니다. 그러나 끝까지 몽골을 막아낼 수는 없었어요. 나라 전역이 잿더미가 되

는 것을 보고만 있을 수 없었던 고려 조정은 끝내 굴복해 개경으로 환도 ^{전쟁 따위의 국난으로 정부가 한때} ^{수도를 버리고 다른 곳으로 옮겼다가 다시 옛 수도로} ^{돌아옴}한 후 항복했습니다. 그때부터 고려는 80여 년간 원나라의 직간접적인 지배를 받게 되지요. 이때 중앙 조정의 항복에도

항몽순의비 제주도 애월읍 고성리 소재. 1977년 삼별초의 호국 정신을 높이 사 항몽순의비를 세우고, 그 정신을 선양했다.

아랑곳없이 끝까지 몽골에 저항한 부대가 삼별초였습니다. 이들은 제주도에서 마지막까지 싸우다가 고려의 배를 타고 건너온 몽골군에 진압당하고 말죠. 이런 삼별초의 정신을 기려 '항몽순의비'가 제주도에 세워졌습니다.

몽골, 일본을 공격하다

몽골의 공격을 받고도 지배당하지 않은 나라는 사실 많지 않은데, 그중 하나가 바로 일본입니다. 몽골의 요구에도 일본이 조공을 바치지 않자 1274년에 몽골은 일본 정벌을 감행했습니다. 내정간섭 기구를 설치해 고려를 통치하던 몽골은 고려의 인력과 물자를 동원해 배를 만들었죠. 장기간 몽골의 침략을 받아 국력이 약해진 고려는 배를 만들고 전쟁 물자를 대느라 국가적으로 크나큰 어려움을 겪었습니다. 어쨌든 몽골과 고려가 연합한 여몽연합군이 일본 출정에 나서게 됩니다.

흔히 태풍 때문에 몽골이 일본 정벌에 실패한 것으로 알려져 있는데, 태풍

이 유일한 이유는 아니었어요. 태풍을 만나 아예 일본에 닿지도 못한 게 아니라 일본 본토에 상륙하는 데까지는 성공을 했거든요. 하지만 일본의 저항이 워낙 강력한 데다가 몽골 군사들의 사기가 저하된 부분도 있었고, 때마침 태풍까지 들이닥친 것이죠. 두 번에 걸친 정벌에서 군사와 배를 모두 잃은 몽골은 결국 일본 공격을 포기합니다. 일본은 이 경험을 토대로 본토 방어에는 상당한 자신감을 얻었던 거 같아요.

원나라 간섭기

일본까지 손에 넣는 데는 실패했지만, 그렇다고 몽골이 고려에서 쉽사리 물러나지는 않았겠죠? 일제강점기의 두 배가 넘는 80여 년의 시간 강화 협상이 시작된 1259년부터 공민왕이 쌍성총관부를 수복한 1356년까지를 원 간섭기로 보기도 한다 이 흐르는 동안 고려는 사회 전반에 걸쳐 몽골의 영향을 받았고 그 흔적은 지금까지 남아 있습니다. 특히 지리적으로 고립된 제주도에서 몽골의 흔적을 쉽게 찾을 수 있어요. 대표적인 것이 제주도의 말*입니다. 우리 속담 중에 사람은 서울로 보내고 말은 제주도로 보내라는 말이 있죠. 그만큼 제주도가 말을 키우기 좋은 환경이라는 뜻인데요, 이 유래가 몽골의 지배에서 나온 겁니다. 언제 어디서든 말이 필요했던 몽골은 160필 정도의 말을 제주도에 데려와 키웠습니다. 한반도에는 초지대가 많지 않은데, 말을 키우기 좋은 환경이 조성된 제주도는 이후 우리나라에서 좋은 말을 길러내는 대표적인 지역으로 거듭납니다.

몽골 지배의 흔적은 우리나라 지명에서도 찾아볼 수 있습니다. 당시 고려가 몽골에 영향을 준 문화 중 하나가 매를 키우는 풍습이었어요. 매를 애완용으로 키웠던 고려의 유행이 몽골로 번져 나중에는 고려에서 매를 키워 몽골에 바치게 되는데요, 당시 매를 키웠던 곳을 '응방'이라고 부릅니다. 오늘날 서울의 응암동과 응봉동이라는 지명이 이 응방과 관련이 있을 것이라 추정되고 있어요. 응암鷹岩의 한자를 풀면 '매바윗골'이라는 뜻이거든요. 이처럼 지명이라는 건 한번 붙여지면 쉽게 바뀌지 않기 때문에 역사를 알려주는 힌트가 되는 경우가 많습니다.

우리가 쓰는 말에도 몽골어가 있답니다. 일단 궁중 풍습과 관련된 용어들이 있습니다. 몽골 공주들이 우리나라로 시집오게 되면서 여러 가지 몽골의 언어도 따라 들어옵니다. 왕과 왕비에게 붙이는 '마마', 여자 상전의 존칭이었던 '마누라', 임금의 음식인 '수라', 궁에서 시중을 드는 여종을 지칭하는 '무수리' 등이 그 예입니다. 또 몽골어에서 '치'는 직업을 뜻하는 말인데요, '벼슬아치'나 '장사치'에서 접미사 격인 '치'는 '다루가치몽골에서 파견한 관리' '조리치청소부' '화니치거지' 등의 몽골어와 맥락을 같이합니다. 앞서 몽골인들이 매를 좋아했었다고 말씀드렸죠? 매의 종류인 '보라매'나 '송골매'도 몽골어에서 파생된 말입니다.

이게 끝이 아닙니다. 의식주에 걸쳐 다방면에서 몽골의 유산을 찾을 수 있어요. 옛날에는 결혼식 날 신부가 족두리를 쓰고 얼굴에 연지 곤지를 찍었는데, 이것이 몽골에서 들어온 풍습입니다. 우리나라를 대표하는 술인 소주 또한 몽골이 일본 정벌을 준비하는 과정에서 들어온 것이랍니다.

개인적으로는 정수리부터 앞이마까지 머리를 빡빡 깎고 가운데 머리카락은 뒤로 땋아 내리는 독특한 헤어스타일인 변발이 사라진 게 참 다행이라고 생

각합니다. 원 간섭기에는 이 머리가 엄청 유행했었거든요.

　반대로 고려에서 몽골에 전파한 문화도 있습니다. 고려를 비롯해 여러 국가의 항복을 받아낸 원나라는, 자신들에게 항복한 병사들에게 배우자를 마련해준다는 명분으로 고려의 여성들을 데려갔어요. 이렇게 끌려간 여성들을 공녀貢女라고 부르는데, 원나라로 간 공녀들이 고려의 풍습을 전파했습니다. 특히 고려의 복식과 만두, 떡 등의 음식이 급속도로 몽골에 퍼져 아직도 몽골에서는 고려만두, 고려의 떡인 고려병高麗餠이라는 용어가 사용되고 있다고 해요. 이처럼 80여 년의 원 간섭기 동안 몽골과 고려는 서로 많은 영향을 주고받았습니다.

칭기즈칸, 몽골이라고 하면 아주 먼 역사라고 생각하기 쉬운데, 이제 조금이나마 가깝게 느껴지나요? 물론 나라를 빼앗기고 다른 나라의 지배를 당했던 건 슬픈 역사입니다. 그러나 역사는 그렇게 흘러갔고, 그 사실 자체를 부정할 수는 없죠. 그 아픈 역사가 남긴 흔적이 흐르고 흘러 이제까지 우리 곁에 존재한다면 그 또한 알아야 할 우리의 역사일 것입니다. 최근 몽골은 남북한 동시 수교국으로 한반도와 우호적인 관계를 맺고 있고, 몽골 사람들은 한국을 꿈의 나라로 생각하며 한글 공부도 열심히 한다고 합니다. 나중에 몽골과 우리가 더욱 가까워질 때, 과거의 역사가 남긴 여러 가지 끈들이 긍정적인 역할을 하지 않을까 기대해봅니다.

위화도회군(1388) 고려 왕권이 무너지고 이씨 조선이 성립하는 결정적 계기가 된 사건. 요동을 정벌하기 위해 출전한 이성계가 국가의 명을 거스르고 위화도에서 회군해 개경을 점령하고 정권을 장악하였다.

이성계가 말 머리를 돌리던 그날 1

조선왕조를 건국한 태조 이성계는 과연 언제부터 역사 전반에 등장했을까요? 많은 분들이 이성계가 위화도에서 말 머리를 돌려 개경으로 향했던 위화도 회군을 떠올리실 겁니다. 실제로 이성계는 이 위화도 사건을 계기로 새 시대를 열 수 있는 기회를 잡았고, 자신의 힘으로 고려 조정을 장악할 수 있었습니다. 그렇다면 이성계 혹은 그의 가문은 언제부터 고려 역사 속에 등장해 새 시대의 주인공이 되었던 걸까요?

이성계의 가문이 역사 속에 확실하게 나타나기 시작한 것은 무신 집권기였습니다. 이성계의 고조부인 이안사는 전주에 기반을 둔 토호^{향촌에 지지기반을 둔 세력}였습니다. 이안사는 당시 전주에 파견된 지방관과의 마찰로 처벌을 피해 현재 함경남도 완산^{영흥만} 지역으로 이주를 하게 되지요. 그때 이후 그의 집안은 이성계에 이르기까지 함경도에 거주하며 세력 기반을 닦아나갔습니다.

이후 원 간섭기가 시작되고 함경도 지역에 쌍성총관부가 설치되면서 이성계 가문은 고려의 관직을 버리고 원나라에 투항하여 원나라의 관직을 받기도 했죠. 사실상 고려의 가장 변방에서 고려가 겪는 변화를 가장 먼저 확인할 수 있었던 것 아닌가 하는 생각이 듭니다.

이성계 가문은 쌍성총관부의 친원 세력과 혼인관계를 맺기도 했으나, 공민왕 때 다시 고려 조정으로 돌아와 공민왕의 반원 정책에 적극적으로 협조합니다. 쌍성총관부를 공격해 함경도 일대를 탈환하는 데도 이성계 가문의 역할이 컸습니다. 그 집안의 협조가 없었다면 쌍성총관부 탈환은 오랜 시간이 걸렸을지도 모릅니다. 이성계 가문은 이미 공민왕 때부터 함경도 지역의 무인으로 고려 조정에 큰 영향력을 행사할 수 있는 기반을 갖추고 있었던 것입니다.

많은 분들이 위화도회군을 통해 이성계가 역사의 전면에 등장하게 되었다고 생각합니다. 물론 위화도회군은 조선왕조 개창에 있어서 무척이나 결정적인 사건이었습니다. 그러나 그 사건에 앞서, 그의 등장 이전부터 존재했던 이성계 가문의 세력 기반과 그의 가문이 겪었던 역사적 순간, 그리고 그들이 바꾸어놓았던 작은 역사적 흐름이 이성계를 고려 말의 주인공으로 만들었던 것이 아닌가 하는 생각도 해봅니다.

신궁 이성계
그럼 이번 사건의 주인공 이성계를 간략하게 소개하도록 할게요. 이성계는 함경도 출신으로 어려서부터 말을 잘 타고 궁술에 뛰어났습니다. 이성계가 이름을 떨친 건 무武의 영역이었어요. 만약 이성계가 고려 말 격동기가 아닌 평화로운 시기에 태어났다면 별로 유명한 인물이 되지 못했을 겁니다. 왕은 하늘이 내린다 하고, 영웅은 난세에 출현한다고 하죠. 종말을 앞둔 나라가 보통 그러하듯 고려 말은 상당히 혼란스러운 시기였습니다. 북에서는 홍건적이 쳐들어와 왕이 위협을 느끼고 경북 안동까지 피신하는가 하면, 남으로는 왜구가 창궐하여 백성을 해치고 있었어요. 영웅이 필요하던 시기에 등장한 이가 이성계였고 그는 유감없이 그 역할을 수행해냈습니다.

이성계는 남과 북을 가리지 않고 참전한 대부분의 전투에서 혁혁한 공을 세웁니다. 워낙 무용담이 많고 다수의 전투에서 승리해 그 공적을 일일이 나열하는 것이 무의미할 정도죠. 이성계는 우리 역사를 통틀어 대표적인 명장이었습니다. 전해오는 이야기들 중에도 뛰어난 활솜씨를 증명하는 것들이 많아요. 『태조실록』 기록 중 하나를 보면 이성계가 왜구와 싸울 당시 백 수십 보나 떨어진 곳에 투구를 세워두고 세 번 쏴서 세 번 다 명중시켜 군사들의 사기를 높였다고 쓰여 있습니다. 백 수십 보라면 요즈음 단위로 환산했을 때 적어도 200미터쯤 되는 거리였을 거예요. 이성계는 그렇게 먼 거리에서 사람 머리통만 한 투구를 명중시키는 실력의 소유자였던 모양입니다. 제가 군에 있을 때 M16 소총으로 150미터 거리에 있는 표적을 맞혀보았었는데요, 그보다 먼 거리에 있는 작은 투구를 활로 쏘아 맞혔다? 믿기 어려운 이야기입니다. 그 외에도 활로 적장의 투구 끈만 끊어버렸다든지, 적군의 왼쪽 눈만 맞혀 쓰러뜨렸다든지 하는 이야기가 실록과 야사를 통해 전해지고 있어요. 그중에는 중국의 전설적인 신궁들 이야기와 유사한 내용도 많아 이성계 영웅화를 위해 살을 붙인 부분도 있어 보이지만, 그가 궁술을 비롯한 무예에 뛰어났던 건 사

실인 듯합니다.

숱한 무공을 세운 이성계는 관직이 수직 상승했습니다. 고려시대 중서문하성의 종1품 재신^{宰臣} 관직인 수문하시중까지 승진을 하죠. 그러나 이성계 위에는 최영이 있었습니다. 최영은 고려시대 최고 관직인 문하시중이었거든요. 오늘날로 따지면 국무총리 격이죠. 그때까지 고려는 원나라의 직간접적인 영향권 아래 있었는데, 당시의 지배층은 권문세족이었습니다. 권문세족은 원 간섭기를 거치며 등장한 지배층이었죠. 그러다 보니 권문세족 중에서는 원나라의 힘을 등에 업고 성장한 경우도 있었어요. 최영 역시 대대로 권세를 누린 권문세족이었습니다. 다만 일반적인 권문세족과 달리 무척 검소했다고 합니다. '황금 보기를 돌같이 하라'는 말로 대변되는 인물이 최영이니까요.

정변의 시작

이성계가 마흔 살 때, 고려에서는 공민왕이 죽고 그의 아들 우왕이 어린

나이에 왕위에 올랐습니다. 중국에서는 원나라가 몰락하고 한족이 중심이 된 명나라가 세력을 키우고 있었고요. 그 과정에서 고려를 방문한 명나라 사신이 상해당하는 사건이 벌어지죠. 이에 분노한 명나라는 고려 영토의 일부를 내놓으라고 요구합니다. 명나라가 원한 곳은 철령함경남도 안변군과 강원도 회양군 사이에 있는 고개 이북 지역이었는데요, 이곳은 원래 고려의 영토가 아니었다가 공민왕 대에

공민왕이 원나라를 몰아내고 수복한 지역

원나라가 고려를 통치하기 위해 설치한 기관인 쌍성총관부를 무력으로 탈환하고 차지한 땅이었어요. 명나라는 이 지역이 본래 원나라 영토였고, 원나라 세력을 약화한 것이 자신들이니 이 땅 역시 차지할 명분이 있다고 주장했습니다.

나이 어린 왕을 대신해 사실상 국정을 좌지우지하던 최영은 명나라의 요구를 받아들이지 않았습니다. 오히려 군사를 일으켜 명나라를 치자고 왕에게 건의해요. 목표는 고려에서 가까운 요동 지역이었습니다. 최영과 달리 이성계는 현실적인 전력 차이를 들어 반대합니다. 그 당시 고려의 총 병력은 5만 명 내외로 사실상 중국 대륙을 공략하기에는 턱없이 부족한 숫자였어요.

최영과 이성계는 각자의 주장을 놓고 설전을 벌이게 됩니다. 먼저 이성계는 최영에게 현실적으로 명나라와의 전쟁이 어려운 이유를 4가지로 이야기합니다. 이성계가 주장한 명나라와 전쟁을 하면 안 되는 4가지 이유를 사불가론四不可論이라 하며, 지금까지 그 내용이 전해지고 있지요.

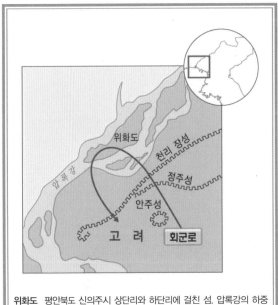

위화도 평안북도 신의주시 상단리와 하단리에 걸친 섬. 압록강의 하중도河中島로 강이 운반한 토사가 퇴적되어 이루어졌다. 고려시대에는 대마도大麻島라 하여 국방상 요지였다.

1. 작은 나라가 큰 나라를 거역하는 것은 옳지 않다.
2. (농번기인) 여름에 출병하는 것은 적절하지 않다.

3. 원정군이 나가면 왜구가 그 허를 노릴 염려가 있다.

4. 장마철에는 활이 제 기능을 발휘하지 못하고, 전염병이 발생할 우려가 있다.

그러나 위와 같은 이성계의 주장에 최영은 조목조목 반박합니다. 일단 명나라는 큰 나라이긴 하지만 현재 북원명나라에 의해 중국 본토에서 몽골 지역으로 쫓겨난 원나라 세력이 세운 나라과 전쟁 중이므로 요동에 대한 방어는 허술하고, 일단 요동을 공격해서 영토를 획득하면 식량을 얻을 수 있다고 보았습니다. 그리고 장마철은 명나라에게도 똑같이 적용되는 것이고, 왜구의 경우 고려를 위협할 정도가 아니라고 했죠.

치열한 설전이 이어졌으나 상관이자 실세였던 최영의 뜻을 거스를 수 없었던 이성계는 할 수 없이 출정에 나섭니다. 군사를 이끌고 명나라와의 경계선이라고 할 수 있는 압록강 지역에 도착했는데, 때마침 장마철이라 폭우에 강물이 불어 군대가 강을 건너갈 수가 없었어요. 압록강 하류에 있는 위화도라는 조그만 섬 앞에서 군대를 멈춘 이성계는 쏟아지는 빗속에서 죽기를 각오하고 우왕에게 편지를 씁니다. 그러나 우왕에게서 돌아온 답변은 전진, 또 전진하라는 이야기였습니다.

말이 통하지 않는다는 걸 깨달은 이성계는 마침내 결단을 내리고 휘하 장수들을 설득합니다. 어차피 이대로 명나라로 진격하면 모두 죽을 테니 차라리 돌아가 최영의 무리를 몰아내고 정권을 잡자는 거였죠. 이 부분에서 역사적인 해석이 좀 갈리는 편입니다. 이성계가 우발적으로 이런 결심을 했는지, 혹은 출병 때부터 쿠데타를 염두에 두고 있었는지에 대해 말이죠. 확실한 증거가 없으니 정확히 알 수는 없지만, 위화도회군은 두 가지가 모두 작용한 결과가 아니었을까요?

현대사에서 비슷한 예를 들어볼까요? 박정희 대통령을 시해한 장본인인 김재규는 1979년 10월 26일에 방아쇠를 당겼습니다. 그는 계획적으로 대통령을 시해했을까요? 아니면 우발적으로 저지른 행동이었을까요? 어느 한쪽이라고 단정지을 수가 없습니다. 김재규가 그날 별채에 육군참모총장을 불러놓았다는 점을 보면 그는 분명 모종의 사태에 대한 준비를 하고 있었습니다. 하지만 그랬다 해도 그때 술자리에서 차지철 경호실장과 벌인 언쟁이나 대통령의 질책이 없었다면 시해로까지 이어졌을지는 알 수가 없는 것이죠.

이성계의 위화도회군도 비슷한 상황이었으리라 생각합니다. 요동 출병은 그 시작부터 잡음이 많았어요. 무리한 출병을 반대하던 문신이 최영에게 죽임을 당하기도 했고, 고려왕조는 이미 힘과 백성의 신임을 잃어가고 있었어요. 또 안에서는 신흥 무인 세력_{고려 말 홍건적과 왜구의 침입을 물리치면서 새롭게 떠오른 무인 세력}과 신진사대부_{고려 말에 등장한 새로운 정치 세력. 원나라에서 들여온 성리학을 공부하고 과거를 통해 관직에 진출하여 개혁을 추진함}들이 급격히 성장해 언제 누가 왕위를 위협해도 이상하지 않은 상황이었습니다. 그렇게 위태위태한 가운데 명나라라는 외부 요인이 개입하여 이성계와 최영 사이에 불씨를 당긴 셈이죠. 우연과 필연이 겹쳐져 하나의 결정적 사건을 빚어냈다고 할 수 있습니다.

명분과 제거, 정변의 마무리

이성계는 쿠데타의 명분을 고려의 왕인 우왕에게서 찾았습니다. 단지 부당한 전쟁 지시를 받았다는 이유만으로 쿠데타를 일으킬 수는 없었으니까요. 이성계의 입장에서는 장마철이 이어지며 병사들은 지쳐갔고, 현실적으로 명나라를 공격했다가는 어떤 일이 벌어질지 몰랐으므로 곤란한 상황에 처해 있었던 거죠. 그리고 여러 차례 회군을 요청했으나 받아들여지지 않았으니, 결국 왕과 최영이 제대로 현실을 파악하지 못하고 나라를 위기에 빠뜨리고 있다며 위기에 빠진 나라를 구해야 한다는 말로 장수들을 설득했어요.

이성계의 반란 소식을 들은 최영은 급히 반격에 나서지만 나라의 모든 군사가 이성계에게 몰려 있어 역부족이었어요. 이성계는 9일 만에 어렵지 않게 개경을 차지하고 우왕을 폐한 후, 최영은 부정 축재를 했다는 죄목을 붙여 귀양을 보냈다가 두 달 만에 죽입니다. 당시 권문세족들이 산맥과 하천으로 소유지의 경계를 나눴을 정도로 나라 재산을 과도하게 차지했던 것은 사실이었습니다. 그러나 앞서 말씀드렸다시피 최영만큼은 평생을 근검절약하며 산 사람이었습니다. 여기서 그 유명한 최영의 말이 등장합니다.

"만약 나에게 탐욕이 있었다면 내 무덤에 풀이 날 것이나, 그렇지 않다면 풀이 나지 않을 것이다."

그렇게 최영이 죽고, 이성계는 아예 관리까지 따로 두어 최영 무덤에 열심히 풀을 심었습니다. 놀랍게도 최영의 무덤에서는 정말 풀이 자라지 않았다고 합니다. 최영의 무덤은 풀을 심는 족족 말라 죽고 흙으로만 벌겋게 덮여 있다고 해서 적분^{赤墳}이라 불렀다고 합니다. 그럼 지금도 풀이 나지 않을까요? 답은 '아니요'입니다. 최영 장군의 유언과는 다르게, 후손들이 정성으로 무덤을 가꾼 결과 지금은 잔디가 무성히 자라 있다고 합니다. 이제는 그의 한이 풀렸다고 봐도 되겠지요?

최영 장군 묘 경기도 고양시 덕양구 대자산 기슭에 자리잡고 있다.

최영이 계획한 요동 정벌에 대해서도 여러 가지 의견이 있습니다. 마치 임진왜란 때 도요토미 히데요시가 정적들을 제거했던 것과 같이, 부하 장수로 두기에는 너무 커버린 이성계를 합법적으로 제거하기 위한 수단이었다는 의견도 있고, 중국의 수도까지 진격하자는 것이 아니었으므로, 요동만 차지해서 명나라의 세력이 커지기 전에 영토를 확장하려는 자주적 사고의 발현이라는 해석도 있습니다. 무엇이 역사적으로 올바른 판단인지는 알 수가 없죠. 어쨌든 최영은 이성계가 회군이라는 승부수를 던질 만한 그릇임을 파악하지 못했고, 아무 방비도 없이 이성계에게 죽임을 당했습니다. 최영의 죽음 이후 이성계가 주도하는 신진 세력 앞에 고려 왕실은 점차 심각한 위기에 빠져들기 시작했습니다.

미래에 대한
최선의 예언자는
과거이다.

조지 고든 바이런, 시인

이성계가 말 머리를 돌리던 그날 2

　　교과서에서는 우리 역사가 조선왕조부터 중세를 넘어 근세로 접어들었다고 이야기합니다. 무엇 때문에 조선을 근세로 평가하는 것일까요? 중세와 근세를 구분할 때 가장 중요한 요소가 정치적 발전입니다. 고려시대에 과거제도가 처음 도입되면서 통일신라시대보다는 신분 상승의 기회가 커졌다고는 하나, 고려는 분명 귀족 사회였고 가문의 영향력이 출세에 결정적인 역할을 했습니다. 그러나 조선시대에 들어와서는 능력 본위의 관료제 사회로 바뀌면서 과거 시험에서 자신의 능력을 보여주는 인물들이 주로 고위 관료가 될 수 있었어요. 이런 변화가 조선을 고려에 비해 발전된 시대라고 평가할 수 있는 여러 가지 근거 중 하나인 것이죠.

　　능력 본위로 사회 변화가 촉발된 원인은 이성계를 도와 조선을 세운 인물들의 출신 성분을 살펴보면 알 수 있습니다. 이성계는 무인 출신으로 나라를 이끄는 정치와 행정에 그리 익숙하지 않았어요. 그 때문에 국가 통치에 도움을 받고자 고려의 유학자들, 신진사대부 계열과 손을 잡았습니다. 그래서 이성계는 유학자 정도전을 자신의 오른팔로 삼았습니다. 정도전은 외할머니가 몸종이라 출신으로 따지면 한미한 신분이었죠. 그 때문일까요? 조선에서는 신분에 연연하지 않고 스스로 능력을 입증하는 사람들을 받아들이는 분위기가 자리잡을 수 있었습니다.

이런 긍정적인 요인들을 인정하더라도 조선이 쿠데타를 통해 세워졌다는 것은 부정할 수 없는 사실입니다. 조선부터 현대에 이르기까지 여느 쿠데타를 보더라도 그 전개 과정에서 공통점을 발견할 수 있습니다. 일단 정변에 성공하더라도 장본인이 바로 집권을 하지는 않습니다. 보다 확실한 지지 세력과 정통성을 획득하기 위한 준비 과정 때문에 허수아비를 왕위에 앉히거나 과도정부를 유지하는 방법을 취하죠. 이 시기에 쿠데타의 주동자는 백성을 대변해 현정권을 심판한 것이라는 태도를 한결같이 유지하며 최고 지도자와는 어느 정도 거리를 두는 시늉을 합니다. 그러다가 적절한 시기에 전면에 나서 어렵지 않게 일인자가 된 후 나라의 기강을 확립한다며 부정부패를 척결하거나 토지, 화폐제도 등을 개혁해 분위기를 쇄신합니다.

집권 초기의 상황

이성계 역시 마찬가지였습니다. 위화도회군 이후 바로 조선이 건국된 것은 아닙니다. 회군의 명목상 목표였던 우왕의 폐위가 이루어지자 그의 아들 창왕이 잠시 왕위에 올랐다가 곧 폐위됐고, 우왕과 창왕이 모두 죽임을 당한 뒤 공양왕이라는 인물이 또 추대되면서, 고려왕조는 회군 이후 4년 동안 유지되었습니다. 이성계는 이 기간 동안 토지제도 개편을 통해 ^{1391년 과전법 실시} 고려 지배 세력의 주축이자 부정부패의 상징적 존재였던 권문세족의 토지를 몰수하고, 이 토지 일부를 자신을 지지하는 신진사대부들 ^{정도전, 권근 등 혁명파 사대부}에게 나눠주며 세력을 강화하는 데 주력합니다.

이성계의 세력은 막강했지만 여전히 고려왕조를 유지하려는 반대파들이 남아 있었습니다. 고려왕조를 유지하면서 점진적으로 나라를 개혁하고자 했던 정몽주나 이색 ^{온건파 사대부}은 이성계가 고려의 병폐를 개선할 수 있는 인물이라고 생각해 위화도회군까지는 그를 지지했어요. 하지만 고려에 대한 충성심이 깊었던 이들은 이성계가 아예 고려를 멸망시키고 새 왕조를 건설하려 한다는 계획을 눈치채고는 반대파로 돌아섭니다. 이후 정몽주는 이성계의 아들 이방원과 그 유명한 「하여가」와 「단심가」를 주고받게 되지요. 이방원의 「하여가」는 조선 왕조 건설을 위한 유혹과 회유를, 정몽주의 「단심가」는 고려왕조를 향한 의리와 절개를 담고 있습니다.

이런들 어떠하며 저런들 어떠하리   此亦何如彼亦何如

만수산 드렁칡이 얽어진들 긔 어떠리   城隍堂後垣頹落亦何如

우리도 이같이 얽어져 백 년까지 누리리라   我輩若此爲不死亦何如

                                                      _이방원, 「하여가」

이 몸이 죽고 죽어 일백 번 고쳐 죽어   此身死了死了一百番更死了

백골이 진토 되어 넋이라도 있고 없고   白骨爲塵土魂魄有無也

선죽교 황해도 개성 소재. 고려왕조에 대한 절개를 표현했던 정몽주. 그는 이방원이 보낸 자객에 의해 선죽교에서 목숨을 잃는다.

임 향한 일편단심이야 가실 줄이 있으랴　　　　　向主一片丹心寧有改理歟

_정몽주, 「단심가」

　　이성계의 반대 세력이 대부분 사라진 상태에서 조정의 대신들은 공양왕에게 이성계에게 왕위를 넘길 것을 종용했습니다. 이를 견디지 못한 공양왕은 왕위에서 물러났고, 이성계가 왕위에 오름으로써 태조 왕건의 후손들이 이어받았던 고려왕조가 멸망하고 조선이라는 나라가 들어서게 되었습니다. 물론 918년부터 1392년까지 474년이나 이어진 나라가 문을 닫았는데 그 후폭풍이 작을 수는 없었겠죠. 고려의 유능한 대신들은 이성계가 집권한 후 상당수가 칩거하거나 산으로 숨어버렸습니다. 일례로 고려의 충신들이 조선이 세워진 뒤에 과거에 응시하지 않고 밖으로 나오지 않았다는 이야기가 전해져 옵니다. 그래서 그 지역의 고개 이름을 부조고개라 하였고 인근의 마을을 두문동杜門洞이라고 했습니다. 이렇게 새 왕조에 대한 강렬한 반발 속에, 명나라로부터는 정식 왕으로 인정받지 못하는 등 이성계의 집권 초기는 순탄치 않았습니다.

조선에서 왕씨와 금씨가 사라진 이유

여기서 잠시 조선 건국과 관련된 야사 하나를 소개해드릴게요. 고려 중기부터 목자득국木子得國이라는 말이 유행하기 시작합니다. 나무 목木 자와 아들 자子 자는 자는 이李를 파자한자의 자획을 풀어 나눔한 글자인데요, 그러니 결국 목자득국이란 이씨가 나라를 얻는다는 뜻이죠. 고려의 왕족인 왕씨들이 이 불길한 예언을 듣고 이李 자가 '오얏 이'라는 점에 착안, 남산 밑에 오얏나무자두나무를 잔뜩 심습니다. 그런 다음 가을에 나무가 자라면 몽땅 다 베어버렸어요. 이를 매년 반복하여 이씨의 기운을 거세하기 위해 노력합니다. 그럼에도 불구하고 이씨는 결국 왕씨를 몰아냈죠. 왕권을 잡은 이씨는 왕씨들을 어떻게 했을까요? 고려가 멸망하자 이성계는 왕씨 성을 가진 이들을 살기 좋은 섬으로 보내주겠다며 모아들여 배에 태운 후 바다 한가운데서 배에 구멍을 뚫어 모두 죽였습니다. 이때 이성계의 책략에 속지 않고 살아남은 일부 왕씨들은 산속으로 들어가 전씨, 옥씨, 용씨 등으로 개명합니다.

그런데 고려시대에 왕씨들을 불안하게 했던 소문과 비슷한 형태로 조선시대에는 금金씨가 이씨를 몰아낸다는 말이 돌았습니다. 음양오행설에 기초한 소문인데요, 이에 따르면 세상을 이루는 기초 원소인 흙土, 나무木, 물水, 불火, 쇠金

는 서로 상극 관계를 맺고 있어요. 흙은 나무에 양분을 빼앗기니 지는 형국이지만, 물을 흡수해버리죠. 그런데 물은 불을 끄므로 불보다는 강하고요. 불은 물엔 약하지만 쇠를 녹입니다. 쇠는 도끼를 만들어 나무를 칠 수 있으므로 나무를 이길 수 있죠.

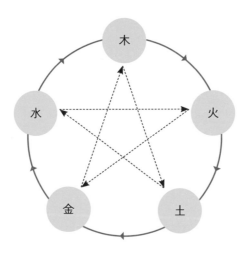

이렇게 어느 한 가지 원소가 절대적으로 강하지 않고 서로 물고 물린다는 이론이 음양오행설인데, 이에 따르면 이李씨는 나무의 기운이 강해 금金씨하고는 상극이라는 논리가 나오게 됩니다. 이씨들은 적잖이 불안에 떨었지만 그렇다고 엄청나게 많은 수의 금씨들을 모두 죽일 수는 없었습니다. 궁여지책으로 내놓은 방법이 금씨의 발음을 김씨로 바꾸는 것이었고, 이것이 오늘날까지 이어지고 있습니다. 그러니까 지금의 김씨는 원래 금씨였던 것이죠. 한자 영향권 아래 있던 조선이 건국 초기 민감하게 겪었던 우여곡절이라 하겠습니다.

혁명 공신의 최후

어쨌든 조선은 그렇게 시작되었습니다. 이성계가 조선을 세우는 과정은 우리에게 또다른 교훈을 남겨주는데요, 사실 이 교훈은 이때뿐만이 아니라 많은 역사적 사건에서 확인할 수 있습니다. 역사 속에서 정권을 재창출한 세력을 보면 일등공신은 어떤 식으로든 반드시 숙청을 당한다는 것이지요. 조선 초기에도 마찬가지였습니다. 이성계가 왕위에 오르는 데에 가장 큰 역할을 한 정도전은 유능한 인재였지만 뜻을 다 이루지 못한 채 이성계의 아들 이방원^{태종}에게 살해당합니다. 이방원이 왕이 될 때도 마찬가지입니다. 태종이 왕위에 오르는 데 핵심 역할을 한 이숙번과 그의 세력은 끝내 죽거나 귀양을 갔어요. 조선 후기 정조 때는 홍국영이라는 일등공신이 목숨을 잃었습니다. 그들은 정권을 쟁취할 때는 누구보다도 큰 신뢰를 받지만, 쟁취한 후에는 최고 권력자 못지않은 위세를 지니기에 눈엣가시로 변해 결국 비극적인 최후를 맞고 마는 것이죠.

요는 갑자기 주어진 권력을 적절히 통제할 줄 아는 그릇이 되어야 한다는 것입니다. 일례로 무학대사와 같은 길을 택하는 것이 행복한 인생으로 가는 현명한 방향일 수도 있습니다. 무학대사는 정도전만큼이나 큰 공을 세웠음에도 불구하고 자신의 존재감을 드러내지 않았습니다. 조선이 유교 국가의 길을 걸으면서 불교를 배척하는 모습을 보여도 나서서 반대하지 않았죠. 불교 국가였던 고려를 갈아엎은 조선은 불교를 대체할 새로운 통치 이념이 필요했고, 그 중심에는 유교가 있었습니다. 그런 정황을 정확히 파악하고 받아들인 이가 무학대사입니다. 조선의 건설에 노년을 바친 무학대사는 추후 조용히 물러나 수행에만 전념한 유일한 개국공신이었습니다. 그는 무수히 많은 이의 존경과 사랑을 받다가 금강산에서 78세를 일기로 평화롭게 입적하게 됩니다.

태조의 말년, 왕자의 난

수많은 인물이 세상을 등지면서 조선은 점점 틀이 잡혀갔지만, 나라 전반에 퍼진 피비린내는 쉽게 가시지 않았습니다. 조선이 안정을 찾기 위해서는 후계자를 정할 필요가 있었고, 이성계는 조선왕조를 세우자마자 다음 왕이 될 세자를 선택하려고 했어요. 이성계는 자식이 상당히 많았습니다. 여섯 명의 부인에게서 모두 8남 5녀를 두었는데, 이 중 어머니가 왕비였던 왕자들은 첫번째 부인 한씨 소생이 여섯 명, 두번째 부인 강씨 소생이 두 명이었습니다.

태조 이성계의 왕자들	
1부인 신의왕후 한씨 소생 왕자	2부인 신덕왕후 강씨 소생 왕자
방우(진안대군)	방번(무안대군)
방과(영안대군)-제2대 정종	방석(의안대군)
방의(익안대군)	
방간(회안대군)	
방원(정안대군)-제3대 태종	
방연(덕안대군)	

이 가운데 가장 두각을 보인 이가 다섯째 아들 이방원이었습니다. 그는 어려서부터 무예에 능하고 존재감이 대단했어요. 조선 건국 당시 강력한 카리스마로 군사를 거느리고 아버지가 왕이 되는 데 결정적인 기여를 하죠. 처음에는 방원이 세자 자리에 오를 확률이 높았는데, 중전인 강씨 부인이 적극적으로 나서면서 이 흐름이 바뀝니다. 강씨 부인은 자기 자식을 왕으로 세우려고 스물한 살 연상이었던 남편에게 몇 번이고 간청을 하죠. 이성계는 중전 강씨의 의견을 존중하여 강씨의 첫째 아들인 방번을 세자로 세우려 했으나, 공신들의 반발이

있었습니다. 방번의 자질이 왕이 되는 데 적합하지 않다는 이유였죠. 그리하여 공신들이 추천한 막내 방석이 세자로 책봉되었습니다.

정도전 입장에서도 이방원이 왕이 되는 게 내심 걱정스러웠어요. 방원의 성향상 왕위에 오르면 분명 왕권 강화 정책을 펼 것인데, 그 과정에서 개국공신으로서 세력이 큰 자신이 제거 대상에 오를 확률이 높았거든요. 또한 정도전은 임금이 세습되는 직책이라 무능한 지도자가 나올 수도 있다는 왕위 세습의 한계를 인식하고 이를 견제할 방법을 고민하고 있었습니다. 그래서 그는 체제를 중히 여겼습니다. 왕은 관료 인사권만 가지고 국정은 유능한 재상들이 이끌어가는 것, 이것이 정도전이 꿈꾼 세상, 재상 정치의 시대였습니다. 이런 신념이 이방원과는 맞지 않았기에 정도전은 어린 방석을 교육해 재상이 중심이 되는 정치를 펴고자 마음먹었습니다. 그리하여 강씨 부인의 제안에 찬성하고, 자신의 힘을 이용해 방석을 세자로 책봉하는 데 성공하죠.

야심이 큰 이방원은 가만있지 않았습니다. 방원이 누굽니까? 정몽주를 제거하는 등 아버지가 왕이 될 때 여러 공을 세운 인물이고, 왕이 될 자질이 충분하다고 자타가 공인했던 인재이지 않습니까? 그러니 그의 불만은 이만저만이 아니었습니다. 방석이 세자 자리에 오른 뒤, 정도전은 더욱더 적극적으로 조선의 시스템을 구축해나가기 시작합니다. 정치, 경제, 사회, 군사 등 다방면에 걸쳐 조선이라는 나라를 만들기 위한 작업들을 진행했죠. 그럴수록 정도전의 권한은 점점 커졌습니다. 정도전의 견제로 인해 점차 권력에서 소외되었던 이방원은 무슨 생각을 했을까요? 언젠가 정도전을 제거해야겠다는 마음을 먹지 않았을까요? 그러나 아직 싸울 무대가 마련되지 못했죠. 그러다 마침내 이방원과

정도전의 정면 대결이 이뤄집니다.

중국의 명나라는 고려가 멸망하고 조선이 건국된 것에 대해 의심이 있었어요. 조선이 북방에 있었던 여진족과 힘을 합쳐 요동을 정벌할 것이라는 의심이었죠. 그로 인해 조선 초에는 명나라와 사이가 좋지 못했습니다. 그래서 정도전은 언젠가 명나라가 쳐들어올지 모른다며 요동 정벌을 준비해야 된다고 주장했고, 요동 정벌에 필요한 군사를 모으기 위해서는 왕자들이 가지고 있는 사병私兵을 혁파해야 된다고 주장했어요. 정도전에게 이미 견제를 당하고 있던 이방원으로서는 이런 주장에 더 이상 참을 수 없었을 겁니다.

이방원은 날을 잡아 사병을 동원, 자신의 넷째 형 방간과 힘을 합쳐 정도전을 포함해 방석을 추종하던 무리를 제거하고, 배다른 동생인 방번과 세자 방석까지 죽여버립니다. 이 사건을 제1차 왕자의 난이라고 합니다. 이는 방석을 세자로 앉힌 아버지의 뜻을 정면으로 거역하면서 동생까지 죽인 심각한 사건이었죠. 그 후 주동자인 이방원이 바로 세자 자리에 올랐을 것 같지만 그러지 않았어요. 오히려 왕위에 욕심이 없었던 둘째 형 이방과를 세자로 내세우고 자신은 실권을 장악합니다.

이방원이 형제와 자신의 오른팔을 살육하는 동안 전혀 손을 쓰지 못한 태조 이성계는 큰 충격을 받고 왕위에서 물러나고, 둘째 이방과가 조선의 제2대 왕 정종이 됩니다. 제1차 왕자의 난 이후 거의 모든 실권을 장악한 방원은 이러한 구도를 안정시키고 위협 요소를 제거하기 위해 동복형제들이 거느리고 있던 사병 혁파에 앞장섭니다. 권력욕이 컸던 넷째 방간은 이런 방원에게 불만이 심했습니다. 왕이 되고 싶었던 방간은, 제1차 왕자의 난 때 방원을 도와 공을 세웠으나 일등공신이 되지 못한 것을 불평하다가 유배된 무신 박포의 꼬임에 넘어가 사병을 동원하여 난을 일으켰는데, 이를 제2차 왕자의 난이라고 합니다. 그러나 이미 조정의 세력은 모두 방원에게 기울어 있었고, 방간은 방원의 상대가 되지 못했습니다. 결국 방간의 난은 쉽게 진압되었고, 이로써 방원의 정치적 입지는 더욱 공고해졌으며, 반대 세력들까지 모두 제거되었습니다. 방간의 난이 있고 한 달 뒤 방원은 세자로 책봉됩니다. 왕이었던 정종이 태조의 허락을 받아 동생에게 왕위를 물려주었고 이방원이 마침내 왕이 되니, 그가 태종입니다.

말년에 아들들이 서로 싸우고 죽이는 과정을 지켜보는 이성계의 마음이 어떠했겠어요? 그는 보다못해 수도를 떠나 함흥에 따로 거처를 마련해 칩거합니다. 후일 왕이 된 이방원이 아버지를 모시러 함흥으로 차사조선시대 중요한 임무를 위해 왕명으로 파견하던 임시 관직를 보내죠. 이때 이성계가 태종을 괘씸히 여기는 마음에 오는 차사들을 족족 활로 쏴 죽였다고 하여, 한번 가면 돌아오지 않는 사람을 두고 '함흥차사'라는 말이 생겼습니다. 그러나 이것은 야사일 뿐 모두 사실은 아닙니다. 그 많은 고위 관료를 몽땅 죽였다면 당연히 실록에 기록이 남아 있어야 하는데 그런 내용은 기록되어 있지 않습니다. 기록된 차사로는 성석린, 박순 등이 있는데 이들은 차사로 가서 죽지 않거든요. 그러니 태조가 두 차례에 걸쳐 함흥과 한양을 오간 것은 사실이나 일설처럼 차사를 전부 죽이는 정도까지의 갈등은 없었다고 볼 수 있습니다.

태종이 펼친 강력한 왕권 강화 정책의 텃밭을 바탕으로 다음 세종대왕 대에서 조선은 전성기를 맞이합니다. 하지만 이성계에서부터 출발한 쿠데타는 조선 초기를 무수한 살육의 장으로 만들고 말았습니다. 특히 두 번에 걸친 왕자의 난에서 벌어진 형제간의 죽고 죽이는 싸움은, 그것이 새로운 역사가 시작될 때 뒤따르는 필연적인 혼란이었다고 치부하더라도 가벼이 넘기기 어려운 사건이죠. 태조 이성계는 우리 역사상 가장 성공한 쿠데타의 주인공이지만, 추후 아끼던 재상들을 잃었고 말년엔 자식들 간의 칼부림을 무기력하게 지켜보며 고통받아야 했습니다. 정변의 근간에는 권력 욕구가 있고, 그 욕심이 크고 깊을수록 뒤따르는 화도 커집니다. 역사는 인간의 지나친 권력욕이 무서운 화를 불러온다는 사실을 일관되게 경고하고 있습니다.

역사는
과거와 현재의
끊임없는 대화이다.

E. H. 카, 역사학자

임진왜란(1592~1598) 조선 선조 25년부터 31년까지 2차에 걸친 일본의 침략으로 일어난 전쟁. 이순신과 의병의 활약 등으로 국권은 지켜냈으나, 나라 전반이 심각한 피해를 입었다.

교과서 밖의 진짜 임진왜란 이야기 1

임진왜란[1592]은 조선을 전기와 후기로 나누는 중요한 사건입니다. 외부적으로는 동아시아 3개국인 명, 조선, 일본이 참여한 국제적인 전쟁이자, 동아시아의 국제 질서가 크게 변화하는 계기가 된 전쟁이었고, 내부적으로는 조선 사회의 성격이 크게 달라지는 기준점이 되었기 때문입니다.

자그마치 7년 동안 이어진 이 전쟁은 조선의 백성들에게 많은 상처를 남겼습니다. 조선왕조가 개창된 이래 최대의 위기이자 많은 인명 피해를 낳은 침략 전쟁이었기에, 전쟁의 상처를 씻어내기까지 백년이 넘는 시간이 걸리게 되었죠.

그렇기 때문에 임진왜란에 대해 단순히 선조, 이순신 장군이라는 주인공만을 기억하기에는 아쉬움이 있습니다. 임진왜란을 둘러싸고 있던 당시의 국제 관계, 조선이 처한 상황, 전쟁의 시작과 과정 등, 교과서 밖에 존재하는 임진왜란에 대한 여러 이야기들을 입체적으로 살펴볼 때가 아닌가 싶습니다.

배경

임진왜란이 일어나기 직전의 상황부터 알아봅시다. 당시 조선은 다방면에 걸쳐 혼란스러운 상황에 놓여 있었습니다. 전국적인 가뭄과 홍수, 흉년, 전염병 등이 발생하여 많은 백성들이 어려움을 겪고 있었고, 엎친 데 덮친 격으로 세금 부담 또한 막중해 토지를 버리고 도망가는 농민들이 크게 늘고 있었죠. 제대로 세금을 거두지를 못하니 국가 재정은 바닥날 수밖에 없었고요.

농민들의 삶이 어느 정도로 어려웠느냐면, 비슷한 시기 농민들의 생활에 보탬이 되기 위해 『구황촬요』라는 책이 간행되어 보급되는데, 그 책에 나무껍질로 먹거리를 만드는 내용과 죽어가는 사람을 살리는 법 등이 실려 있었어요. 백성들은 그만큼 어려운 상황 속에서 근근이 목숨을 이어가고 있었던 거죠.

그뿐만이 아니었습니다. 경제적으로도 힘든데 농민들은 군사 훈련까지 받아야 했으므로 군사 훈련을 기피하는 현상이 늘어납니다. 그리고 어려워진 국가 재정 때문에 군사에 대한 대우가 열악해지면서 병사 수가 감소하고 병력이 약해질 수밖에 없었습니다. 제대로 된 군사 훈련조차 이뤄지기 힘든 상황이었던 셈입니다.

더불어 정당성이 부족했던 선조가 즉위하고 붕당정치가 전개된 것도 임진왜란이 일어나기 직전의 일이었습니다. 선조는 명종의 여러 조카들 중 하나로,

후사後嗣. 왕위를 이을 후계자가 없었던 명종의 뒤를 이어 왕이 되었죠. 선조를 두고 조선왕조 최초의 방계傍系 출신 왕이라고도 합니다. 왕과 왕비의 아들이나 손자로서 왕이 된 것이 아니라, 후궁의 손자이자 왕의 조카로서 왕이 된 첫번째 경우였거든요. 그랬기 때문에 왕으로서의 정통성이 부족할 수밖에 없었습니다.

붕당정치는 학문적, 정치적으로 뜻을 같이하는 사람들끼리 무리를 이루어 정치적 견해를 나누는 정치 방식이었습니다. 선조 때부터 동인과 서인이 나눠진 것을 계기로 시작된 붕당정치는 다양한 정치적 의견과 정책을 공유하는 정치적 발전을 가져왔습니다. 그러나 의견이 다양한 만큼 합의가 쉽게 이뤄질 수 없었고, 개혁에 대한 시각 또한 일치되기 어려웠죠. 전쟁에 대한 것도 예외는 아니었을 겁니다.

조선이 이러한 상황에 놓여 있을 때, 일본은 도요토미 히데요시에 의해 오랫동안 분열되어 다투던 전국시대가 끝나고 통일을 맞이하게 되었습니다. 100년이 넘는 시간 동안 전란을 겪다가 맞이하게 된 평화는 예기치 않은 곳에서 반발을 불러일으켰습니다.

'사무라이'라는 말은 많이 들어보셨지요? 보통 무사 계층이라고 표현하기도 합니다. 전쟁의 일선에 서고 일왕을 보호하는 역할로 우리에게도 어느 정도 친숙합니다. 이러한 무사 계층은 전국시대에 눈부신 활약을 하며 크게 성장했죠. 그러나 혼란의 시기가 끝나고 평화가 찾아오자 한순간에 가장 불필요한 집단으로 전락해버린 겁니다.

일본 전역의 통일을 이룬 도요토미 히데요시에게는 이들 무사 계층의 불만을 외부로 돌리면서 동시에 그들을 견제하고 자신의 입지를 확립해줄 내부적 단결이 필요했습니다. 단기간에 내부의 단결을 이루기 위해서는 외부의 적에게로 시선을 돌리는 일이 최선이었겠죠. 눈을 돌리니 누가 있었습니까? 조선이 눈앞에 있죠. 그렇게 해서 시작된 전쟁이 바로 임진왜란이었습니다.

도요토미 히데요시가 임진왜란을 일으킨 이유에 대해서는 많은 추측이 있습니다. 그중에서 우선 무사들의 불만을 외부로 돌리기 위해서라는 현실적인 이유를 들 수 있습니다. 이외에도 불가능해 보였던 일본의 통일을 이룬 도요토미 히데요시의 자신감 표출이라고 해석하기도 합니다. 이미 최고의 권력과 부를 거머쥔 도요토미가 가장 원했던 것은 정복을 통한 더 큰 명예라고 보는 것이죠. 조선을 시작으로 더 많은 국가들을 복속시켜 내부의 문제를 해결하고 자신의 입지를 더 확고히 다지고자 했던 것입니다.

예고된 전쟁

침략 전쟁을 결심한 도요토미 히데요시는 군자금을 확보하고 전국에 전쟁을 위한 전진기지를 건설하였습니다. 특히 전국시대를 거치며 조총으로 무장한 보병 부대가 일본의 주력 부대가 되면서 조총을 중심으로 하는 전술이 비약적으로 발전했죠. 일본은 조총을 든 보병이 중심이 된 대군을 편성하여 조선을 칠 준비를 차근차근 해나가고 있었습니다.

준비가 완료되었을 때쯤, 도요토미는 조선과 일본을 연결하는 섬인 대마도를 다스리는 대마도주對馬島主, 대마도를 다스리는 직책를 부릅니다. 조선을 넘어 명나라까지 정벌하겠다는 계획을 말해주고는 조선 국왕을 일본으로 불러달라고 말하죠. 일본의 입장에서 조선은 통로였습니다. 정명가도征明假道, 즉 명나라를 치러 가기 위해 길을 빌리고 싶은데 그러기 위해서는 조선 국왕의 협조가 필요했던 거예요.

조선과 정치, 경제적으로 깊은 관계를 맺고 있던 대마도주는 곤혹스러웠을 겁니다. 조선의 국왕을 무슨 수로 일본으로 데려가며, 또 조선에는 이 사실을 어떻게 알려야 할지 말입니다. 자칫하면 고래 싸움에 등 터지는 새우 꼴이 될 수도 있었던 거죠. 결국 대마도주는 도요토미 히데요시의 의견은 조선에 그대로 전달하지 못한 채 일본으로 조선통신사를 파견해달라고 여러 차례 요청했습니다.

상황이 이렇게 될 때까지 조선은 아무것도 하지 않았을까요? 아닙니다. 당시 조선은 여러 차례 왜구의 침략을 겪으며 일본과 국교가 단절된 상황이었어요. 생각해보세요. 조선 입장에서는 일본인들에게 무역을 허용하고 쌀도 나눠 줬는데, 이 사람들이 고마운 줄 모르고 몇 차례씩 난을 일으킨 겁니다. 전국시대의 혼란을 겪고 있었던 일본에서 왜구에 대한 통제가 원만히 이뤄지지 못한 탓에 조선과 일본의 외교적 관계가 단절된 것이죠. 그래서 일본 내부의 상황과 정보에 취약했고, 왜구가 아닌 일본 본토에서, 그것도 대규모로 침략해올 것이라고는 짐작하지 못했을 겁니다.

대마도주가 지속적으로 조선통신사 파견을 요청하자, 심상치 않다고 생각한 선조는 일본 본토로 통신사를 파견하게 됩니다. 붕당정치가 진행되고 있었던 가운데, 공정한 판단을 위해 서인 황윤길과 동인 김성일을 파견해 도요토미 히데요시를 만나보고 오게 하죠. 황윤길과 김성일은 선조의 명을 받고 멀고 먼 길을 떠나게 됩니다.

조선통신사가 일본에 도착해서 접한 도요토미 히데요시는 오만함 그 자체였습니다. 국서를 제대로 받지도 않고 접견 도중에 아이를 안고 나오는 등 대놓고 무시하는 행동을 보입니다. 도요토미가 조선 측에 전달한 국서의 내용에도 그러한 태도가 고스란히 담겨져 있었습니다.

> 사람의 한평생이 백년을 넘지 못하는데 어찌 답답하게 이곳에만 오래도록 있을 수 있겠습니까. 국가가 멀고 산하가 막혀 있음도 관계없이 한 번 뛰어서 곧바로 대명국大明國에 들어가 우리나라의 풍속을 4백여 주에 바꾸어놓고 제도帝都의 정화政化를 억만년토록 시행하고자 하는 것이 나의 마음입니다. 귀국이 선구先驅가 되어 입조入朝한다면 원려遠慮가 있음으로 해서 근우近憂가 없게 되는 것이 아니겠습니까. 먼 지방 작은 섬도 늦게 입조하는 무리는 허용하지 않을 것입니다. 내가 대명에 들어가는 날 사졸을 거느리고 군영軍營에 임한다면 더욱 이웃으로서의 맹약盟約을 굳게 할 것입니다. 나의 소원은 삼국三國에 아름다운 명성을 떨치고자 하는 것일 뿐입니다. (…) 나머지는 별지에 있습니다. 몸을 진중히 하고 아끼십시오. 이만 줄입니다.
>
> _『선조수정실록』 25권, 24년 3월 1일 네번째 기사

도요토미가 준 국서에 가장 먼저 분노한 사람은 통신사 김성일이었습니다. 답서의 내용이 무례하고 거칠며, 명나라를 공격하고 조선을 노린 것이니 이에

대해 정정해달라고 강력하게 요구했어요. 고치지 않으면 답서를 가져가지 않겠다는 초강수를 두기까지 했습니다. 그러나 김성일의 의지는 관철되지 못하고 몇몇의 무례한 표현을 고친 정도에 그친 채로 조선으로 돌아오게 되었습니다.

조선으로 돌아온 통신사들의 논쟁에 대해서는, 서인 황윤길이 전쟁이 일어날 것이라는 주장을 펴고 동인 김성일은 전쟁이 나지 않는다고 주장했다고 알려져 있습니다. 틀린 말은 아니지만 보충 설명은 조금 필요할 것 같습니다. 황윤길과 김성일은 통신사로 파견되었을 때부터 다른 태도를 보였습니다. 황윤길은 선조의 명에 따라 일본의 동태를 살피고 최대한 빨리 조선으로 돌아가 보고하는 것에 집중했다면, 김성일은 일본이 보이는 무례함을 꾸짖고 그에 대한 정정과 해명을 요구하는 것에 무게를 더 두었습니다. 조선통신사는 외교 업무를 수행하기 위해 파견된 것이지만, 조선 국왕의 권위를 상징하는 역할이기도 했습니다. 황윤길은 현실적인 외교관으로서의 역할을, 김성일은 선조의 권위를 생각해 움직였던 것이죠. 결과적으로 둘 다 조선의 입장에서는 필요했던 태도였습니다.

황윤길과 김성일의 입장은 조선으로 돌아온 후 확연히 갈립니다. 두 통신사의 보고를 들은 조정에는 황윤길의 말대로 일본이 침략해올 것 같으니 그에 대한 대비를 해야 한다는 의견이 다수를 이루고 있었습니다. 그러나 선조는 김성일의 의견에 동의하며 일본이 감히 쳐들어오지 못한다는 주장에 손을 들어주었죠.

그 과정에는 방계 출신으로 왕의 자리에 오르며 정통성이 부족했던 선조

가 일본과의 관계에서 우위에 있다고 생각하면서 자신의 권위를 확보하려고 했던 것과, 당시 전쟁 준비에까지 동원되기는 힘들었던 조선 백성들의 상황이 존재하고 있었습니다.

그러나 전쟁에 대비를 전혀 하지 않았던 것은 아닙니다. 만일에 대한 방비로 성곽을 수축하고, 무기를 점검하며, 무신을 발탁하는 등의 조치를 취했습니다. 이순신도 이때 유성룡에 의해 발탁되었던 것입니다. 그렇지만 지나친 노동력 동원에 대한 백성들의 반발로 인해 제대로 된 전쟁 대비가 이뤄지기는 힘들었어요. 전쟁을 시작하는 것은 지도층이지만 실제로 전쟁을 겪고 부담해야 하는 것은 백성들이었기에, 어려운 백성들의 상황을 무시하고 전쟁을 강행할 수는 없었습니다.

예고된 전쟁이었으나 그 전쟁을 둘러싸고 선조, 도요토미 히데요시, 조선의 백성들은 각기 다른 입장으로 전쟁의 순간을 맞이하고 있었습니다. 결국 일본의 침략은 시작되었고, 조선은 곧 전쟁터가 되어 전란의 소용돌이에 휘말리게 되었습니다.

전쟁의 시작

1592년 4월 13일, 부산포 앞바다에 일본 군함 700여 척이 출현합니다. 부산의 관리들은 처음에는 조선에 조공을 바치러 온 것이라고 생각하여 대비를 하지 않았는데, 일본의 침략임을 깨달았을 때는 이미 성이 함락되기 직전이었죠. 당황한 것은 백성들도 마찬가지였습니다. 200여 년 동안 전쟁을 모르고 살았던 백성들은 일본의 대규모 침략에 순식간에 무너질 수밖에 없었습니다.

전쟁 초기에 동원된 일본군의 수가 20만 명에 달했는데, 당시의 인구 상황과 보급 능력, 바다를 건너와야 한다는 제약 등을 고려해보면 정말 엄청난 숫자였죠. 게다가 이들은 오랜 기간 자국에서 전쟁을 경험한 덕분에 전투에 능숙했고, 최신 무기인 조총까지 가지고 있었습니다.

일본의 선두 병력은 부산을 점령한 후 육로를 통해 한양으로 진출합니다. 조선 조정에서는 명장 신립을 파견하여 일본군과 응전하도록 지시하죠. 신립은 8천의 군대로 충주에서 2배 정도 되는 일본군을 맞아 응전하였습니다. 병력의 차이도 문제였지만 신립 장군에게는 상대에 대한 어떤 정보도 없었습니다. 주력 무기인 조총과 그를 활용한 전술에 대한 이해가 없었던 셈이죠.

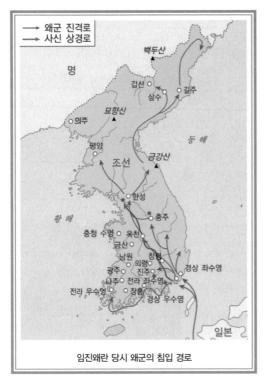

충주 탄금대를 등지고 배수진까지 쳤음에도 신립의 군대는 크게 패했습니다. 전투 패배에 책임을 느낀 신립 장군은 부하 장수들과 함께 강물에 투신하였습니다. 신립의 패전 소식은 선조에게 바로 보고되었습니다. 충주는 남한강을 따라 한양으로 올라올 수 있는 중요한 교통로였기에, 충주를 장악한 일본군이 한양까지 당도하는 것은 시간 문제였죠.

선조는 다급해져 신하들을 불러 피란 문제 및 세자 책봉에 대해 논의하기 시작합니다. 그리고 종친들을 각지로 보내 일본군과 맞설 군대를 모을 것을 지시했습니다. 선조는 재빠르게 명나라로의 파천播遷. 왕이 궁을 떠나 다른 곳으로 피함을 결정하고는 명나라와 국경이 맞닿아 있는 의주까지 향하게 됩니다.

물론 신하들의 반대가 거셌습니다. 백성들은 전쟁 통에 목숨을 잃고 있는데, 이런 백성들을 챙겨야 할 왕이 가장 먼저 자리를 떠나는 것은 군자의 도리가 아니라는 것이었죠. 그러나 선조는 도성을 버리고, 자신에게 반대하는 신하들을 유배 보낸 채로 피란을 떠났습니다. 피란길은 순조롭지 않았습니다. 왕의 신분으로 하루에 한 끼밖에 못 먹으며 빗속을 행군하는 비참한 상황이었습니다. 또 중간에 상당수의 신하들마저 도망쳐, 의주에 도착했을 때 왕의 곁에 남아 있는 신하는 17명뿐이었죠. 내시 등 시종들을 모두 합쳐도 50명이 안 되는 수였으니, 백성을 버린 임금 곁엔 역시 아무도 남지 않으려 한다는 걸 알 수 있습니다. 한양에 남겨진 백성들은 왕이 자신들을 버렸다는 사실에 분노하여 경복궁에 불을 지르기도 했습니다.

도성의 궁에 불이 났다. 거가가 떠나려 할 즈음 도성 안의 간악한 백성이 먼저 내탕고에 들어가 보물을 다투어 가졌는데, 이윽고 거가가 떠나자 난민이 크게 일어나 먼저 장례원과 형조를 불태웠으니 이는 두 관서에 공사 노비의 문적文籍이 있기 때문이었다. 그러고는 마침내 궁성의 창고를 크게 노략하고 인하여 불을 질러 흔적을 없앴다. 경복궁, 창덕궁, 창경궁 세 궁궐이 일시에 모두 타버렸는데, (…) 홍문관에 간직해둔 서적, 춘추관의 각조 실록, 다른 창고에 보관된 전조의 사초, 『승정원일기』가 모두 남김없이 타버렸고 내외 창고와 각 관서에 보관된 것도 모두 도둑을 맞아 먼저 불탔다. 임해군의 집과 병조판서 홍여순의 집도 불에 탔는데, 이 두 집은 평상시 많은 재물을 모았다고 소문이 났기 때문이었다. 유도대장이 몇 사람을 참하여 군중을 경계시켰으나 난민이 떼로 일어나서 금할 수가 없었다.

_『선조수정실록』 26권, 25년 4월 14일 스물여덟번째 기사

일본의 실수

왕마저 도성을 버리고 피란을 가게 된 위기의 순간이 아이러니하게도 조선이 반격할 수 있는 하나의 기반이 되었습니다. 일본은 원래 한성을 공격하여 왕을 포로로 잡은 후 조선을 앞세워 명을 정벌한다는 계획을 가지고 있었습니

다. 그런데 조선의 왕인 선조가 피란을 선택했기 때문에 그 계획이 다소 틀어진 셈이었죠. 조선의 왕을 추격하여 잡을 것인가, 아니면 조선의 본토를 공격하여 장악할 것인가, 일본에서 오는 보급부대를 기다려야 하는가 등의 여러 문제들이 발생한 것입니다. 선조의 피란으로 전쟁이 장기화될 조짐을 보이자 어떤 방향으로 가야 할지 계획이 수정될 필요가 있었습니다.

한양을 점령한 일본군은 군사를 두 갈래로 나눠 각각 평안도와 함경도를 공격하기로 합니다. 평안도로 향했던 선조를 추격하고 함경도마저 공격함으로써 조선을 완전히 장악하려던 계획으로 볼 수 있습니다. 그러나 여기서 일본은 첫번째 실수를 저지르게 됩니다. 보급로가 지나치게 길어졌는데도 해로 장악의 중요성을 간과한 것입니다.

전쟁에서 식량과 물자를 보급하는 방법은 보통 두 가지입니다. 자국에서 가지고 오는 방법, 또 점령한 지역에서 확보하는 방법이 있겠죠. 그러나 알다시피 당시 조선은 농민들이 경작지를 떠나 풀뿌리를 캐 먹으며 연명하고 세금마저 제대로 내지 못하는 상황이었기 때문에, 제대로 된 물자를 공급받기 위해서는 일본 본토에서 실어 날랐어야 했습니다. 남해를 지나 서해로 통하는 긴 행로를 거쳐야 했던 것이죠. 하지만 남해에는 이순신이 있었습니다.

두번째 실수는 명나라의 참전을 간과했다는 것입니다. 처음에는 명나라도 이 전쟁이 이렇게 커질 것을 예상하지 못했습니다. 그랬기 때문에 처음 조선에서 파병을 요청했을 때, 조선과 국경을 맞댄 요동 땅을 지키고 있었던 3천의 군사만을 보내 단숨에 마무리하려고 했죠. 그러나 일본군에 무참히 패배한 후,

명나라는 사태의 심각성을 깨닫고 일본과 화의 교섭을 진행하는 한편 4만의 원군을 다시 보내 유리한 상황을 만들려고 했습니다. 명군의 본격적인 참전으로 인해 일본은 조선과 명을 동시에 상대하는 버거운 상황에 놓이게 된 것입니다. 명나라 입장에서도 조선이 일본에 점령당하게 되면 그 다음이 자신이었으므로 최선을 다해서 막아야만 했죠.

마지막 실수는 조선 백성들의 반발을 예상하지 못했다는 것입니다. 광해군이 세자로 책봉되어 분조分朝, 임진왜란 때 임시로 설치한 조정를 이끌고 각지의 군사들을 독려하였고, 해당 지역의 백성들은 자발적으로 전쟁에 참여하는 의병義兵 활동을 벌이게 됩니다. 한양에서 왕을 잡으려던 일본군의 계획이 수포로 돌아가고 조선 본토를 장악하기 위해 각지로 흩어지면서, 자신이 살고 있는 지역을 지키고 일본군을 물리치려는 의병들의 저항은 더욱 거세졌습니다. 의병은 정규군이 아니기 때문에 전투 기술은 뛰어나지 않았지만, 해당 지역의 지형에 밝아 산발적인 게릴라전에 강했습니다. 또한 일본군의 보급로를 차단하고 전라도로 진출하는 것을 저지하면서 끝없는 공격을 퍼부었습니다.

전쟁이 발발하자마자 자신의 책무를 버려두고 떠난 관리들도 있었지만, 임진왜란 시기 대표적인 의병장들은 대부분 그 지역에 거주하고 있었던 양반이었습니다. 백성들의 존경을 받는 그 지역 양반들이 자신의 재산을 털어 일본군에 맞섰던 것입니다. 홍의장군 곽재우, 조선통신사 김성일 등이 전쟁이 일어나자마자 의병을 이끌며 자신의 나라와 자신이 사는 지역을 지키고자 했어요. 일본은 조선 백성들이 전국적으로 들고 일어나 자신들에게 맞설 것이라고 상상이나 했을까요?

각지에서 의병이 출현해 일본군의 진출을 저지하고, 이순신이 해상을 장악한 상황에서 명나라의 대규모 참전이 이루어지면서 조선은 역전의 발판을 마련할 수 있었습니다. 드디어 속수무책으로 당했던 임진왜란에서 반전의 계기가 만들어진 것입니다.

이순신과 조선 수군의 활약

육지에서 의병들이 일본군의 진출을 막았다면, 바다에서는 이순신이 버티고 있었습니다. 바다로 오는 일본의 보급부대는 이순신이 이끄는 수군을 맞아 큰 타격을 입고 연전연패를 거듭하고 있었습니다. 전쟁 발발 직전, 유성룡에 의해 전라좌수사로 발탁된 이후부터 이순신은 혹시 모를 전란에 대한 준비를 꾸준히 해오고 있었습니다. 거기에 학익진^{학이 날개를 펼친 듯한 형태로 적을 포위하여 공격하는 전술}으로 대표되는 뛰어난 전략과 물길에 대한 관찰 등을 통해, 적은 병력으로도 일본군과의 병력차를 무마하는 대승을 거둘 수 있었던 것이죠.

임진왜란 당시 이순신의 성과는 옥포해전을 시작으로 사천해전, 당포해전, 한산도대첩 등을 꼽을 수 있겠습니다. 일본 입장에서는 쉽게 끝날 것이라 생각했던 임진왜란이 이순신의 등장으로 인해 큰 위기에 직면하게 되었으니 이순신의 이름만 들어도 등 뒤에서 식은땀이 절로 흐르지 않았을까 생각해봅니다.

초기 연전연패를 거듭하던 육군의 상황을 떠올려보면 이순신을 중심으로 한 조선 수군의 이러한 강세는 다소 어색하기만 합니다. 조선 육군의 경우, 제대로 된 군사 훈련이 어려웠던 당시의 상황으로 인해 대규모 침략을 방어할 만한 전력이 갖춰지지 못했습니다. 더구나 일본군이 가지고 온 신무기인 조총의 위력 앞에 당황할 수밖에 없었지요. 조총은 임진왜란 발발 직전에 이미 조선 조정에 소개되었습니다. 하지만 조선은 전통적으로 활을 이용한 전술에 능했고 여러 종류의 화포가 있었기 때문에 조총의 성능에 대해 큰 관심을 기울이지 않았죠. 그러나 임진왜란 발발 이후 조총의 위력에 주목하게 됩니다. 임진왜란 을 계기로 조선에 수입된 조총은 여러 개량을 거쳐 효종 때에 와서야 우수한 성능을 갖게 되었습니다.

그러나 수군의 상황은 좀 달랐습니다. 조선이 건국될 당시부터 왜구의 침략은 꾸준히 있었기 때문에 수군의 중요성이 컸습니다. 특히 임진왜란이 일어나기 직전 일본과의 무역이 허용되었던 포구에서 몇 차례의 반란이 일어나면서, 이러한 상황에 대비하기 위해 새로운 전투함이 만들어지게 됩니다. 이때 만들어진 배가 바로 임진왜란 당시 남해를 장악했던 판옥선입니다.

판옥선

일본의 군선인 관선은 바닥 형태가 V자형으로 물살을 가르며 빠른 속도로 움직일 수 있었습니다. 군사를 실어 나르고 바다 위에서 노략질을 하기 위해 제작된 것이죠. 상대의 배와 직접 부딪쳐 파괴하기 위한 용도가 아니라 배를 가까이 대서 근접전을 벌이는 용도였던 거예요. 반면 조선의 판옥선은 적함을 직접 타격할 목적으로 개발되어 튼튼했고, 함포_{함선에 장비된 대포} 기술이 발달했습니다. 또한 바닥이 U자형이어서 속도는 느리지만 방향 전환이 빨라 암초가 많은 지역이나 전술에 유리했죠. 그러한 판옥선을 개량하여 적진을 교란시킬 용도로 만든 것이 거북선입니다.

관선과 판옥선의 차이는 전장에서 확연하게 드러났습니다. 일본의 관선은 판옥선의 공격과 함포에 의해 격파되었고, 조선 해안의 지형과 물길 연구가 더해진 판옥선의 위력은 상상을 초월할 정도였습니다. 전함의 수는 일본의 관선이 압도적으로 많았으나, 판옥선에 담긴 기술과 그것을 잘 활용했던 이순신과 조선 수군의 활약으로 불리한 전세를 극복하고 일본의 진출을 저지할 수 있었습니다. 이순신은 왜구와 맞선 경험이 축적되어 있는 수군, 그리고 판옥선을 이끌고 임진왜란 초기 여러 해전에서 승리를 거두었습니다.

휴전, 그리고…

육지에서는 의병이 활약하고, 해전에서는 이순신과 조선 수군의 활약이 두드러짐에 따라 점차 일본군은 수세에 몰리게 됩니다. 보급로마저 끊긴 상황에서 조선 각지에서 발생하는 백성들의 저항과 명나라군의 참전까지 맞닥뜨리게 된 일본은 이러한 상황을 반전시킬 수 있는 계기를 다급히 찾아야 했습니다. 바로 휴전(화친)이었죠. 화친을 먼저 언급한 것은 명나라였습니다. 명나라는 조선에서 전쟁이 길게 이어지는 것을 원하지 않았습니다. 명나라가 변방국인 조선을 지키기 위한 전쟁에 참가하는 일 자체가 크나큰 부담이었던 것이죠. 그렇지만 조선이 일본에 패배할 경우 명나라가 직접적으로 위협받게 되므로 어떻게든 전쟁을 마무리지어야만 했습니다.

초기 일본이 유리한 전황을 선점하고 있었을 당시에는 화친을 위한 교섭이 원활하게 진행되기 어려웠습니다. 그러다 조선과 명나라 연합군이 평양성, 행주산성 등 일본군이 차지하고 있던 주요 거점들을 공격하여 수복하며 유리한 전세를 만들어나갔습니다. 이후 본격적인 휴전 협의가 진행되면서, 일본군은 철수해서 경상남도 일대로 내려가 협의가 진행되는 것을 지켜보기로 했죠. 그러나 휴전 협정이 진행되는 와중에도 일본군은 유리한 고지를 점령하기 위해 진주성과 경주성을 공격해 많은 희생자가 발생하기도 했습니다.

도요토미 히데요시가 원대한 꿈을 꾸고, 명나라를 정벌하기 위해 벌인 전쟁이니만큼, 휴전 협상 과정도 녹록하지 않았습니다. 일본의 요구 사항이 어마어마했기 때문입니다.

- 명나라 공주를 일본으로 시집보낼 것.
- 조선 영토의 절반을 일본에 바칠 것.
- 명나라와의 조공 무역을 허용할 것.
- 조선 왕자 및 대신 12명을 인질로 삼을 것.

이러한 황당한 조건을 명나라가 들어줄 리 없겠죠. 그러니 휴전 협상은 길어질 수밖에 없었고 시간만 흐르고 있었습니다. 그동안 가장 큰 고통을 받았던 것은 누구였을까요? 바로 조선의 백성들이었습니다. 일본은 조선 백성들의 저항이 거세지자 많은 백성들을 학살하고 괴롭혔습니다.

처음에 일본군은 조선 백성들에게 우호적이었습니다. 힘으로 저항하는 백성들과 맞서는 것보다 회유하는 것이 더 효과적으로 지배할 수 있는 방법이기 때문입니다. 그러나 각지에서 벌어진 자발적인 의병 활동과 거센 저항으로 인해 일본군은 조선에 대한 태도를 바꾸게 되었죠.

특히 조선의 지배층이었던 양반들은 일본에 대한 우월감을 가지고 있었습니다. 일본보다 높은 문화 수준을 갖고 있다는 자긍심이었던 셈인데, 일본에게 전 국토가 유린당하고 힘에서 밀린 상황에서도 우리가 그들보다 우수하다고 인식하고 있었던 것입니다.

일본 장수나 군졸 모두 글자를 모른다. 오직 장수 옆을 따르는 한두 명이 겨우 옮겨 쓰지만 뜻은 알지 못한다. 문답을 나눌 때 간혹 문자를 써서 보이지만 모양이 되지 않고 뜻이나 이치가 통하지 않는다.

_권두문, 『남천선생문집』

의병과 수군의 활약으로 전세는 점차 유리하게 흘러가고 있었지만, 임진왜란을 겪으며 드러난 조정의 무능함과 백성들이 겪은 고통은 조선에 깊은 상처를 남겼습니다. 전쟁으로 황폐해진 국토와 기근으로 인해 살아남은 백성들마저도 생계를 이어갈 수 없는 참혹한 나날을 보내야만 했죠.

기근이 극도에 이르러 심지어 사람의 고기를 먹으면서도 전혀 괴이하게 여기지 않습니다. 그러므로 길가에 쓰러져 있는 굶어 죽은 시체에 온전히 붙어 있는 살점이 없을 뿐만 아니라, 어떤 사람들은 산 사람을 도살하여 내장과 골수까지 먹고 있다고 합니다. 옛날에 이른바 사람이 서로 잡아먹는다고 한 것도 이처럼 심하지는 않았을 것이니, 보고 듣기에 너무도 참혹합니다.

_『선조실록』 47권, 27년 1월 17일 첫번째 기사

이런 아픔 속에서 임진왜란은 3년간의 소강상태에 들어가게 됩니다. 전쟁의 비극이 여기서 끝났으면 좋았겠지만, 오랫동안 끌어오던 화의가 결렬되고 다시금 전쟁의 기운이 감돌게 됩니다. 임진왜란 이후 또다시 벌어진 전쟁과 흔들리는 조선의 운명, 그리고 임진왜란이라는 비극 속에서 등장한 최고의 영웅 이순신에 관한 이야기는 다음 편에서 이어가도록 하겠습니다.

명량대첩 해전도
군선으로 위장한 민간의 고깃배
조선 수군 13척
일본 수군 130척
신에게는 아직 12척의 배가 있나이다! 진격하라!
이순신장군 만큼은 적군이지만 인정 인정
최고!

교과서 밖의 진짜 임진왜란 이야기 2

임진왜란 이야기를 이어갑니다. 1592년에 시작해 2년간 계속된 전쟁은 명나라의 개입으로 일단락되었습니다. 그런데 휴전 상태에서 조선은 배제된 채로 명나라와 일본이 3년에 걸쳐 협정을 맺으려 했지만, 완전한 종전은 이루어지지 않았습니다. 도요토미 히데요시의 무리한 요구 때문이었어요. 그는 명나라의 공주를 일왕의 첩으로 삼겠다는 둥, 조선의 절반 경기, 전라, 경상, 충청을 일본에 양도하라는 둥 받아들일 수 없는 조건을 제시했습니다. 결국 종전은 이루어지지 않았고 다시 2년간의 전쟁이 벌어지죠. 이것을 정유년에 다시 난이 일어났다고 하여 정유재란丁酉再亂이라고 합니다. 1592년부터 벌어진 전쟁을 정확히 구분하면, 초반 2년간의 전쟁이 임진왜란, 3년간의 휴전 이후 다시 2년 동안 전개된 전쟁이 정유재란입니다. 이를 통틀어 7년간의 임진왜란이라 부르는 것이고요.

휴전 상황에서 벌어졌던 일들을 자세히 알아보고 넘어가죠. 어찌됐건 휴전이 되었으므로 선조가 의주에서 한성으로 돌아와 시국을 수습하며 국방력 강화의 일환으로 훈련도감 ^{수도 경비와 병력 양성을 맡았던 중앙 군영}을 설치해 병력을 양성합니다. 또 기존에 천민은 군역을 지지 않던 제도를 바꾸어 양인과 천민 모두 군제에 편입될 수 있도록 하죠^{속오군 체제}. 그러나 이렇게 나라의 기틀을 다시 세워가던 선조의 눈에 자꾸 거슬리는 인물이 있었으니, 바로 이순신이었습니다. 전쟁에서 혁혁한 공을 세운 인물이 전쟁 후에 눈엣가시가 되는 일은 흔하죠.

백성들의 영웅, 이순신

이순신은 당시 삼도수군통제사 ^{충청도, 전라도, 경상도의 수군을 총지휘하는 조선시대의 관직}로, 오늘날로 따지면 해군참모총장 정도였습니다. 삼도수군통제사는 원래 있던 관직이 아니라 임진왜란 중에 신설된 관직인데, 처음으로 임명된 사람이 바로 이순신이었습니다. 그에게는 자신이 통제하는 지역 주변의 약 70곳에 달하는 고을 수령들에게 명령을 내릴 수 있는 권한이 있었습니다. 또 보급을 목적으로 산업을 발전시키고 개간을 하여 일자리를 만들다 보니, 이순신이 있는 수군 부대 쪽으로 사람들이 몰려들었어요. 이순신이 통제하는 해안 지대가 가장 안전하고 살 만하다고 여긴 것이죠. 원래 조선시대에는 왜구의 잦은 출몰과 외지에 백성을 두지 않으려는 정책적 영향으로 해안가에 인구가 별로 없었습니다. 그런데 임진왜란 때 이순신의 명성으로 인해 오히려 인구가 증가하는 기현상이 나타난 거예요.

이처럼 이순신은 전라도 지역에서 막대한 권한을 행사하고 있었고 그가 통솔하는 군대의 수는 조선 전체 병력의 절반에 달했습니다. 조정 입장에서는 이순신의 영향력이 지나치게 크다는 생각을 할 만했겠죠. 게다가 이순신은 전쟁 중에는 오늘날의 합참의장^{4성 장군으로 군 서열 1위}에 해당하는 도원수^{고려와 조선시대 전시에 군대 전체를 통솔하던 임시 무관직}나 군 최고 통수권자에 해당하는 왕의 명까지 무시하면서 일본군에 대적했어요.

그럼에도 조정 입장에선 아무 말도 할 수 없었던 것이, 이순신은 조정에서 어떤 지원도 받지 못한 채 자체적으로 군량미를 마련하고 군사를 훈련했는가 하면, 백성들을 다독여가며 모든 전쟁 물자를 생산해 일본군을 몰아내는 데 결정적인 공을 세웠기 때문입니다. 하지만 자신의 권위를 위협하는 인물을 용인할 수 없었던 선조는 어떻게 해서든 이순신을 무너뜨리기 위해 기회를 엿보고 있었죠.

역사적인 영웅으로 칭송받는 이순신이었지만, 한편으로는 성격이 너무 강직하고 처세에 능하지 못한 원칙주의자이기도 했습니다. 그런 까닭에 자신의 공을 시기하던 원균^{임진왜란 때 이순신 휘하에서 함께 일본 수군을 무찔렀고, 이순신이 파직당하자 뒤를 이어 수군통제사가 되었다}과 끊임없이 반목하기도 했죠. 나이도 경력도 많았던 무과 선배 원균이 이순신 휘하에 있으려니 배가 아팠던 건 어쩌면 당연한 일이었는데, 이순신은 이를 유연하게 무마하기보다는 물러섬 없이 맞대응했습니다. 또한 왕명에도 적당히 순응하며 왕의 심사를 거스르지 않을 방법들이 있었겠지만, 자신이 생각하는 방향과 다를 경우 항명하기를 주저하지 않았습니다. 그런 행동으로 조정의 눈 밖에 날 수 있다는 것을 알면서도 소신에 따라 움직인 것이죠.

전쟁중에 이런 일도 있었어요. 전라도로 내려와 전쟁을 지휘하던 세자 시절의 광해군이 이순신에게 무과 시험을 치를 예정이니 전주로 예비 무관들을 보내라고 지시합니다. 이에 이순신은 전쟁중이라 무인들을 보낼 수 없고, 자신이 직접 관리, 감독하여 무과 시험을 진행하겠다고 말하죠. 당시 한산도에 있었던 이순신은 '먼바다에 떨어져 있는 외딴섬이라 말을 달릴 만한 땅이 없어' 갈 수 없음을 피력했지만, 이런 태도가 안하무인 격이라 하여 그를 꾸짖는 상소가 빗발치듯 올라옵니다. 하지만 이순신은 이런 비판들에 대해『난중일기』에 이렇게 적어두었죠.

순천전라 좌수영으로부터 온 보고를 보니 '(한산도) 진중에서 과거를 보자고 (이순신이) 동궁세자-광해군께 장달을 올린 것은 아주 잘못된 것이니 벌을 주어야 한다는 내용이 있습니다' 하였다. 가소로운 일이다.

_『난중일기』 1594년 2월 4일

위기의 이순신

전쟁 초기 화려한 공을 세우며 활약하던 이순신은 휴전 이후 이렇다 할 전투가 없어지자 공을 세울 기회가 없어 다소 불리한 입장에 놓이게 됐습니다. 그러던 중 어떤 결정적인 사건으로 인해 관직에서 물러나 백의종군 흰옷을 입고 군대를 따름. 즉 버슬이 없는 말단 군인으로 전장에 나감하는 처지가 되는데요, 사건의 전말은 이렇습니다.

휴전 후에도 끊임없이 군량미를 모으고 전력을 증강시키던 이순신에게 어명이 내려옵니다. 전라도에 있는 이순신의 수군 기지를 경상도 쪽으로 옮겨 일본의 침략에 좀더 직접적으로 대응하라는 거였죠. 하지만 이순신의 생각은 달랐습니다. 그는 경상도까지 나아가 일본군과 정면으로 부딪칠 경우, 기다리며 상대의 전열을 살필 기회가 없어 지금에 비해 훨씬 불리할 것이라는 입장이었습니다.

결국 기지 변경을 두고 조정과 이순신 사이에 대립이 생겨납니다. 이때 일본군 첩자로부터 곧 일본이 침략을 재개할 거라는 내용의 첩보가 들어왔어요. 이에 조정은 이순신에게 즉각 부산 앞바다까지 출격해 일본의 공격을 막으라고 명령합니다. 그러나 이순신은 이 첩보의 진위가 의심스럽다며 항명하죠. 한데 문제는 이 첩보가 사실이었고, 정말 일본군이 쳐들어왔다는 겁니다. 조정은 이순신의 항명 사태로 인해 들끓어 오릅니다. 이순신의 거듭된 항명과 이순신의 공로에 대한 비판이 본격적으로 이루어지게 된 것이었죠. 선조의 생각은 이러했습니다.

> 나는 이순신의 사람됨을 자세히 모르지만 성품이 지혜가 적은 듯하다. 임진년 이후에 한 번도 거사를 하지 않았고, 이번 일도 하늘이 준 기회를 취하지 않았으니 법을 범한 사람을 어찌 매번 용서할 것인가. 원균元均으로 대신해야 하겠다. (…) 이순신은 자기가 계책을 세워 한 것처럼 하니 나는 매우 온당치 않게 여긴다. 그런 사람은 비록 청정清正 _일본군 장수 가토 기요마사를 가리킴_ 의 목을 베어 오더라도 용서할 수가 없다.
>
> 『선조실록』 84권, 30년 1월 27일 세번째 기사

이 죄를 물어 선조는 기다렸다는 듯이 이순신을 잡아들입니다. 붙잡혀 간 이순신은 감옥에서 온갖 고초를 겪은 후 일반 병사로 격하되어 권율 장군 아

래로 들어가게 됩니다. 이순신이 맡고 있던 삼도수군통제사 자리는 원균이 차지했고요. 하지만 원균이 이끄는 수군은 이순신이 있을 때만큼 위력을 발휘하지 못했고, 모든 전투에서 연전연패하는 바람에 결국 이순신이 다시 복직하는 계기를 마련해주죠.

원균의 눈물

이 과정에서 원균은 선조와 함께 임진왜란 당시 우리나라를 위기로 몰아넣은 무능의 아이콘으로 역사에 남게 되는데요, 따져보면 원균 입장에서도 난감한 일이 적지 않았습니다. 일단 원균이 전장에 가보니, 조정에서 탁상공론

으로 내려오는 명령이 현실과 전혀 맞지 않는다는 사실을 곧바로 알게 됩니다. 그러면서 이순신이 왜 항명을 했는지 온몸으로 이해하죠. 게다가 이순신에게 충성하던 참모진과 백성들은 원균을 무시하며 그의 지시를 잘 따르지 않았습니다.

여러모로 어려운 상황에 처한 원균에게 조정은 다짜고짜 부산 앞바다로 나가 싸우라는 지시를 내려요. 하지만 원균이 생각하기에 부산 앞바다에는 분명 일본군이 매복해 있어 함부로 공격할 경우 패할 것이 불 보듯 뻔했습니다. 그래서 원균도 항명을 합니다. 이에 도원수 권율이 원균을 불러 명령에 따르지 않는다며 곤장을 치는 일이 생기죠. 고위 관직인 삼도수군통제사가 도원수에게 곤장을 맞는 일은 사실 상상도 할 수 없는 모욕이었습니다. 그렇게 돌아온 원균은 결국 160여 척의 전선을 이끌고 울며 겨자 먹기로 부산 앞바다로 출정하죠.

하지만 예상했던 대로 일본군의 기습을 두 차례나 받고, 원균의 부대는 1만 명에 달하는 수군과 이순신이 피땀 흘려 건조한 군함마저 상당수 잃고 맙니다. 이 과정에서 원균도 목숨을 잃고요. 그러나 원균의 패배는 개인의 잘못이라고만 보기는 어려워요. 전황을 제대로 살피지 못한 조선 조정의 그릇된 명령이 가장 주요한 요인이었습니다.

코 무덤의 비극

원균의 죽음과 함께 전라도 수군은 사실상 궤멸하고, 일본군이 남해를 장악해 경상도뿐 아니라 전라도에까지 상륙하기 시작합니다. 순식간에 한산도와 순천 지역을 장악한 11만 일본군은 전주성까지 치고 올라갔어요. 이때 일본군은 수많은 조선 백성과 군인을 살해하고 국토를 유린합니다. 왜냐하면 조선과 함께 명나라를 치는 것이 목적이었던 임진왜란과 달리, 정유재란은 일본이 한반도의 남부 지방을 완전히 일본의 국토로 삼고자 일으킨 전쟁이었거든요. 명나라를 치는 것은 고사하고 한반도의 완전한 지배조차 어렵다고 판단한 도요토미 히데요시의 현실적인 방향 전환인 셈이죠. 그들은 조선과 명나라의 전의를 꺾고 한반도 이남의 땅을 식민지로 복속시키기 위해 공포심을 심어주는 잔인한 짓을 서슴지 않았습니다.

전라도와 충청도 일대를 공격한 왜군들은 앞다투어 무고한 백성들을 마구 죽이고 닥치는 대로 코와 귀를 베었습니다. 이는 조선인의 코를 베어낸 수만큼 공로를 인정해주겠다는 도요토미 히데요시의 명령 때문이었어요. 전투에서 사망한 군인은 물론, 민간인 남녀노소를 가리지 않았습니다. 이 때문에 조선 천지가 피바다가 되었고, 마을엔 귀와 코가 잘린 어린아이들이 피투성이가 되어 우는 소리가 진동했습니다.

심지어 금줄이 달린 집에 들어가 산모와 갓난아이의 코까지 베었다고 하니 그 잔혹함을 이루 말할 수 없습니다. 코가 잘린 산모가 때마침 놀다 들어온 큰아이에게 "이비耳鼻야가 왔으니 달아나라"고 했다는 얘기에서, 오늘날 어른들이 위험하다며 아이들을 말릴 때 하는 말 "에비! 에비야!"가 유래했다는 이야기가 있습니다. 비극적인 역사가 담겨 있는 가슴 아픈 이야기죠.

일본 병사들은 베어낸 조선인들의 코를 담아 피투성이가 된 바구니를 허리춤에 달고 싸웠고, 왜군 부대장들은 이를 모아 썩지 않도록 소금, 식초 등에 절인 후 나무통에 1000개씩 넣어 일본으로 보냈습니다. 베어진 코가 일본에 도착하면 도요토미 히데요시는 그 수를 확인하여 코 영수증을 발급해 무사들에게 보냈습니다.

> 적병은 무릇 우리나라 사람을 붙잡기만 하면 모두 코를 베어 위세를 보였다.
>
> _유성룡, 『징비록』

> 도요토미 히데요시는 왜장들에게 머리 대신 코를 베어 오게 하였으므로 왜군들은 우리나라 사람들을 보기만 하면 족족 죽이고 그 코를 베어 소금에 담가서 보냈다.
>
> _강항, 『간양록』

지금도 일본 교토에는 '이총^{耳塚}'이라 하여 임진왜란 당시 조선에서 베어 간 코와 귀를 묻어놓은 무덤이 존재합니다. 원래는 코 무덤이라 불렀으나 그 명칭이 지나치게 야만적이라 하여 귀 무덤으로 부르게 되었죠. 무덤의 안내문에는 "조선국 남녀의 귀와 코를 잘라 소금에 절여 일본에 가지고 와서 도요토미 히데요시의 명에 따라 이곳에 묻었다"고 쓰여 있습니다.

내가 무슨 할말이 있겠느냐, 선조의 후회
일본군이 만행을 일삼고 있을 때, 궁지에 몰린 선조는 다시 이순신을 찾게

「기복수직교서」

됩니다. 이순신을 다시 불러들이기에 면목이 서지 않았던 선조는 그를 내친 것을 사과하며 통제사에 재임명하겠다는 내용을 담은 「기복수직교서 起復授職敎書」라는 편지를 보내죠. 임금이 신하에게 '내가 무슨 할말이 있겠느냐'며 면목 없어하는 이 유례없는 사과 서신을 이순신은 두말없이 받아들였고, 복직되어 전장으로 향합니다.

무슨 할말이 있으리오, 무슨 할말이 있으리오.

그대의 직함을 갈고 그대로 하여금 백의종군하도록 하였던 것은 역시 이 사람의 모책이 어질지 못함에서 생긴 일이었거니와, 그리하여 오늘 이같이 패전의 욕됨을 만나게 된 것이라 무슨 할말이 있으리오.

이제 그대를 평복 입은 속에서 뛰어올려 도로 옛날같이 전라좌수사 겸 충청, 전라, 경상 삼도수군통제사로 임명하노니, 그대는 도임하는 날 먼저 부하들을 불러 어루만지고 흩어져 도망간 자들을 찾아다가 단결시켜 수군의 진영을 만들고 나아가 요해지를 지켜줄지어다.

이순신은 백의종군하는 동안에 모친상을 당하는 등 개인적인 악재까지 겪었지만, 임금을 원망하거나 비관하지 않고 끊임없이 전황을 살피며 기회가 돌아왔을 때 전투에서 이길 수 있는 방법을 연구했습니다. 본인에 대한 처우와 상관없이 언제나 국가를 살피고 백성을 걱정하던 인물이었습니다.

신에게는 아직 열두 척의 배가 있나이다

하지만 현장에 와보니 원균의 패전 이후 무너진 조선 수군은 일본군과 맞서기에는 병력도 물자도 너무나 부족했습니다. 남아 있는 배는 겨우 열두 척이었고요. 선조는 수군의 전력이 너무 약하니 권율의 육군과 합쳐 부대를 재편하라는 명령을 내립니다. 하지만 이순신은 또 한번 항명을 하죠. 가슴이 뜨거워지는 그 유명한 항명은 이렇습니다.

> 임진년부터 5~6년에 이르는 동안 적이 감히 양호兩湖, 충청과 전라 지방에 쳐들어오지 못한 것은 주사舟師, 수군로 그 바닷길을 막아낸 때문이옵니다. 지금 신에게 아직 열두 척의 전선이 있으니, 죽을힘을 다하여 막아 싸운다면 능히 대적할 방책이 있사옵니다. 이제 만일 주사를 모두 폐지하신다면 이는 적이 다행하게 여기는 바일 것이며, 호남 해안으로부터 한강까지 일격에 진격할 것인즉, 이는 신이 가장 두려워하는 바입니다. 전선이 비록 적다고 하더라도 미신微臣, 미천한 신이 죽지 아니한즉, 적이 감히 우리를 가볍게 여기지 못할 것이옵니다.
>
> _이순신의 장계, 『이충무공전서』, 1597년(선조 30) 9월

'겨우 열두 척밖에'가 아니라 '아직 열두 척이' 남아 있다는 희망과 자신감으로 무장한 결연한 의지는 누구도 막을 수가 없었습니다. 만약 이순신마저 남해에서 일본군을 저지하지 못한다면 일본 수군은 그대로 서해까지 밀고 올라가 경기 지역을 점령한 후, 한강을 통해 상륙과 보급을 해결하며 완전히 한반

도 이남을 장악할 수 있었기 때문에 이순신의 역할에 조선의 운명이 달려 있었죠. 이순신은 전력을 보강해 일본에 대항할 준비를 하고, 일본군을 막을 수 있는 마지막 보루로 명량해협을 점찍습니다.

이곳이 지금의 진도 앞바다인데요, 다리가 놓여 있을 정도로 육지와 섬 사이가 좁습니다. 따라서 적은 병력으로도 대군을 막기가 용이했죠. 하지만 지리상의 이득을 취한다 해도 전력의 열세는 분명했어요. 이순신의 배는 기존 열두 척에서 한 척이 늘어난 열세 척에 불과했거든요.

그렇지만 승부는 피할 수 없이 다가왔습니다. 명량해협에서 133척의 배에 올라탄 일본군과 이순신이 이끄는 13척의 조선 수군이 맞붙었는데요, 처음엔 겁에 질린 조선군의 배가 한 척도 움직이지 못해 앞장선 이순신이 탄 배만 133척의 일본 군함과 전투를 벌였습니다. 곧이어 이순신의 호령에 정신을 차린

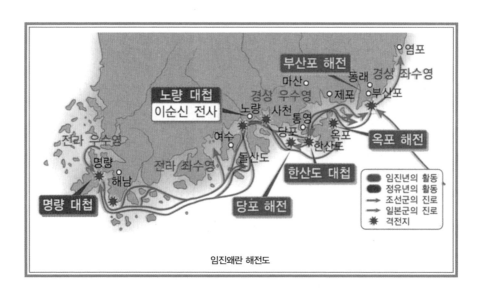

임진왜란 해전도

부하 장수들이 전진하여 이순신을 지원했고, 전투중에 일본군 대장이 죽어 그의 목이 조선 수군의 돛대에 걸리는 일이 벌어지면서 일본군의 사기가 급격히 떨어집니다. 그 기세를 밀고 나가 불과 13척이 133척의 배를 격파하는 역사적인 명량대첩이 이루어지죠. 명량대첩의 숨겨진 비밀 중 하나는 이순신의 위장 전술인데요, 이순신은 군함 13척 뒤에 수백 척에 달하는 백성들의 고깃배를 세워 상대를 기만했습니다. 이에 속아 조선 함선의 수가 적지 않다고 생각한 일본군은 함부로 전격적인 공격을 할 수 없었고요. 과연 전략의 천재다운 기발한 발상입니다(190쪽 명량대첩 해전도를 참조해보세요).

이순신의 활약으로 조선과 명나라가 반격의 기회를 마련할 때쯤, 일본 본국에서는 도요토미 히데요시가 병사^{病死}하며 전쟁을 그만두라는 유언을 남깁니다. 이에 일본군은 급히 후퇴하는데, 물러가는 적을 굳이 공격할 의사가 없었던 조선군과, 일본군에게 뇌물을 잔뜩 받은 명나라 장군은 허겁지겁 후퇴하는 일본군을 추격하지 않았습니다. 오직 한 사람, 이순신만 달랐죠. 우리 국토를 유린한 적군을 놓아줄 수 없다며 통수권을 가진 명나라 장군의 반대를 무시하고 추격에 나섭니다. 그리고 마지막 전투가 된 노량해전에서 무수한 적선을 격파하는 전공을 올리던 도중, 이순신은 적의 흉탄에 맞아 생을 마감하게 되죠. 이순신의 죽음을 접한 수많은 군병과 백성이 오열하였으나, 선조의 반응은 냉담하기만 했습니다. 임금은 그저 "알았다"는 짧은 말로 보고에 답합니다.

전쟁의 종료
이순신의 죽음과 함께 정유재란도 끝이 납니다. 그러나 수많은 전공을 세운 후 마지막 순간에 세상을 떠난, 마치 영화와도 같은 이순신의 죽음이 너무나 안타깝고 원통해서였을까요? 일부에서는 이순신이 자살한 것 아니냐는 설이 돌기도 했습니다.

이순신은 적의 총탄에 맞아 죽었다고 알려져 있죠. 임진왜란 당시 의병장 김덕령의 활약을 다룬『김충장공유사』라는 책을 보면 이순신이 갑옷을 벗고 적탄에 맞아 죽었다고 적혀 있거든요. 전쟁중에 그는 왜 갑옷을 벗었을까요? 죽기를 작정하지 않는 이상 전장에서 장수가 굳이 갑옷을 벗을 이유가 없을 텐데 말이죠. 전쟁에서 살아 돌아가봤자 어차피 선조의 손에 죽을 것임을 알았던 이순신이 차라리 전장에서 죽는 길을 택했던 것일까요? 하지만 이러한 기록은 이순신이 죽은 후 거의 100년이 지난 뒤에 만들어진 것입니다. 더구나 이순신에 대해 기록한 책이 아니라 김덕령이라는 의병장의 행적을 기록한 책이에요. 따라서 이 책에 언급된 내용을 그대로 믿긴 어려울 것 같습니다.

이순신의 조카인 이본이 쓴 글에 따르면 총에 맞은 이순신이 "전쟁이 시급하니 내 죽음을 알리지 말라"고 했다는데요, 이토록 나라의 안위와 전쟁을 걱정하던 이순신이 전투 도중 스스로 갑옷을 벗고 일부러 총에 맞았다는 건 신빙성이 떨어지는 이야기라고 봐요. 아마 이순신의 죽음을 안타까워하고 믿고 싶지 않았던 사람들에 의해 구전처럼 떠돌던 소문이 후대에까지 전해져 기록된 것이 아닐까 생각해봅니다. 그만큼 백성들이 이순신을 존경했다는 걸 증명해주는 일화라고 할 수 있겠죠.

한편 전쟁이 끝나면 세자에게 왕위를 물려주고 물러나겠다고 아홉 번이나 공언했던 선조는 전쟁이 끝난 후에도 물러나지 않고 죽는 날까지 왕좌를 지켰습니다. 전공戰功을 따지면서는 명나라의 공을 최우선으로 치고, 목숨을 바쳐 국토를 지킨 이순신과 수많은 의병의 공은 인정해주지 않았어요. 이는 자신과 관군의 무능을 나라 전체의 무능으로 돌리면서 그저 중국의 힘으로 외적을 물리쳤다고 믿고 싶어했던 선조의 이기심에서 비롯된 행동이죠.

이후 조선 조정의 명을 숭상하고자 하는 의식은 더욱 강해져 조선 후기 숙종 때는 중국 황제나 관운장중국 삼국시대 촉나라의 무장 관우. 『삼국지연의』에서 충신의 전형으로 등장했고, 송대 이후로 중국 민간신앙의 대상이 되기도 했다처럼 중국에서 숭상하는 인물의 사당을 조선 땅에 만들어 제사를 지내기도 했습니다. 이렇게 전혀 반성하지 않고 자리 지키기에 급급했던 선조의 행태는 『조선왕조실록』에서마저 신랄하게 비판하고 있죠.

엇갈리는 동아시아 3국의 운명

마지막으로 임진왜란과 정유재란이 이후 동아시아 정세에 미친 영향을 정리해보겠습니다. 명나라는 임진왜란으로 직접적인 피해는 입지 않았지만 7년에 걸쳐 원군을 파병하면서 군사력을 소모한 끝에 국가 기반이 흔들렸고, 결국 멸망의 길을 걷게 됩니다. 임진왜란이 지속되는 동안 힘을 키운 여진족이 명나라를 몰아내고 청나라를 세우게 되죠.

조선은 나라의 문을 닫지는 않았으나 동아시아 강대국의 위치에서 확실히 내려왔다고 볼 수 있겠습니다. 오랜 전쟁 속에 국토는 황폐해졌고, 수많은 문화유산을 잃었으며, 일본군의 조직적인 학살로 인구가 크게 줄어들었지요. 게다가 전쟁 피해를 복구하는 과정에서 나라의 근본 체제마저 무너지게 됩니다. 나라를 지키지 못한 성리학자들에 대한 신뢰가 땅에 떨어지자, 집권층은 예학이라는 학문을 연구해 더욱 엄격한 성리학 사회를 유지하려 했습니다. 하지만 이와는 모순되게 전쟁 후의 재정적 위기를 타개하기 위해 돈이나 재물을 주고 양반 신분을 살 수 있는 공명첩, 납속을 발행하죠. 이로 인해 일반 평민은 물론 천민들까지 쉽게 양반이 될 수 있었고, 양반의 수가 급속히 늘어나 조선을 지탱해오던 신분제의 근간이 흔들리고 맙니다. 조선 후기에는 양반의 수가 인구의 70퍼센트까지 차지하는 지역도 있었다고 합니다.

이에 반해 전쟁에는 패했지만 본토는 아무런 피해도 입지 않은 일본은 임진왜란을 계기로 크게 발전합니다. 또 일본은 전쟁중에 선진국 조선의 문화와 기술을 여러 가지 훔쳐가 흡수하는데요, 이때 상당수의 조선 장인과 학자 들을 잡아갔습니다. 일반 백성들도 노예로 많이 끌려갔고요. 그중에서도 특히 도자기를 만드는 도공들을 데려가 도자기 제작을 장려했고, 그렇게 조선의 기술로 만든 도자기를 유럽에 팔아 부를 축적했습니다. 조선으로부터 수입한 성리학과 문화를 중심으로, 일본은 문화 발전의 토대 위에서 빠르게 정치적 안정을 꾀할 수 있었습니다.

임진왜란은 결론만 보면 조선이 승리한 전쟁처럼 보이나, 이는 정말이지 상처뿐인 영광에 지나지 않습니다. 전쟁으로 인해 국토는 황폐해졌고, 임진왜란 중에 드러난 갖가지 병폐와 사회 모순을 해결해야 하는 과제들이 놓여 있었습니다.

간혹 임진왜란으로 인해 근대로 가는 기회가 좌절되었다고 보는 분들도 있습니다. 그러나 임진왜란은 일본이 조선을 침략하기 위해 벌인 침략 전쟁이었습니다. 전쟁에 대한 책임을 피해 국가에 돌리고, 조선이 약했기 때문에 전쟁이 발생했다는 논리는 가해 국가 혹은 강대국에 의한 전쟁을 합리화하려는 변명일 뿐입니다. 일제강점기도 마찬가지였죠. 발전하지 못했거나 약했기 때문에 치욕스러운 역사를 경험하게 된 것이 아니라, 다른 국가에 대한 침략 전쟁 자체가 잘못된 것입니다.

물론 전쟁의 과정에서 드러난 조선 조정의 모순과 불합리함은 반성해야 하는 역사로서 기억해야 합니다. 그러나 우리가 임진왜란에 대해 조금 더 정확히 이해하기 위해서는 이 전쟁의 본질이 침략이었다는 것을 인식해야 합니다. 그래야만 침략 전쟁에 직면한 조선에서 어떠한 대응을 했는지, 그리고 침략 전쟁으로 인해 그 이후의 사회가 어떻게 달라졌는지를 알 수 있겠죠?

3·1운동(1919.3.1)   거족적인 규모의 독립만세운동. 국내의 종교 지도자와 지식인, 학생 들이 중심이 되어 서울에서 「독립선언서」를 낭독하는 것을 시작으로 전국과 해외로 확산되어 우리 민족의 강한 독립 의지를 만방에 알렸다.

그곳에 학생들이 있었다, 3·1운동

흔히 청소년기를 질풍노도의 시기라고 합니다. 빠른 바람과 거친 파도의 시기, 매우 혼란스럽고 방황하는 때라는 의미로 많이들 그렇게 부르지요. 제가 학생들을 가르치며 알게 된 사실은 이렇게 이리저리 흔들리던 청소년들이 마침내 어떤 목적을 찾으면 무서울 정도로 달려간다는 거예요. 그도 그럴 것이, 알 수 없는 무언가를 찾기 위해 혼란스러운 시기를 보내다가 드디어 목적지를 발견하면 얼마나 반갑겠어요. 앞뒤 잴 이유가 없는 거죠. 그래서 저는 질풍노도의 시기를 뜨거운 열정이 잠재한 폭풍 전야의 시기라 생각합니다. 지금 소개해 드릴 역사적 사건도 이 뜨겁고 열정적인 청소년들에 관한 이야기입니다.

제가 3·1운동 이야기를 꺼내기에 앞서 청소년들, 즉 학생들을 언급한 이유는 실제로 3·1운동의 도화선을 당겨 터뜨리고 운동을 이끈 주역에는 민족대표 33인 말고도 학생들이 있기 때문입니다. 민족대표 33인으로 인해 시작된 3·1운동의 불씨가 학생들을 통해 전국 각지로 퍼져 나가게 된 것이죠. 지금의 학생들과 처한 입장과 환경이 많이 달랐다고 해도, 불과 10대였던 청소년들이 이뤄낸 것이 그 위대한 3·1운동이라 생각해보면 새삼 놀랍고 대견한 마음이 듭니다.

만세운동의 배경

먼저 3·1운동이 일어난 배경을 살펴보겠습니다. 3·1운동이 벌어진 1919년은 일제에 국권을 빼앗긴 지 10년째 되던 해였습니다. 무단통치_{일제가 국권 강탈 후 헌병으로 치안을 유지하며 우리 민족을 무력으로 다스린 통치}라는 살벌한 상황 속에서 전국 단위의 만세운동이 벌어졌다면 뭔가 계기가 있었겠죠? 1918년에 제1차 세계대전이 끝나고 승전국들은 앞으로 또다시 벌어질 전쟁을 방지할 새로운 국제 질서를 고민하고 있었습니다. 이에 1919년 1월 파리에서 열린 회의에서 미국 대통령 윌슨이 '민족자결주의'를 제창해요. 민족자결주의의 요지는 제1차 세계대전의 원인이 강대국들이 무분별하게 식민지를 확장하는 과정에서 벌어진 갈등이었음을 지적하면서, 이런 식민주의를 버리고 약소민족이 자립할 수 있게 유럽의 열강으로부터 해방하자는 것이었습니다.

이런 발언의 맥락으로 볼 때 식민지에서 독립하고자 하는 약소민족 중에 우리 한민족이 포함된다고 해석할 여지가 충분했습니다. 아직 힘은 없지만 강대국 지도자들이 나서준다면 외교를 통한 독립을 시도할 수 있겠다는 희망을 얻은 거죠. 이 흐름을 타고 1919년 2월 8일에 일본 도쿄 YMCA 회관에서 재일조선인 유학생들이 조선청년독립단이라는 조직을 결성해 만세운동을 벌입니다. 이 운동은 나중에 2·8독립선언이라고 명명됩니다. 이 선언문을 쓴 사람이 그 유명한 이광수입니다. 나중에 친일파로 변절하지만요.

> 전숙조선청년독립단은 아我 2000만 조선 민족을 대표하여 정의와 자유의 승리
> 를 득得한 세계 만국의 전前에 독립을 기성하기를 선언하노라. 4300년의 장구한
> 역사를 유有하는 오족吾族은 실로 세계 최고 문명 민족의 하나이라 (……) 일본이
> 나 혹은 세계 각국이 오족에게 민족자결의 기회를 여與하기를 요구하며 만일
> 불연不然하면 오족은 생존을 위해 자유행동을 취하여 오족의 독립을 기성하기
> 를 선언하노라.

만세운동 이전인 1월 중순 송계백이라는 학생이 「2·8독립선언문」 초안을
숨겨 조선에 들어옵니다. 당시에는 온몸을 샅샅이 수색하는 삼엄한 검문이 이
루어졌는데, 이때 송계백은 기지를 발휘하여 「독립선언문」 초안을 적은 비단 수
건을 돌돌 말아 학생들이 쓰고 다니던 사각모 챙 속에 숨겨 들어옵니다. 송계
백은 독립운동가이자 교육가로서 당시 중앙학교 교사로 있던 현상윤을 찾아가
초안을 보이며 학생들의 거사 계획을 알립니다. 이에 감동한 현상윤은 중앙학
교 교장이었던 송진우와 친구인 최남선에게 이 사실을 알리고, 그들은 함께 민
족대표였던 최린을 찾아갑니다. 그리고 최린이 최종적으로 이것을 동학의 제
3대 교주이자 민족대표였던 손병희에게 전달하죠. 이를 본 손병희는 "일본의
심장부인 동경에서도 어린 학생들이 저렇게 독립운동을 준비하는데 우리도 가
만히 있을 수 없다"고 하며 국내 독립운동을 논의합니다. 결국 손병희와 최남
선 등이 뜻을 모아 「기미독립선언서」「3·1독립선언서」 초안을 쓰고, 당시 보성중학교
교내 인쇄소인 보성사에서 비밀리에 선언문과 태극기를 인쇄해 만세 시위를 벌
이기로 결의하죠.

오등吾等은 자玆에 아我 조선의 독립국임과 조선인의 자주민임을 선언하노라. 차此로써 세계만방에 고告하야 인류 평등의 대의를 극명克明하며, 차此로써 자손만대에 고誥하야 민족자존의 정권正權을 영유永有케 하노라. (……)

우리는 이에 우리 조선이 독립한 나라임과 조선 사람이 자주적인 민족임을 선언하노라. 이로써 세계 모든 나라에 알려 인류가 평등하다는 큰 뜻을 똑똑히 밝히며, 이로써 자손만대에 일러 민족의 독자적 생존의 정당한 권리를 영원히 누리도록 하노라. (……)

시위를 하는 이유는 분명했습니다. 해외 열강이 약소민족의 독립을 지원한다고 했어도 정작 그 약소민족이 독립 의지가 있는지는 확인할 길이 없었죠. 그렇기에 평화적 시위를 통해 조선이 독립하고자 한다는 걸 전 세계에 확실히 보여주자는 것이었어요.

규모 있는 시위를 하기 위해서는 철저한 사전 계획이 필요했고 조직적으로 움직여야 했는데, 이게 쉽지가 않았습니다. 일제강점기에 일본이 우리나라를 통치하던 방식은 여러 가지가 있었는데, 1910년대는 무력을 앞세운 무단통치 시기였어요. 거리에 헌병을 배치해놓고 조선인 세 명만 모여 수군거려도 달려들어 함부로 때리거나 가둬버렸죠. 집회, 결사의 자유가 없었기에 조선인들이 모이는 것 자체가 불가능했습니다. 유일하게 합법적인 모임은 학교와 교회뿐이었어요. 그랬기 때문에 전국적인 조직망을 갖춘 종교인들과 학생들이 독립운동을 주도할 수 있었던 것입니다. 민족대표 33인의 면면을 따져보면 모두 종교 지도자들이에요. 손병희를 중심으로 한 천도교東學 15명, 이승훈이 중심이 된 기독교가 16명, 한용운과 백용성 2명이 참여한 불교 지도자까지 합쳐 총 33명이 된 거죠. 이들이 일본 헌병의 눈을 피해 대대적인 만세운동을 벌일 계획을 세웁니다.

날짜가 3월 1일로 정해진 것은 당시 민족 대표 33인 회의의 결과예요. 1919년 1월 21일 조선의 임금이었던 고종이 사망했어요. 황제의 장례를 치르기 위해 전국 단위로 사람들이 몰려들고 있었습니다. 3월 3일, 인산일^{장례일}을 거삿날로 잡자는 의견이 있었지만 황제에 대한 불경이라는 천도교의 주장 때문에 3월 2일로 정하려 했죠. 그런데 3월 2일은 일요일이었던지라 안식일을 피해야 한다는 기독교계의 주장이 있어 3월 1일 토요일로 날짜가 정해졌고, 장소는 유동인구가 가장 많은 종로의 탑골공원^{파고다공원}으로 확정됩니다.

드디어 밝아온 운명의 날

운명의 3월 1일이 다가왔습니다. 원래의 계획은 이랬습니다. 민족대표와 학생들이 정오에 탑골공원에서 만나 민족대표 측이 「독립선언서」를 낭독하면 학생들이 사람들에게 선언문과 태극기를 나눠주며 함께 만세를 부르는 것이었죠. 학생들은 그날 일찍 나와 민족대표를 기다리고 있었는데 약속 시간이 지나도 민족대표들이 현장에 나타나질 않았어요. 왜 나타나지 않았을까요? 자칫 일이 걷잡을 수 없이 커져 인명 피해가 발생할 상황을 우려했던 건 아닐까요?

그럼 정오가 지난 그 시간에 민족대표들은 어디에 있었을까요? 그들은 약속 장소인 탑골공원으로 가다가 방향을 돌려 인근에 있던 고급 요리주점 태화관이라는 곳으로 향합니다. 그리고 일행 중 한 사람인 최린이 태화관 사장 안순환을 시켜 총독부에 전화를 걸어 민족대표 일동이 독립선언식을 거행한 후 축배를 들고 있다고 통고하게 합니다. 일종의 '자수'를 한 셈이죠. 앞서도 언급했듯, 민족대표들은 학생들의 참여로 인해 인명 피해가 발생할까 우려했던 것 같습니다. 3·1운동의 목적은 우리 민족이 독립할 의지가 있다는 것을 일제와 세계만방에 알리는 것이었으므로, 무고한 희생이 발생하면 안 된다는 생각이었거든요. 그래서 그들은 나라를 잃은 우리 민족을 대변하여 우리의 독립 의지를 알리고 스스로 일제에 자수함으로써 모든 책임을 지려고 한 것이라고 추측해봅니다.

이 소식을 들은 일본 경찰은 즉각 80여 명의 경찰대를 파견하였고, 곧 태화관은 포위됩니다. 이때 민족대표들은 독립을 선언하는 한용운의 간단한 식사를 들은 후, 그의 선창으로 대한독립만세를 제창한 뒤 스스로 일본 경찰에 연행되었습니다. 그렇다면, 이렇게 민족대표들이 연행되어버리고 난 후, 3·1운동의 불씨는 누구에 의해 활활 타올랐던 것일까요?

같은 시각, 탑골공원

탑골공원에 모여 있던 학생들은 아무리 기다려도 민족대표들이 오질 않자 어찌할 바를 모르고 있었습니다. 그런데 갑자기 한 용기 있는 학생이 단상으로 뛰어올라가 「독립선언서」를 낭독합니다. 이에 사람들이 모여들기 시작했고, 학생들은 힘을 내 가지고 있던 선언문과 태극기를 군중들에게 나눠주지요. 예상치 못한 일이었지만 사람들의 울분은 그 자리에서 곧바로 폭발했습니다. 그동안 일제의 압제에 짓눌려 있던 설움과 고종의 죽음이 불러온 슬픔까지 더해져 수많은 사람이 목이 터져라 만세를 부르기 시작한 것이죠. 이에 일본 경찰이 총을 쏘고 칼로 찔러대며 무자비하게 진압을 시작합니다. 경찰들이 휘두른 칼에 오른팔이 잘리니 왼손으로 태극기를 들고, 왼팔마저 잘리니 급기야 입에 태극기를 물고 흔들었지요. 그날의 만세는 그렇게 처절하고 또 간절했습니다.

독립을 외치며 스러져간 국민들

3·1운동은 크게 3단계로 나눌 수 있습니다. 서울에서 학생들 주도로 시작되어[1단계], 상인과 노동자가 합류하면서 중소 도시로 번지고[2단계], 뒤이어 농민들까지 가세하여 무장투쟁으로 발전합니다[3단계]. 3·1운동의 규모를 살펴보면, 당시 만세 시위에 참가한 인원은 당시 우리나라 추정 인구 1700만 명 중 총 200만여 명이며 일본 군경에 살해당한 사람은 7500여 명, 부상자는 1만 6000여 명, 체포된 사람은 4만 7000여 명이었고, 헐리고 불탄 민가가 720여 호, 교회가 50여 개소, 학교가 2개소였습니다. 집계된 수보다 집계되지 않은 수가 훨씬 더 많을 것입니다. 그렇게 많은 국민이 나라의 독립을 외치다가 희생당한 것입니다. 이후 3·1운동은 국내뿐

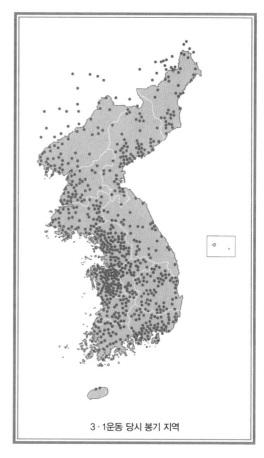

3·1운동 당시 봉기 지역

제암리 학살 현장

아니라 국외로도 번져나가 일본, 만주, 연해주, 미주 등 해외 곳곳에서 만세 시위가 일어났습니다.

이때 우리가 절대 잊어서는 안 되는 제암리 학살이라는 끔찍한 사건도 벌어집니다. 1919년 4월 15일, 일본 군경이 만세운동이 일어났던 경기도 화성군 제암리에서 마을 사람 30여 명을 교회로 불러모읍니다. 그러고는 출입문과 창문을 잠근 후 집중사격을 퍼부어 무고한 민간인들을 마구 학살하죠. 아기만은 살려달라는 부녀자의 외침에도 불구하고 그 아기마저 잔혹하게 찔러 죽였다고 하니, 그 잔혹함에 치가 떨립니다. 그것도 모자라 교회에 불을 질러 총격에서 살아남은 사람들까지 모두 죽이고, 모든 증거도 없애버려요. 여기에 더해 부근의 민가도 서른한 채나 방화하여 많은 사람을 죽입니다. 일제의 이 같은 만행에 분노한 선교사 스코필드는 현장으로 달려가 그 참혹한 광경을 그대로 사진에 담아 보고서를 작성, 미국으로 보내 여론화하기도 했습니다. 일본이 조선의 민간인에게 저지른 만행 중 대표적인 것으로 꼽히는 사건입니다.

유관순, 옥중에서 만세를 부르다

3·1운동 하면 떠오르는 대표적 인물이 유관순이죠. 당시 이화학당에 다니

이화학당 시절 유관순 뒷줄 맨 오른쪽이 유관순 열사

고 있던 유관순은 열일곱 살에 불과했습니다. 교장의 만류를 뿌리치고 학생 시위 결사대를 조직해 만세 시위에 참가했고, 일제의 탄압으로 학교가 임시 휴교하게 되자 고향인 천안으로 내려가 대규모 만세운동을 추진합니다.

1919년 4월 1일, 충남 천안군 병천면 아우내 장날. 유관순은 시민들에게 밤새 만든 태극기를 나눠주며 용기를 북돋고, 단상에 올라가 열띤 연설로 만세운동의 열기를 고조했습니다. 그렇게 시위가 무르익어갈 때쯤 일본 헌병들이 달려들어 무자비한 진압을 시작했고,

유관순 열사의 서대문형무소 수형자 기록표

유관순은 눈앞에서 일본 헌병들의 총검에 부친과 모친을 모두 잃은 채 결국 천안헌병대로 압송되고 맙니다.

그녀는 갖은 고문을 당하면서도 처음부터 끝까지 자신이 시위 주동자라고 말하며 죄 없는 사람들을 석방하라고 호통칩니다. 또한 법정에서도 "너희가 우리 땅에 와서 우리 동포들을 수없이 죽이고 나의 아버지와 어머니를 죽였으니 죄를 지은 자는 바로 너희들이다. 우리가 너희에게 형벌을 줄 권리는 있어도 너희는 우리를 재판할 그 어떤 권리도 명분도 없다"라고 하며 일제에 굴하지 않는 당당함을 보였습니다. 이후 여러 감옥으로 이감되던 그녀는 온갖 탄압에도 불구하고 옥중에서 만세를 불렀으며, 결국 서대문형무소 지하 감방에 감금되어 무자비한 고문을 당하다가 그로 인한 장독^{杖毒}으로 1920년 9월 28일, 열여덟 꽃다운 나이로 순국하고 말았습니다.

3·1운동, 일제의 통치 방식을 바꾸다

이런 엄청난 희생을 치른 3·1운동은 일본의 식민 지배와 우리나라 독립운동에 상당한 영향을 줍니다. 3·1운동에 충격을 받은 일본은 힘으로 조선을 통치하던 방식에서 벗어나 민족의 정신을 현혹하는 문화통치^{3·1운동 이후 한민족의 문화와 관습을 존중하며 한국인의 이익을 위한다는 표면상 명목으로 시행한 일본의 식민 통치 방식}로 방향을 바꿉니다. 또한 3·1운동은 대한민국 임시정부 수립이나 국외 무장투쟁 활성화에 직간접적인 영향을 끼쳤고, 나라 바깥으로는 당시 일본의 제국주의에 위협을 느끼던 중국과, 영국의 식민 지배하에 있던 인도에까지 그 정신이 전해집니다. 중국의 5·4운동이나 간디의 비폭력·불복종운동은 3·1운동의 영향을 받은 대표적인 사건입니다.

　이런 거대한 흐름의 중심에는 어린 학생들의 용기와 희생이 있었지요. 돌이켜보면 이제까지 한국 근현대사에서 2·8독립선언, 3·1운동, 6·10만세운동, 광주학생항일운동, 4·19혁명, 5·18민주화운동, 6월민주항쟁 등 굵직굵직한 일들을 감당해온 건 모두 학생들이었습니다. 젊은이의 힘이 우리나라 역사를 이끌어온 것이죠. 그들이 중심이 되어 우리나라를 광복으로 이끌고 민주화를 이뤄낸 것입니다.

　중요한 건 그들의 나이가 아니라 스스로를 조국의 일원이라 생각하고 민족을 위해 몸을 던져 뛰어들게 했던 열정이었습니다. 아직 나이가 어리다는 이유로, 혹은 너무 많다는 이유로, 그것은 어른들이, 아니면 젊은이들이 해야 하는 일이라고 회피하고 눈감아버린 적은 없었나요? 가치 있고 소중한 일이라면, 주저하지 말고 용기를 내봅시다. 모두가 망설일 때 단상 위로 뛰어올라가「독립선언서」를 읽었던 그 이름 모를 학생처럼 말입니다.

6·25전쟁(1950~1953) 1950년 6월 25일 북한의 남침으로 발발하여 3년 1개월간 계속된 한국전쟁. 어느 한쪽의 승자도 없이 휴전 상태로 마무리되었다. 한민족의 분열과 대립을 심화하고 분단 체제가 강화된 결정적인 계기이다.

누가 방아쇠를 당겼는가? 민족의 비극 6·25전쟁

우리는 6·25전쟁을 민족상잔^{民族相殘}의 비극이라고 부르죠. 같은 민족끼리 싸우는 것을 민족상잔이라고 하는데요. 싸움이 생겼다면 먼저 싸움을 건 사람이 있겠죠. 북한과 남한 중 어느 쪽이 싸움을 걸었나요? 네, 맞습니다. 북한의 선제공격으로 6·25전쟁이 시작되었습니다. 교과서에서는 북한의 '남침'이라고 설명하고 있지요.

그렇다면 왜 이렇게 북한이 먼저 공격했다고 강조해서 이야기하는 걸까요? 생각해보면 간단합니다. 전쟁이라는 것은 무력을 동원하여 평화적인 상태를 깨는, 현대 사회에서는 있어서는 안 될 폭력적인 행위이죠. 전쟁을 함으로써 발생하는 막대한 손해와 인명 피해에 대한 1차적인 책임은 먼저 전쟁을 시작한 국가에 있을 수밖에 없습니다. 6·25전쟁도 마찬가지입니다. 당시의 남북한이 서로 적대관계에 놓여 있었다고 해도, 선제공격을 통해 우리 민족의 역사에 씻을 수 없는 상처를 남긴 가장 큰 책임은 당시 전쟁을 수행한 북한 지도부에 있는 것이지요.

전쟁의 배경

그럼 6·25가 왜 일어났는지부터 알아보도록 합시다. 당시 남한 정부는 이승만 정권이었습니다. 이승만 정권은 집권 초기부터 여러 가지 문제를 드러내고 있었어요. 이승만이 대통령으로 취임할 당시 좌익세력과 일부 우익세력들은 그를 신뢰하지 않았습니다. 그럼에도 불구하고 미국이 배후에 있다는 장점으로 대통령이 되었으니 지지 세력이 취약할 수밖에 없었죠. 얼마나 취약했느냐면 제2대 국회의원 선거가 끝난 후 이승만을 지지하는 국회의원 수는 전체 의석 가운데 7분의 1밖에 되지 않았습니다. 보통 집권 여당이라고 하면 과반수를 넘기기 마련인데 말이죠.

게다가 경제도 무척 어려웠습니다. 국민은 가난했고, 수출할 만한 것도 전혀 없었죠. 돈이 생길 구석이 없었습니다. 이승만 정권 때 적자 세출 비율이 무려 60퍼센트였습니다. 세출이란 나라가 쓰는 돈을 말하는데, 세금으로 거둬들이는 돈보다 나가는 돈의 비중이 그만큼 컸다는 뜻입니다. 정부는 나라를 운영할 돈이 부족하자 대책 없이 돈을 찍어내 사용했어요. 통화량이 늘어나면서 물가는 두 배 이상 상승했고 인플레이션으로 사람들은 살기가 더 어려워졌습니다. 가치가 떨어진 돈만 있고 물자는 없는 상황이었죠.

남한이 이렇게 총체적인 어려움을 겪고 있을 때 북한은 어땠을까요? 북한을 완전히 장악한 김일성은 '민주기지론'을 내세우고 있었습니다. 한반도를 전부 공산화하기 위해 북한을 먼저 공산화 기지로 삼는다는 논리인데요, 이것은 무력 적화통일론으로 이어집니다. 김일성은 해방전쟁을 외쳤고 이에 북한은 소련에서 탱크와 자주포를 수입하는 등 차근차근 전쟁 준비를 하게 됩니다. 남한에서는 이승만이 북진통일론을 내세우며 북한의 도발에 강경대응을 하고 있었죠. 그러나 남한은 정부 수립 이후 주한 미군마저 철수하면서 병력, 장비, 훈련 면에서 매우 취약한 상황에 놓여 있었습니다.

　　이 상황에서 결정적으로 외교적 환경이 전쟁에 불을 붙였습니다. 중국공산당이 국민당과 벌인 전쟁에서 승리하면서 중국이 공산화되었습니다. 북한은 중국과 소련이라는 든든한 우군을 두게 된 것이죠. 일본은 전후 복구에 정신이 없었고 우리나라와 아예 외교가 단절된 상황이었으므로 신경쓸 필요가 없었습니다. 모든 정황이 유리한 가운데 오로지 걱정되는 건 미국 하나였죠. 이때 미국에서 '애치슨 선언'이 발표됩니다. 미국의 딘 애치슨 국무장관이 1950년 1월 12일에 미국의 극동 방위선을 정의하면서 한반도를 포함하지 않았던 거예요.

애치슨 선언 1950년 1월 12일 미국 국무장관인 애치슨은 내셔널 프레스 클럽 연설에서 미국의 방위선은 알류산열도, 일본 오키나와, 필리핀 등을 묶는 선이며, 한국은 이 방위선에서 명백히 제외되어 있다고 밝혔다. 이어 그는 한국에서 군사적 공격이 발생해도 먼저 공격받은 국민이 저항하고, 그다음에 유엔헌장에 따라 전 세계가 조치해야 할 것이라고 말했다.

북한은 애치슨 선언을 듣고 전쟁을 일으켜도 미국이 개입을 하지 않거나 설령 개입하더라도 유엔과 함께 온다면 시간이 걸릴 거라고 생각합니다. 막강한 전력으로 단숨에 한반도를 장악해버리면 목적을 이룰 수 있다는 판단을 한 거죠. 결과적으로는 오판이었지만요. 그렇게 해서 전쟁이 시작됩니다.

비극의 시작

민족의 비극은 어떻게 전개되었을까요? 1950년 6월 25일 새벽, 소련제 탱크로 무장한 북한군이 서울을 향해 진격합니다. 이날은 일요일이었습니다. 정보력이 부족했던 남한은 북한의 공격을 전혀 예상하지 못하고 있었습니다. 전력을 다해도 모자랄 판에 전쟁 하루 전인 6월 23일 24시를 기해 비상경계령이 해제되면서 많은 군인이 휴가중이었어요. 그리하여 단 나흘 만에 서울이 함락됩니다. 당시 우리 군은 북한과 달리 전차나 자주포가 없어 북한에 비해 군사적으로 열세인 상황이었습니다. 서울은 안전하다고 큰소리치던 이승만 대통령은 전쟁이 시작되자마자 대전을 거쳐 부산으로 피신합니다. 후에 부산이 임시 수도가 되죠.

북한은 거침없이 남하했지만 예상과 다르게 미국이 빠르게 움직였어요. 한반도 전체가 공산화될 경우 동아시아에서 영향력을 잃을 것이 우려된 미국은 전쟁이 시작되자마자 중지하라 경고했고, 북한이 이에 따르지 않자 유엔을 설득해 안전보장이사회의 참전 결의를 이끌어냅니다. 이 결의에 소련은 동참하지 않았고요. 그래서 전쟁 발발 한 달여 만에 16개국 연합군으로 구성된 유엔군이 미국의 맥아더를 총사령관으로 내세워 한반도로 출정합니다. 참고로 맥아더는 제2차 세계대전에서 일왕의 항복을 받아낸 인물이었습니다.

유엔군이 도착했어도 전황은 바로 달라지지 않았어요. 기세등등한 북한군은 한반도 대부분의 지역을 장악했고, 국군은 낙동강을 최후 방어선으로 삼아 유엔군과 함께 치열한 전투를 벌이고 있었습니다. 이때 그 유명한 인천상륙작전이 등장합니다. 정면 승부가 어렵다고 본 맥아더가 인천으로 병력을 돌려 북한의 후방을 치기로 한 거죠. 미국 장성 대부분이 서해의 조수 간만의 차를 우려해 반대합니다. 우리나라 서해는 밀물과 썰물의 차이가 커 밀물이 들어올 때와 썰물이 빠져나갈 때의 해안선이 많이 다릅니다. 만약 밀물이 아닌 썰물 때 상륙하면 무려 4킬로미터의 진흙 바닥을 전진해야 하죠.

그러나 맥아더는 1950년 9월 작전을 강행합니다. 결과는 대성공이었죠. 예상치 못한 공격을 받은 북한은 보급로가 끊기고 사기가 떨어지면서 전력이 약화됩니다. 인천상륙작전의 성공 이후 국군과 유엔군은 대대적인 반격을 펼칩니다. 10월 1일에 38선을 통과하고 이를 기념하기 위해 훗날 10월 1일을 국군의 날로 지정함, 11월에는 압록강과 두만강까지 올라갑니다.

현대전에 등장한 중국의 80만 대군

그야말로 통일이 눈앞에 있던 시점에 중공군 중국군이 개입합니다. 중공군이 개입한 이유는 북한이 민주화될 것을 우려했기 때문입니다. 중국공산당의 입장에서는 완충지 역할을 하던 한반도가 국군과 유엔군의 승리로 자유민주주의 체제로 돌아선다면, 언제든지 중국을 침공해 올 수 있다고 판단한 것입니다.

게다가 당시 북한과 중국공산당은 혈맹 관계였습니다. 항일 투쟁 때부터 조선 의용군을 이끌던 김두봉 같은 이들은 중국공산당도 존경하는 인사일 만큼 두 나라의 관계는 가까웠습니다. 그로 인해 중국은 파병을 결심하고, 무려 80만 대군이 참전합니다. 그 수가 얼마나 어마어마했는지 무기보다 군인이 더 많아 총을 세 사람당 한 정밖에 지급하지 못했다고 하죠. 총이 없는 군인은 꽹과리 를 치고 피리를 불면서 진격했습니다. 이들은 미 공군의 조준 폭격을 피하기 위 해 주로 야간에 움직였는데, 한겨울 개마고원의 혹독한 추위와 어둠 속에서 들 려오는 꽹과리와 피리 소리는 유엔군에겐 그야말로 공포였습니다. 여러 악조건 속에 국군과 유엔군은 남으로 밀려 1950년 12월 4일에 평양에서 후퇴하고, 1951년 1월 4일에는 서울까지 다시 뺏깁니다.[1·4후퇴] 함경도 흥남에 고립된 20만 명이 넘는 한국군과 피란민들이 미군의 지원을 받아 세계 전쟁 역사상 가장 큰 규모의 철수를 단행한 흥남철수도 이즈음 있었던 일입니다.

> 눈보라가 휘날리는 바람 찬 흥남 부두에
> 목을 놓아 불러보았다 찾아를 보았다.
> 금순아 어데로 가고 길을 잃고 헤매였드냐.
> 피눈물을 흘리면서 1·4 이후 나홀로 왔다.
>
> _현인 노래, 〈굳세어라 금순아〉 가사 중에서

그렇게 남측은 태안반도까지 후퇴했다가 다시 반격을 가했고, 전쟁은 38선 근처에서 교착상태에 빠집니다. 어느 한쪽도 밀리지 않는 접전이 펼쳐져요. 남 측은 무기와 장비 면에서 유리한 반면, 북측은 워낙 병력이 많았습니다. 특히 고지를 두고 치열한 싸움이 벌어지기 마련인데, 낮에는 유엔군이 공습을 가해 고지를 점령했다가 밤에는 중공군이 인해전술로 다시 차지하는 일이 반복되었죠. 1951년 3월부터 6월까지 이 상태가 유지되었습니다. 쉽게 승리하지 못하자 중국은 소련에 본격적인 참전을 요청합니다. 하지만 전쟁이 장기화되는 것을 염려한 소련은 휴전을 제의하였습니다.

전쟁에 지친 여러 나라는 곧장 휴전 제의를 받아들였지만 휴전은 바로 이루어지지 않았습니다. 휴전을 한다면 서로의 영토를 어디까지 할 것인지, 또한 포로 송환은 어찌할 것인지 등의 문제 때문이었지요. 게다가 전쟁에서 승리할 수 있다고 믿은 맥아더와 이승만은 휴전을 반대했습니다. 그러다가 1953년 7월 27일, 휴전 논의 2년이 지나서야 간신히 정전 협정이 체결됩니다. 그사이 수많은 군인들이 계속되는 전쟁중에 목숨을 잃었습니다.

이승만은 이 과정에서 나름의 기지를 발휘했습니다. 당시 남한에 3만 7000명 정도의 북쪽 포로가 있었어요. 원래는 정전 협상이 끝나면 북한으로 돌려보내야 할 사람들이었죠. 그런데 이승만이 자체 조사를 통해 미국의 동의도 없이 남한에 귀순할 의사가 있는 2만 7000여 명을 풀어줘버립니다_{반공포로석방}. 정전 협상을 하던 미국은 협상 테이블이 깨질 위기에 처하자 크게 난처해졌죠. 나머지 포로도 풀어줘버리겠다며 정전을 반대하는 이승만에게 미국은 어떻게 하면 자신들에게 협조할 것인지 묻습니다.

그러자 이승만은 전쟁이 끝난 후 남한에 다양한 원조를 할 것, 한반도에서 사용한 전쟁 장비와 물자를 그대로 두고 갈 것을 요구하는 한편, 미군의 일부가 남한에 남아줄 것을 요청하죠. 이것이 받아들여져 지금까지도 주한 미군이 한반도에 있는 것이고요. 정전 후인 1953년 10월 미군의 합법적인 주둔과 상호 보호를 약속한 한미상호방위조약을 체결해 미국의 남한 보호를 공식화했습니다. 이런 조치가 없었다면 북한의 공격이 다시 일어났을 수도 있었겠죠.

영원히 치유되지 못할 상처

지금까지 6·25전쟁의 시작과 끝을 알아보았습니다. 전쟁은 끝났지만 6·25전쟁은 엄청난 사상자와 피해를 남기며 우리 민족에 씻을 수 없는 상처를 주었습니다. 민간인 100만여 명, 군인 100만여 명이라는 엄청난 인명 피해를 가져왔으며, 학교 및 주요 건물 2만 2437개소, 사찰 및 교회 5236개소, 대·소 도시 50개소, 촌락 5400개소가 파괴되는 엄청난 재산 피해를 기록했습니다. 말 그대로 나라 전체가 폐허가 되었다고 봐야겠죠.

확고한 적이 된 남한과 북한의 지도층은 서로의 존재를 독재 유지의 수단으로 삼습니다. 반대파를 공산주의자로, 또는 남조선의 첩자로 몰아 제거한 후 정권을 잡는 일들이 비일비재하게 벌어졌어요. 해결되지 않은 분단은 지금까지도 무수한 안보 위기와 이념 논쟁을 가져와 나라가 하나로 뭉치는 것을 방해하고 있습니다.

한반도에서 살아가는 사람은 6·25전쟁을 일으켰다는 이유 하나만으로도 충분히 김일성을 미워하고 원망할 수 있습니다. 6·25전쟁은 명백히 실패한 전쟁입니다. 한반도를 단시간에 장악할 수 있다는 오판으로 우리 민족에 너무나 많은 상처를 남겼으니까요. 정작 김일성 자신은 책임을 지기는커녕 전쟁 실패의

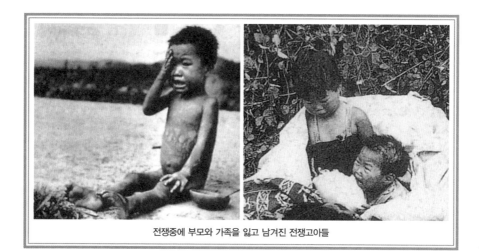
전쟁중에 부모와 가족을 잃고 남겨진 전쟁고아들

원인을 다른 이들에게 돌려 오히려 자신의 권력을 강화하는 수단으로 삼은 뒤 잘 먹고 잘 지내다 죽었습니다. 패전의 책임자로 조선인민군 제2군단장이었던 김무정을 숙청했고, 독재 체제를 구축하기 위해 남로당파 박헌영과 소련파 허가이 등을 무자비하게 제거했다 그리고 그 권력을 이어받은 손자 김정은이 지금 북한을 통치하고 있지요. 김정은이 북한에서 우상화된 자신의 할아버지를 외모부터 행동까지 따라 하고 있다는 건 많이 알려진 사실이죠. 김일성을 우상화하고 있다는 건 상당히 위험한 대목입니다. 할아버지의 선군先軍 정치군사 우선 정치를 이어가겠다는 뜻이니까요. 이런 상황이라면 한반도에서는 6·25전쟁과 같은 대규모 전쟁이 아니더라도 어떤 방식으로든 북한의 위협이 재발할 수 있는 것입니다.

그렇다면 우리는 과거의 교훈을 되짚어볼 필요가 있습니다. 6·25전쟁이 어떤 이유로 일어났던가요? 무능한 지도자와 제 역할을 못한 관료들, 미국의 지원 없이는 나라를 지키지 못하는 허약한 국력 탓에 벌어진 일입니다. 면역력이 약해지면 몸에 병균이 들어오듯, 우리 스스로 강해지지 못하고 할 일을 제대로 못하면 언제든 불행한 일을 당할 수 있는 것이죠. 역사의 비극을 되풀이하지 않는 방법은 그 비극이 일어난 과정을 답습하지 않는 것입니다. 임진왜란이 그랬고, 병자호란이 그랬습니다. 다시는 이런 비극이 일어나지 않기를, 뼈아픈 민족의 상처가 반복되지 않기를 바랄 뿐입니다.

인류에게 가장 큰 비극은
지나간 역사에서 아무런 교훈도
얻지 못한다는 데 있다.

아널드 조지프 토인비, 역사학자

4·19혁명   1960년 4월 19일, 이승만 독재 정권의 만행에 항거하여 학생, 시민의 주도로 일어난 민주주의 혁명. 시민의 힘으로 이승만의 장기 집권은 종식되었고, 첫 민주주의 혁명의 경험은 이후 민주주의 발전의 토대가 되었다.

그리 멀지 않은 이야기, 민주화 운동 1

민족상잔의 비극이었던 6·25전쟁을 지나, 우리는 본격적인 현대사의 흐름 앞에 놓이게 되었습니다. 여기서 질문 하나만 할게요. 언제부터를 '현대사'라고 부르는 것일까요? 세계사에서는 제1차 세계대전이 끝난 이후, 우리나라에서는 광복을 맞이한 이후부터를 현대사라고 구분하고 있습니다. 즉, 우리가 최근에 지나쳐온 몇 년의 세월들도 모두 현대사의 범주에 포함되며, 앞으로 살아갈 미래도 현대사로 구분될 것입니다. 그렇기 때문에 현대사 속의 여러 사건들은 과거의 이야기이기도 하지만 현재 우리와 멀지 않은 이야기이기도 합니다.

현재를 사는 우리가 전근대 사회를 살던 사람들에 비해 가장 크게 달라진 점은 무엇일까요? 아마 많은 분들이 민주주의를 이야기하지 않을까 합니다. 왕이 지배하던 시기를 지나 우리 손으로 직접 우리의 대표를 뽑는 민주주의가 현대 사회로 발전하며 이룩한 가장 큰 쾌거인 셈이죠.

그러나 민주주의는 현대에 접어들면서 자연스럽게 얻어진 것이 아닙니다. 우리나라의 경우 특히 그렇습니다. 당연하게 얻어진 것이 아니라 독재와 인권 탄압에 맞서 싸운 수십 년에 달하는 투쟁의 역사를 통해 현재의 자유로운 민주주의 사회가 자리잡을 수 있었던 거죠. 자, 그럼 그리 오래되지 않은 시기에 있었던 민주화를 향한 투쟁의 역사를 한번 살펴볼까요?

현대사와 민주주의

민주화 운동에 대해서 본격적으로 살피기 전에, 현대사와 민주주의가 어떠한 연관성을 가지고 발전해왔는지 먼저 짚고 갈 필요가 있겠습니다. 현대가 시작되면서 민주주의가 시작된 것처럼 보이지만, 사실 민주주의는 예전부터 존재하고 있었죠. 고대 그리스의 아테네처럼 시민에게 주권이 있어 직접 정치 활동에 참여할 수 있는 정치 형태를 민주주의라고 합니다. 그러나 고대의 민주주의는 여성, 노예, 외국인에게는 참정권_{정치에 참여할 수 있는 권리}을 부여하지 않는 제한된 민주주의였습니다.

근대를 거쳐 현대로 넘어오면서 모든 인간에게 똑같이 보장되어야 하는 인권의 중요성과 개개인의 평등, 자유가 강조되기 시작합니다. 특히 프랑스 대혁명을 거치며 인류가 공통적으로 추구해야 할 가치인 자유, 평등, 박애의 정신이 널리 퍼지게 되었지요. 이후로 신분제와 노예제가 폐지되고, 정치에 참여할 수 있는 권리가 여성에게까지 확대되며 오늘날의 민주주의와 민주주의 국가가 등장하게 되었습니다.

물론 민주주의를 선택하지 않는 국가들도 있습니다. 대표적으로 북한을 꼽을 수 있어요. 개개인의 자유보다 사회 전체의 이익을 중요시 여기는 체제인데, 이를 사회주의라고도 합니다. 대한민국은 정부 수립 당시부터 직접 우리 손으로 대표를 뽑는 민주주의를 국가의 체제로 선택했고, 그랬기 때문에 국가는 국민 개개인의 권리와 이익을 존중해주어야 합니다. 이것은 절대 억압되어서는 안 되는 가장 중요한 가치이기도 합니다. 그런데 민주주의 체제로 출발한 대한민국은 정부 수립 직후부터 여러 위기에 맞닥뜨리게 됩니다.

들리지 않는 민중의 목소리

일제강점기를 벗어나 막 광복을 찾은 한반도의 민중은 사실 민주주의가 무엇인지를 배울 시간이 부족했습니다. 그리고 일제의 청산 문제, 새로운 정부를 수립하는 문제, 국가의 기틀을 닦는 문제 등 크고 중요한 문제들이 산적해 있기도 했죠. 민중의 손으로 국회의원을 뽑기는 했으나, 민주주의에 대한 경험이 없으니 어떻게 해야 제대로 된 대표를 뽑을 수 있는지도 잘 몰랐을 겁니다. 국가의 체제를 잡아나가야 하는 시점에서는 6·25전쟁이라는 비극을 겪기도 했고, 전쟁 후에는 북한이라는 크나큰 외부의 적이 있는 상황이었기 때문이죠.

광복 후 대한민국 정부가 수립되고 얼마 안 되는 시간 동안, 우리는 민주주의라는 것을 제대로 경험할 기회를 갖지 못한 채로 우익과 좌익의 대립, 남북한의 분단으로 인해 여러 고통스러운 사건들을 겪게 됩니다. 이것은 제주4·3사건과 여순사건, 보도연맹保導聯盟. 전쟁 시기 발생한 최초의 집단 민간인 학살 사건 등의 양민 학살 사건으로 연결되어 많은 희생자를 낳았습니다. 개개인의 자유와 권리를 보장하는 민주주의 국가에서 발생해서는 안 될 비극이었습니다. 국가가 보호해야 할 민중에게 국가 권력이 총구를 들이댄 사건이었죠. 이런 사건이 가능하게 된 바탕에는 이승만 대통령의 독재가 있었습니다.

발췌개헌, 사사오입개헌이라고 들어보셨나요? 이승만 대통령이 자신의 권력 유지를 위해 헌법을 바꾼 사건입니다. 그런데 그 개헌은 대다수의 동의를 얻어서 적법한 과정으로 이루어진 것이 아니라 협박과 강제에 의해 부당하게 이루어진 결과물이었습니다. 자신의 뜻에 동의하지 않는 국회의원들의 통근버스를 납치하기도 하고, 모두가 보는 앞에서 일어서서 투표를 하는 기립투표 방식을 이용하기도 했습니다. 또한 국회의원 정족수의 3분의 2 이상 찬성해야 개정할 수 있는 헌법을 자신의 입맛에 맞게 반올림해서 바꾸기도 했어요. 이러한 방식으로 자신의 권력과 독재 정권을 유지해간 것입니다. 과연 거기에 국민의 뜻이 얼마나 반영되었겠습니까?

그렇다면 이승만의 독재에 대해 대중은 어떤 목소리를 냈을까요? 자유당의 이승만이 세번째 대통령 선거에 출마했던 1956년이었습니다. '못살겠다. 갈아보자!'를 구호로 내세운 민주당의 신익희 후보와 진보당의 조봉암 후보가 등장해 이승만과 접전을 벌이게 됩니다. 당시 6·25전쟁 이후 이어졌던 미국의 원조가 줄고, 폭압적인 정치가 이어지는 가운데 등장한 새로운 목소리였습니다.

이승만은 이때에도 신익희와 조봉암을 노골적으로 방해하며 개표 과정에서 표를 바꿔치기 하는 등의 부정한 방법을 동원해 세번째로 대통령에 당선되었습니다. 특히 조봉암은 이승만이 당선된 이후 국가보안법으로 사형당하기까지 했고요^{진보당 사건}. 2011년이 되어서야 무죄가 선고되어 그 신원이 회복될 수 있었습니다. 독재 정권을 유지하기 위해 조봉암뿐 아니라 많은 사람들을 북한과 내통했다는 명분으로 제거하기도 했습니다. 대한민국 현대사 속 대부분의 양민 학살이 이승만 정권기에 발생했다는 사실로 당시의 상황을 짐작해볼 수 있습니다.

또다시 부정선거, 1960년 3월 15일

세번째까지 대통령 임기를 마친 이승만은 대통령직에 네번째로 도전하게 됩니다. 이번엔 선거를 코앞에 두고 이승만의 경쟁자였던 조병옥 후보가 급사하면서 단독 출마에 확실한 당선이 보장되어 있었습니다. 그렇다면 왜 부정선거를 저지르게 된 것일까요?

이승만의 당시 나이는 85세였습니다. 현재에도 적지 않은 나이인데 당시로서는 평균 수명을 훨씬 넘긴 고령이었습니다. 그 때문에 혹시 이승만에게 무슨 일이 생길 경우를 대비해, 이승만의 권한을 넘겨받을 수 있는 부통령이 누가 되느냐가 관건이었죠. 자유당 입장에서는 반드시 자유당의 부통령 후보인 이기붕이 당선되어야만 하는 선거였습니다.

자유당은 민주당의 부통령 후보로 출마한 장면 후보의 선거운동을 드러내 놓고 방해하고, 투표일에는 여러 명의 투표자가 한 번에 들어가서 서로의 표를 확인할 수 있게 감시하는 3인조, 9인조 투표를 실시하기도 했습니다. 그리고 사전에 미리 투표함을 채워놓기도 했어요. 그러다 보니 실제 투표한 인원보다 투표함에 담긴 표가 훨씬 더 많아서 투표함을 불태우는 일도 발생했습니다. 국민의 기본권이 무참히 짓밟히는 어처구니없는 광경이었죠.

노골적인 부정선거를 더 이상 참을 수 없었던 국민들은 거리로 나서서 자유당과 이승만 대통령의 부정선거를 규탄하기 시작했습니다. 특히 마산 지역에서 대규모 시위가 발생했어요. 그런데 이 시위를 진압하고 강제 해산시키기 위해 발포된 경찰의 총알에 희생자가 발생했고, 무려 7명이 사망하는 비극이 일어났습니다. 주모자로 지목된 사람들은 공산당으로 몰려 참혹한 고문을 당하기도 했어요.

1960년 4월 11일, 경찰의 무자비한 진압과 이승만 정권의 폭압적인 행태에 극도로 실망한 국민들의 분노를 들끓게 하는 사건이 발생합니다. 3·15 부정선거를 규탄하는 시위에 참가했다 실종되었던 마산상고 김주열 군의 시신이 마산 앞바다에 떠오른 것입니다. 그것도 최루탄이 눈에 박힌 채로 말입니다.

타오르는 혁명의 불꽃

아직 어린 티를 채 벗지 못한 김주열 군의 시체가 마산 앞바다에 떠올랐을 때 그것을 목격한 사람들은 무슨 생각을 했을까요? 이후 김주열 군이 경찰의 폭력적인 진압과 발포에 의해 사망했음이 밝혀지면서 이승만과 자유당에 대한 분노는 극에 달할 수밖에 없었습니다. 경찰이 시위대를 향해 총격을 퍼부었지만 국민들은 이에 굴하지 않고 한목소리로 이승만 대통령의 퇴진을 강력히 요구했습니다.

그러나 이승만은 별다른 해명 없이 김주열 군의 사망이 공산주의자들에 의한 것이라고 하면서 젊은 청년들이 선동으로 인해 폭동에 가담하게 된 것이라는 취지의 담화를 발표했습니다. 그리고는 폭력배를 동원하여 시위에 참가한 학생들을 습격하는 등의 일을 지속했습니다. 그러니 시민과 학생들의 지지를 완전히 잃을 수밖에 없었겠죠. 국민을 향해 써서는 안 되는 수단인 폭력을 이용하여 권력을 유지하고 있음이 분명해졌으니까요.

전국적으로 시위가 확대된 4월 19일, 서울의 거리는 학생들과 교수들, 시민들의 함성으로 가득 찼습니다. 각 대학의 학생들이 준비한 선언문은 거리 곳곳에 뿌려졌습니다. 거리를 메운 20여만 명의 시민들은 부정선거에 항의하고 이승만의 퇴진을 요구하며 경찰의

1960년 4월 서울의 거리로 쏟아져 나온 학생들과 교수들

폭압과 맞서 민주주의와 자유에 대한 외침을 굽히지 않았습니다.

서울대 4·19 선언문(1960년 4월 19일)

(…) 민주주의 이념에서 가장 기본적인 공리인 선거권마저 권력의 마수 앞에 농단되었다. 언론·출판·집회·결사 및 사상의 자유의 불빛은 무식한 전제 권력의 악랄한 발악으로 하여 깜박이던 빛조차 사라졌다. 긴 칠흑 같은 밤의 계속이다.

나이 어린 학생 김주열의 참혹한 시신을 보라! 그것은 가식 없는 전제주의 전횡의 발가벗은 나상裸像밖에 아무것도 아니다.

(…) 보라! 우리는 기쁨에 넘쳐 자유의 횃불을 올린다.

보라! 우리는 캄캄한 밤의 침묵에 자유의 종을 난타하는 타수打手의 일익—翼임을 자랑한다. 일제의 철퇴하에 미칠 듯 자유를 환호한 나의 아버지 형제들과 같이 양심은 부끄럽지 않다. 외롭지도 않다. 영원한 민주주의의 사수파死守派는 영광스럽기만 하다.

(…) 나가자! 자유의 비결은 용기일 뿐이다. 우리의 대열은 이성과 양심과 평화, 그리고 자유에의 열렬한 사랑의 대열이다. 모든 법은 우리를 보장한다.

_『(시사자료) 광복30년사』, 시사연구소 편, 세문사, 1977

경찰의 총격이 이어지고 계엄령이 선포되었지만 시민들은 시위를 중단하지 않았습니다. 4월 19일 하루 동안 전국에서 100명 이상이 사망하고 수천 명이 부상을 당하는 와중에도 이승만 타도의 외침은 끊이지 않았어요. 결국 이승만은 국민의 뜻에 굴복하여 하야 성명을 발표하고 대통령 자리에서 내려오게 됩니다.

이승만 대통령 하야 성명

나는 해방 후 본국에 들어와서 우리 여러 애국애족하는 동포들과 더불어 잘 지내왔으니 이제는 세상을 떠나도 한이 없으나, 나는 무엇이든지 국민이 원하는 것만 알면 민의를 따라서 하고자 하는 것이며 또 그렇게 하기를 원하는 것이다. (…)

첫째는 국민이 원하면 대통령직을 사임할 것이며,

둘째는 지난번 정·부통령 선거에 많은 부정이 있었다고 하니 선거를 다시 하도록 지시하였고,

셋째는 선거로 인연한 모든 불미스러운 것을 없애게 하기 위해서 이미 이기붕 의장이 공직에서 완전히 물러가겠다고 결정한 것이다.

넷째는 내가 이미 합의를 준 것이지만 만일 국민이 원하면 내각책임제 개헌을 할 것이다. (…)

_국가기록원 대통령기록관(http://www.pa.go.kr/)

4·19혁명은 그동안 경찰 권력을 이용해 민중을 폭압해온 이승만 독재 정권의 종료를 의미함과 동시에, 대한민국 정부 수립 이후 최초의 민주주의 혁명이기도 했습니다. 독재 정권을 국민의 손으로 끌어내려 민주주의 흐름을 바로잡게 되었지만, 그 과정에 많은 사람들이 희생되는 아픔을 겪었습니다. 그 때문에 4·19혁명은 국민이 겪은 승리의 경험이면서 한편으로는 다시 겪어서는 안 될 아픈 경험이기도 한 셈이죠.

대한민국 현대사에 많은 상처를 남긴 독재가 끝난 이후, 과연 우리는 민주주의 사회를 향해 얼마만큼 나아갈 수 있었을까요? 국민에 대한 폭력과 탄압은 과연 끝난 것일까요? 슬프게도 그렇지 않았습니다. 독재 권력이 민주주의 사회를 짓밟고 폭력으로 물들게 할 수 있다는 교훈이 채 잊히기도 전에 또다시 독재가 시작되고 맙니다.

또다시 시작된 독재

이승만 대통령이 하야한 후, 곧이어 치러진 대통령 선거에서 윤보선이 4대 대통령으로 당선되어 새로운 정부가 구성되었습니다. 대통령에게 모든 권한이 쏠리게 되면 독재와 같은 위험한 일이 발생할 수 있으므로, 이번에는 국무총리와 대통령이 권한을 나누는 의원내각제에 의해 정부가 구성되었죠.

의원내각제는 국회의 다수당 소속인 국무총리가 국가 행정 전반을 이끄는 형태를 말합니다. 대통령의 권한은 국가를 대표하는 외교 등으로 축소되고 실제 국가 운영은 국무총리에 의해 이루어지는 것이죠. 그렇게 해서 윤보선 대통령과 함께 국가를 운영할 국무총리가 된 사람은 바로 장면이었습니다. 그래서 이 시기의 정부를 우리는 '장면 내각'이라고 부르고 있습니다.

장면 내각 앞에는 처리할 일들이 산적해 있었습니다. 우선 6·25전쟁 이후 미국의 원조가 줄면서 원조에 의존했던 경제 구조를 바꿀 필요가 있었어요. 또한 4·19혁명 이후의 정치 개혁과 사회 안정도 이루어져야 했죠. 그동안 독재 정권에 눌려 있었던 각계각층의 목소리를 반영한 개혁 정책들이 실행되어야 했던 거예요. 그러나 장면 내각이 정면에 나서 활약할 시간은 턱없이 부족했습니다. 내각이 구성된 바로 다음 해, 5·16군사정변이 발생하고 말았으니까요.

1961년 5월 16일 새벽, 제2군 부사령관인 소장 박정희는 3천 명이 넘는 병사를 이끌고 한강을 건너 서울의 주요 기관들을 점령했습니다. 사회 혼란을 명분으로 내걸고 일으킨 사건이었죠. 이들이 내건 공약은 총 6개였습니다.

혁명 공약 6개조
① 반공을 국시의 제일로 삼고 반공태세를 재정비 강화할 것.
② 미국을 위시한 자유우방과의 유대를 공고히 할 것.

③ 모든 부패와 구악을 일소하고 청렴한 기풍을 진작시킬 것.

④ 민생고를 시급히 해결하고 국가자주경제의 재건에 총력을 경주할 것.

⑤ 국토통일을 위하여 공산주의와 대결할 수 있는 실력을 배양할 것.

⑥ 양심적인 정치인에게 정권을 이양하고 군은 본연의 임무로 복귀할 것.

공약에서부터 알 수 있듯이 현실의 가장 큰 문제인 정치 구조, 경제 문제, 북한과의 관계를 해결하겠다고 호소한 것입니다. 정변을 일으킨 군인들은 전국에 계엄령을 내리고 각종 사회단체와 국회마저 해산시켜버립니다. 그러고는 박정희를 중심으로 입법, 행정, 사법권까지 행사하는 초법적 기구인 '국가재건최고회의'를 창설했습니다. 막강한 권력을 동원해 군사정변 주체 세력의 집권을 위해 정치 활동을 억압하고 인권을 유린하는 등의 활동을 이어갔습니다.

군사정변을 이끈 박정희는 이후 대통령에 출마하여 5대 대통령으로 당선되었는데, 그 과정이 쉽지만은 않았습니다. 경쟁 후보였던 윤보선과의 득표율 차이가 1.4%밖에 되지 않았던 거예요. 아주 간신히 당선된 셈이었죠. 아무래도 군사 정권에 대한 국민들의 반발이 표심으로 나타났던 게 아닌가 싶어요. 어찌되었든 이렇게 대통령직을 시작하게 된 박정희는 이후 네 번 더 대통령에 당선되었고, 장장 18년 동안 박정희 독재 정권이 이어졌습니다.

독재 정권기인 1960년대와 1970년대는 참 바쁜 시기였습니다. 전쟁 이후의 사회를 복구하고 경제적인 안정부터 찾아야 했습니다. 최우선 과제인 나라 발전을 위해서는 이외의 다른 것들은 억압되어도 괜찮다는 사회적 분위기가 형성되었죠. 이러한 분위기에 힘입어 박정희는 대통령 연임에 성공할 수 있었습니다.

그러나 권력 유지와 공화당 5.16 군사정변 주도 세력이 창당한 정당의 집권을 위해 고무신이나 막걸리, 돈 봉투를 나눠주는 등의 부정선거가 발생합니다. 당시 헌법에서는 대통령의 재선만을 허용하고 있었는데, 박정희 대통령이 다음에도 대통령직을 이어가기 위해서는 헌법을 바꿔야 했고, 헌법을 바꾸기 위해서는 공화당 출신의 국회의원이 많은 의석을 차지해야 했던 것입니다.

노골적인 헌법 개정 시도에 학생들과 시민들이 반발했으나, 이승만 정권기와 마찬가지로 박정희 정권은 폭력적인 진압으로 시위를 일축했습니다. 결국 공화당이 중심이 되어 대통령의 3선까지 허용하는 헌법 개정이 이루어졌고, 박정희는 7대 대통령에 당선되었죠. 이번에도 부정선거에 항의하고 3선에 반대하는 많은 이들의 목소리가 아주 당연한 듯 묵살됩니다.

유신헌법 공포식

1972년 10월, 서울을 비롯한 주요 도시에 군대가 배치되고 전국에 계엄령이 선포됩니다. 국회가 해산되고 모든 정치 활동이 금지당합니다. 부정선거와 독재에 대한 시위를 주도해왔던 대학들은 아예 문을 닫게 합니다. 그리고 기존의 헌법을 폐지한 뒤, 유신헌법이라는 것을 제정합니다. 유신헌법은 대통령에게 초헌법적인 권한을 부여해 대통령이 국민의 자유와 권리를 탄압할 수 있도록 한 법입니다.

이렇게 대통령이 국민의 기본권을 제한하는 조치를 긴급조치라고 합니다. 박정희 정부 시기에는 이러한 긴급조치가 여러 차례 내려졌습니다. 특히 유신헌법과 독재에 반대하는 시위를 탄압하고 관계자들을 처벌하기 위해 취한 조치들이었습니다. 유신헌법 아래 국민들은 자유와 인권 등 민주주의 국가의 국민으로서 당연히 누려야 하는 기본권을 침해당했고, 국가의 이름으로 고문이 행해지고 폭력이 횡행하는 일이 발생하게 된 것입니다. 다시금 민주화에 대한 열망은 빗발칠 수밖에 없었겠죠.

부마항쟁의 함성

1979년. 박정희 정부의 유신 체제는 한계에 달하게 되었습니다. 반정부 인사들을 체포하고 고문하는 일이 잇달아 발생했고, 경제 불황이 찾아와 가뜩이나 빈곤한 삶을 살던 도시 노동자들은 더욱 힘들어졌습니다. 정치, 사회적으로는 폭력을 행사하면서, 경제적인 어려움에서는 뚜렷한 해결책을 제시하지 못하는 정부의 장기 집권에 불만은 커져갈 수밖에 없었습니다.

10월 16일, 부산에서 '유신정권 물러가라'는 구호를 외치는 학생들의 시위가 시작되었습니다. 학생 수백 명이 연행되고 100명이 넘는 사상자가 발생했습니다. 학생들의 참여로 시작된 시위에 시민들도 합세하기 시작했습니다. 이후 마산으로까지 확대되어 치열한 시위가 이어졌습니다. 부산과 마산을 중심으로 발생한 시위이기에 이를 '부마항쟁'이라고 부릅니다.

　박정희 정부는 이 상황을 대수롭지 않게 생각하다가, 점차 시위가 확대되자 강경하게 대응했습니다. 비상계엄을 선포하고 공수부대를 동원해 시위에 참가한 시민과 학생들을 가차 없이 진압했죠. 부산과 마산에서 발생한 시위는 단기간에 종료되었습니다. 그러나 곧이어 중앙정보부장 김재규가 박정희 대통령을 저격하는 10·26사태가 발생하면서 독재 정권은 막을 내리게 됩니다.

　어떻게 보면 18년간 이어진 독재 정권이 혁명 없이 저절로 무너졌다는 사실이 다소 허무하게 느껴질 수도 있겠지요. 그러나 독재 정권이 이어지는 동안 많은 사람들이 민주화를 요구하며 국민이 원하는 정권을 창출하기 위해 치열하게 투쟁해왔습니다. 그 과정에서 겪은 온갖 폭력과 고문, 감시, 억압, 그리고 무엇보다 국민의 분열은 민주주의 역사에 많은 상처를 남기게 되었습니다.

　그렇다면 독재 정권이 무너진 이후 드디어 국민들이 주권을 쥔 민주주의 사회가 올 수 있었을까요? 이 이야기는 다음 편에서 조금 더 자세히 다루어보겠습니다.

역사가들이란
같은 시대 사람들이 잊고 싶어하는 것을
전문적으로 기억하는 사람이다.

에릭 홉스봄, 역사학자

1980년 5월 광주

5·18 민주화 운동 12·12사태 이후, 군사 독재와 비상계엄 확대 조치에 항의하는 학생들의 시위를 진압하기 위해 광주에 투입된 계엄군의 유혈 진압에 저항하여 광주 시민들이 벌인 민주화 운동. 국가 권력에 의해 무고한 시민들이 희생되었으며 다시는 일어나서는 안 될 현대사의 비극 중 하나이다.

그리 멀지 않은 이야기, 민주화 운동 2

대한민국의 현대사는 오랜 기간의 독재로 얼룩져 있습니다. 혁명의 씨앗이 민주주의로 발전하지 못하고 좌절되는 일이 반복되고 있죠. 이번에도 다르지 않았습니다. 박정희 대통령이 사망하고 폭압적인 독재가 끝날 것처럼 보였지만, 또 한 번의 쿠데타로 군사정권이 들어서는 일이 발생하고 말았습니다. 바로 전두환의 신군부였습니다.

그러나 전두환의 등장은 당시 국민들의 뜻과는 전혀 맞지 않는 것이었습니다. 박정희 대통령 사망 이후 박정희 정부의 탄압을 받았던 재야인사들이 복권되고, 유신 체제가 막을 내리고 민주화가 이루어질 것이라는 기대감이 팽배해 있었습니다. 이러한 상황에서 전두환이 등장해 쿠데타로 권력을 쥐고 국민의 기본권이 제한되는 계엄령_{국가 비상시 공공질서 유지를 목적으로 군사권을 발동하여 치안을 유지할 수 있는 국가 긴급권}을 이어간다는 것은 다시 독재 체제로의 복귀를 의미하는 것이었죠.

5월, 광주의 어느 날

쿠데타를 통해 군 내부를 장악한 전두환 소장은 그 세력 범위를 정권으로까지 확대해 나갔습니다. 유신 헌법을 단행한 박정희 대통령이 사망한 후에도 국민의 기본권을 제한하는 비상 계엄령이 해제되지 않고 계속 진행되고 있었던 것이죠.

이에 전두환 퇴진에 대한 목소리가 커져, 학생들이 중심이 되어 서울을 시작으로 수만 명에 달하는 시민들이 계엄 철폐와 전두환 퇴진, 유신 잔당 청산 등을 외치며 시위를 벌였습니다. 그동안 억눌려 있었던 언론의 자유와 유신 세력에 대한 반대 여론이 터져 나온 것이지요. 이런 민중의 목소리에 대해 전두환의 신군부 세력은 어떠한 반응을 보였을까요?

전두환 소장은 계엄령을 오히려 전국으로 확대해버립니다. 국회를 무력으로 봉쇄하고 계엄군을 동원해 김대중과 같은 정치인들을 연행하고, 김영삼을 가택에 연금시키는 등 무력을 동원해서 정권을 장악하려고 했죠. 주요 도시에 계엄군을 보내 시위를 진압하도록 했습니다. 이는 헌법 질서를 무시하는 불법적 조치로서 많은 시민들의 반발을 살 수밖에 없었습니다.

특히 광주의 전남대 학생들은 당시 재야 정치인으로서 명망이 높았던 김대중의 연행과 전국으로의 계엄령 확대에 격렬하게 항의했습니다. 전두환의 신군부는 무력을 통해 시위를 진압하기 위해 광주에 공수부대를 투입합니다. 공수부대는 공중에서 낙하해 전투 지대에 투입되어 전투 작전을 수행하기 위해 훈련된 부대를 말해요. 공수부대의 주요 임무는 적 지역에서 적 부대를 격파하고, 중요 시설을 파괴하는 것 등으로, 특별한 임무를 수행하기 위해 파견하는 부대이지요. 그런 공수부대를 광주의 대학생들을 진압하라며 보낸 사람이 바로 전두환 소장이었습니다.

5월 18일 10시 무렵, 전남대를 장악한 계엄군은 시위를 위해 속속들이 모이고 있었던 전남대 학생을 막아 세웠습니다. 항의하는 학생들을 괴롭히고 이를 말리던 시민들에게도 구타를 가했죠. 사람들이 조금이라도 모이면 해산하라며 폭력을 썼습니다. 많은 시민들이 계엄군의 대응에 분노하기 시작했고, 계엄군에 조직적으로 대응하며 비상계엄 해제와 전두환 퇴진 구호를 외치는 민주화 시위를 진행했습니다.

계엄군과 대치중인 광주 시민들

시민들의 평화적인 민주화 시위에도 계엄군은 장갑차, 헬기까지 동원하며 진압을 이어나갔습니다. 계속되는 계엄군의 발포에 중상을 입는 시민이 발생했고, 영문도 모른 채 구타당해 사망한 시민들도 있었습니다. 광주 시민들은 도심으로 모여들어 계엄군의 횡포와 신군부의 행태를 규탄하고, 광주의 상황을 보도하지 않는 언론사에 찾아가 항의하기도 했습니다. 그러나 아무도 광주의 상황을 정확히 알리지 않았습니다.

고립된 광주

5월 20일, 계엄군이 광주에 파병된 지 고작 이틀이 지난 시점. 계엄군은 광주를 다른 지역으로부터 고립시켜버립니다. 전화선을 끊어 광주의 소식이 외부로 새어나가지 못하게 한 것이죠. 광주의 시민들은 계엄군의 발포와 시위 진압으로 사망자가 속출하자 분노를 금치 못하며 계엄군에 항의를 했습니다. 시민들은 계엄군이 그어놓은 저지선을 넘어 그들의 횡포에 저항했습니다. 그러나 계엄군은 항의하는 시민을 향해 발포했고, 시민들은 총탄에 맞아 하나둘 거리에 쓰러졌습니다. 계엄군의 총구는 항의하는 시민뿐 아니라 부상자를 옮기려는 시민들에게까지 향했습니다.

계엄군의 총격과 정부의 외면에 직면한 광주 시민들은 스스로 총을 확보해 무장하기 시작했습니다. 계엄군에 맞서 가족과 이웃을 지키기 위해 자신들을 '시민군'이라고 칭하고 총기부터 장갑차까지 확보하여 계엄군의 공격에 맞섰습니다. 계엄군은 전략적으로 퇴각했고, 시민군은 전남도청을 장악하는 승리를 이루어냅니다.

그러나 이 과정에서 많은 사상자가 발생했습니다. 계엄군이 광주 시민에 대해 사격을 가했고, 무장하지 않았던 시민들은 갑작스러운 발포와 공격에 제대로 된 대응을 하지 못하고 희생될 수밖에 없었던 거죠. 국가가, 또한 국민을 보호해야 하는 군인들이 국민을 상대로 폭력을 행사하고 학살하는 일이 실제로 발생할 것이라고는 그 누구도 예상하지 못했을 겁니다.

계엄군이 일시적으로 퇴각한 이후, 광주 시민들은 자체 조직을 결성하여 5월 18일부터 시작된 유례없는 폭력적인 조치에 대응하고 광주를 재정비했습니다. 거리를 치우고, 밥을 지어 서로에게 식사를 제공하며, 부상자들을 위해 헌혈하는 사람들이 줄을 이었습니다. 도청 앞에는 계엄군에 의해 희생된 시민들의 시신을 담은 관을 놓고, 분향대를 마련하여 희생자들을 애도하며 다 같이 슬퍼했습니다. 그러나 이것이 광주의 참상이 다 끝난 후의 광경이 아니었다는 점, 또다른 항쟁의 시작이었다는 점을 생각하면 가슴 한구석이 아릿해져옵니다.

최후의 항쟁

광주 외곽으로 전략상 후퇴한 계엄군은 퇴각하면서 시내로 들어오는 길목을 차단합니다. 그리고 계엄군을 이끈 신군부는 광주를 제외한 다른 지역에 광주를 '치안 부재 상태'라는 내용으로 조작 보도를 하고 광주 시민의 목소리와 계엄군의 행동을 은폐하려고 했습니다. 광주 시민들의 저항이 거셌기 때문에 계엄군 사령부는 광주 시민 대표들과 협상을 진행하였죠. 그러나 각각의 온도 차이로 인해 협상은 곧 결렬되고 말았습니다.

김성용 신부의 강론

1. 지금 우리는 네 발로 기어다녀야 하며, 개나 도야지와 같이 입을 먹이 그릇에 처박아 먹어야 하며, 짐승과 같이 살아가야만 한다. 폭력과 살인을 일상 밥 먹기처럼 하는 유신 잔당이 우리를 심승같이 취급, 때리고 개를 죽이듯이 끌고 가고 찌르고 쏘았기 때문이다.

2. 두 다리로 걷고 인간다웁게 살려고 하면 생명을 걸고 민주화투쟁에 몸을 던져야 한다. 과거의 침묵, 비굴했던 침묵의 대가를 지금 우리들은 지불하고 있는 것이다.

3. 부산, 마산 사건에서 죽은 사람들은 유신괴수의 죽음으로 보상되었다. 그리고 유신괴수도 김재규 일당의 죽음으로 보상된 이때에 자유와 인격을 위하여 죽어간 많은 시민의 피도 보상되어야 한다.

4. 이제야말로 우리는 결단의 때를 맞이하였다. 비굴해져서 짐승같이 천한 생명을 유지할 것인가. 그렇지 않으면 인간다운 민주시민으로서 살기 위하여 생명을 걸고 싸워야 할 것인가.

_1980년 5월 25일에 대한 증언 자료

계엄군과의 줄다리기를 하던 5월 26일 새벽, 계엄군이 외곽도로를 봉쇄하고서 탱크를 끌고 시내로 진입하고 있다는 소식이 전해져옵니다. 소식을 들은 시민 대표들은 도로 위에 드러누우며 맨몸으로 탱크의 진입을 저지하려고 했지요. 이러한 시민들의 저항에 계엄군 사령부는 27일 새벽, 특공대를 투입합니다. 광주 시내 곳곳에서는 "계엄군이 쳐들어오고 있습니다. 시민 여러분! 우리를 잊지 말아주십시오!"라는 방송이 울려 퍼졌습니다.

곧이어 완전무장한 무려 2만 5천의 병력이 광주 시내로 쏟아져나와 대대적인 무력 진압을 시행했습니다. 전남도청을 사수하고 있던 시민군은 곧이어 싸늘한 주검이 되어 발견되었고, 광주를 점령한 계엄군은 광주 민주화 운동 관계자들을 샅샅이 조사해 연행했습니다. 광주의 함성은 이렇게 신군부 앞에 사그라지고 말았습니다.

외국인이 증언하는 80년 5월 광주

우리는 이제까지 일어난 다른 어떤 것보다 더 끔직한 이야기를 듣기도 했다. 젊은 시위대의 말에 의하면 군인들이 공원에 남녀학생 시체들의 발을 묶어 거꾸로 매달아 놓았다는 것이다. 군인들이 시위대를 총검으로 찌르고, 여자들의 유방을 자르는 등 엄청난 폭력이 자행됐다고 했다. 우리가 학살에 대해서 더 자세히 안 것은 전남대병원에서였다. 입구 여기저기에 시체가 널려져 있어 전쟁을 방불케 했다. 사람들은 흥건히 고인 피 때문에 미끄러지곤 했다. 몇몇 사람들은 대부분 심한 총상을 입고 있었다. 거리에서 교전이 발생해 병원에 갇혀 있는 두 시간 동안 우리는 약 60명의 부상자를 보았다.

_필립 퐁스(프랑스 르몽드 기자), 『신동아』, 1989년 5월 기사

5·18 광주 민주화 운동은 이후에도 철저히 은폐되어 그 진상이 드러나지 못했습니다. 계엄군을 통해 광주 시민들을 처참히 학살한 신군부가 곧이어 집권했기 때문입니다. 신군부 세력을 이끌던 전두환은 유신 체제 위에서 11대 대통령에 취임했고, 민주화 운동에 적극적으로 가담하던 인사들을 내란죄로 처분해버렸습니다. 특히 김대중이 광주 민주화 운동의 배후로 지목되어 사형을 선고받기도 했죠.

광주에서 벌어진 참상이 6·25전쟁 이후 발생한 가장 끔찍한 양민 학살 사건임에도 불구하고 드러나지 못하고 왜곡되기까지 했던 것은 이후 전두환 정부가 들어서고 유지되는 과정과 맞닿아 있습니다. 당시의 피해 규모와 사상자, 가해자와 원인 등이 규명되기까지 20년에 가까운 시간이 걸렸는데, 이는 광주 민주화 운동 이후 8년 동안 또다시 전두환 대통령에 의한 독재 정권이 이어졌기 때문이지요.

군부 독재의 시작

광주 민주화 운동을 계기로 내부 반발을 진압하고 정권을 장악한 전두환은 곧이어 대통령에 취임합니다. 그런데 대통령 취임 과정에서부터 문제가 있었습니다. 당시 대통령을 뽑는 방식은 '통일주체국민회의'라는 기관에서 국민을 대신해 대통령을 선발하는 간접선거제였습니다. 통일주체국민회의는 박정희 대통령 때 유신헌법에 의해 생겨난 기관인데, 국민들이 통일주체국민회의에 속한 의원들을 뽑으면 뽑힌 의원들이 국회의원도 뽑고 대통령도 뽑는 구조였던 것이죠. 박정희 대통령의 권력 연장을 위한 수단으로 활용되었던 곳입니다.

전두환은 이러한 유신 체제를 활용하여 11대 대통령으로 취임하고는, 유신헌법을 수정하는 내용으로 헌법을 개정했습니다. 사법부와 국회의 권한을 원래대로 돌리고 대통령의 임기를 7년 단임으로 정했죠. 그러나 여전히 대통령을 뽑는 방식은 간선제였습니다. 국민이 직접 대통령을 선출할 수 없었던 것입니다. 그리고 유신헌법으로 독재가 진행되는 동안에 발생했던 인권 탄압, 부정부패 등에 대한 조사에 소극적으로 대처하면서 그나마 독재 정치의 청산을 기대했던 국민들마저 전두환 정부에 등을 돌리게 되는 결과를 낳게 되었습니다.

전두환 정부는 언론을 장악하기 위해 언론 통폐합을 지시합니다. 우선 기자를 비롯한 언론인에 대한 대대적인 검열 작업을 통해 반정부적 언론인 수백 명을 해직시키고, 유력 일간지를 폐간시키기도 합니다. 그리고 신문과 방송사를 통폐합해 방송 매체와 언론을 완전히 장악하는 데 성공했습니다. 전두환 대통령 당시의 뉴스를 '땡전뉴스'라고도 부르는데, 저녁 9시가 땡하고 울리면 전두환 대통령을 찬양하는 뉴스가 일제히 보도되던 광경을 희화화한 말입니다. 민주주의의 기본 권리인 언론의 자유가 묵살되기 시작한 것이지요.

또한 전두환 정부는 사회 교화를 명분으로 내세워 삼청교육대를 설치했습니다. 반사회세력을 교화시키기 위한 목적이었지만 실상은 반정부적 시위 참여자, 무고한 시민 등을 마구잡이로 검거하여 폭행과 고문을 행사하는 무자비한 인권 탄압의 상징이었습니다. 그뿐 아니라 반정부 인사를 고문하고 구속하는 등 정치적인 탄압을 계속했으며, 대통령 친인척과 관련된 거대 부정 비리를 양산하기도 했습니다.

삼청 교육대 생활 수칙

1. 선동 및 도망치는 자는 사살한다.
2. 수련생은 교육대 요원 명령에 절대 복종한다.
3. 음주 및 흡연을 금한다.
4. 신문, 잡지 구독 및 라디오, 티비 시청을 금한다.

5. 허가되지 않은 면회, 외출이나 외인 접촉을 금한다.

6. 동료 간의 언쟁 충돌, 기간 장병에 대한 반항자는 엄단한다.

7. 집단 행위를 금한다.

_피해자 여인 동의 수양록 노트, 「통합논술 개념어 사전」, 한림학사, 2007

그럼에도 불구하고 전두환 대통령의 재임 기간을 좋게 기억하는 분들도 있을 겁니다. 인권 탄압과 각종 자유의 제한 조치가 뒤따랐지만, 반면 경제 호황도 누렸기 때문이죠. 수출에 의존하고 있었던 우리나라의 경제가 전 세계적으로 저유가, 저달러, 저금리의 3저 호황을 만나며 고도성장하는 결과를 맞이하게 된 것입니다. 또한 국민들을 정치적 관심으로부터 떨어뜨리기 위해 프로야구, 컬러 텔레비전 등을 보급하기도 했죠. 국민들을 정치적으로 무관심하게 만드는 일종의 우민 정책정권과 정치에 대한 비판 능력을 약화시키기 위한 정책이었던 것입니다.

그렇지만 경제 성장은 어디까지나 세계 경제의 흐름과 각 분야에 있었던 노동자들이 일군 성과물이지, 전두환 대통령 개인의 업적이라고 말할 수는 없을 것입니다. 또한 언론 장악을 통해 좋은 성과만을 포장하고 광주 시민의 학살과 인권 탄압 등을 은폐하려고 했던 정부가 과연 좋은 정부라고 할 수 있을까요? 판단은 역사의 몫이자, 역사를 공부하는 여러분의 몫이 될 겁니다.

탁! 하고 치니 억! 하고 죽었다

시위에 대한 폭력 진압으로 출범한 전두환 정부 시기에는 각지에서 민주화에 대한 요구가 빗발쳤습니다. 특히 서울에서는 대학생들을 중심으로 시위가 조직되고 진행되었죠. 대학생들은 전두환 정부의 탄압에 반대하며 끊임없이 저항을 했고, 정부는 관련 학생들을 수배자로 지정하고 체포하기 위해 총력을 기울였습니다. 그 과정에서 수배자의 소재지를 얻으려고 후배, 친구, 친인척 등을 불법으로 체포하여 고문하는 일까지 발생했는데, 그렇게 해서 잡혀간 사람 중 박종철 군이 있었습니다.

당시 남산 인근의 남영동에는 경찰청 산하의 대공 수사 _{공산주의자를 조사함} 기관이 있었습니다. 경찰은 서울대학교 학생 박종철을 불법으로 체포하여 각종 폭행과 전기고문, 물고문 등 참혹한 고문을 가했습니다. 고문을 견디지 못한 박종철은 1987년 1월 14일 509호 조사실에서 사망하고 말았죠. 그런데 경찰은 박종철 군의 사망을 단순 쇼크사로 발표합니다. 즉 경찰이 박종철 군에게 친구의 소재를 묻던 중 박 군이 갑자기 '억' 소리를 내면서 쓰러져 사망에 이르렀다는 것입니다.

지금 생각해봐도 믿기지 않는 해명이지만, 그건 당시에도 마찬가지였습니다. 당시 시체를 부검한 부검의의 증언이 있었고, 언론 등에서도 일시에 여러 의혹을 제기했지만, 경찰과 정부는 무성의한 해명만 내놓자 국민들의 분노는 들끓어 올랐습니다. 결국 5일 만에 물고문 사실을 시인하고는 관계자를 처벌하고 고문을 근절하겠다는 약속으로 상황을 무마하려고 했으나, 몇 달이 지나서야 사건에 가담한 사람을 축소 조작한 사실이 드러나면서 전두환 정부에 대한 규탄 시위가 이어지게 되었습니다.

박종철 군의 사망 소식이 전해진 이후, 전두환 정부의 해명 요구와 인권

박종철 군이 사망한 다음 해인 1988년 2월 26일, 살아서 함께하지 못한 서울대학교 졸업식

탄압에 대한 규탄, 그리고 직선제 개헌에 대한 목소리가 높아졌습니다. 대통령을 간접적으로 뽑는 현재의 선거 구조에서는 국민들의 뜻이 제대로 반영되기 어렵다고 생각했던 것입니다. 그러나 전두환은 국민들의 민주화 요구를 묵살하고 군사 독재 정권을 지속적으로 유지하기 위해 개헌에 대한 논의를 금지시켜버립니다4·13 호헌조치. 그러고는 이 문제에 대해 자신의 임기가 끝난 이후에 논의하라고 한 것이죠. 이러한 전두환의 태도는 국민들의 민주화 요구에 더욱 불을 지피게 되었습니다.

6월에 퍼진 함성

전두환 정부의 인권 탄압과 직선제 요구 무시 등으로 국민들의 분노는 극에 달했습니다. 거기에 박종철 군 사망에 대한 검찰의 발표가 조작, 은폐되었다는 제보가 발표되면서 정부 신뢰도는 바닥까지 떨어졌죠. 이로 인해 전두환 정부를 규탄하는 대규모 국민대회가 계획되었습니다. 날짜는 6월 10일, 박종철 고문치사 사건의 규탄과 직선제 개헌을 요구하는 전국 규모의 시위였습니다.

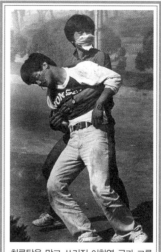

최루탄을 맞고 쓰러진 이한열 군과 그를 지탱하고 서 있는 이종창 군

그런데 6월 10일을 하루 앞둔 6월 9일, 1천여 명의 연세대학교 학생들이 6·10대회를 하루 앞두고 학교 앞 정문에서 시위를 벌이던 중, 시위에 참가했던 경영학과 2학년 이한열 군이 경찰이 발포한 최루탄에 맞아 쓰러졌습니다. 바로 병원으로 옮겼으나 그해 7월에 사망하고 말았습니다. 민주화에 대한 열망이 고조되고 있었던 당시 상황에서 전두환 정부의 폭력적인 진압과 이한열 군의 사망은 국민들의 공분을 샀고 국민들의 항쟁은 걷잡을 수 없이 전국으로 확대되어 나갔습니다.

6월 10일을 기점으로 6월 동안 전국 33개 도시에서 하루 100만 명에 달하는 군중이 시위를 벌였습니다. 많은 국민들이 전두환 정권의 퇴진과 직선제 개헌을 부르짖으며 거리로 나섰지요. 6월 항쟁이 정점에 이르게 되자 전두환 정부는 수습을 위해 노태우를 앞세워 직선제로의 개헌을 약속하는 6·29선언을 발표하게 되었습니다. 당시 노태우는 민주정의당의 대표였으나 전두환과 함께 군사 쿠데타를 일으킨 신군부의 핵심 세력이었기 때문에 국가 권력이 전두환에서 노태우로 넘어갔다고 평가하기도 합니다.

다만 결과가 그렇다고 해서 그 의의마저 퇴색되어서는 안 됩니다. 직선제로의 개헌과 전두환 정권의 퇴진은 민중의 힘으로 이루어낸 하나의 성과였으며, 독재 정권 속에 묻혀 있던 민주주의를 수면 위로 끌어당긴, 민주주의 역사상 아주 큰 발걸음이라고 할 수 있겠습니다.

민주화 투쟁 과정에서 희생된 박종철 열사와 이한열 열사, 그리고 그 자리에 있었던 수많은 민주 열사들 덕분에 우리가 대통령을 직접 뽑을 수 있는 권한과 기본적인 인권, 언론의 자유를 누릴 수 있게 되었다고 볼 수 있습니다. 그리 오래지 않은 수십 년 전의 일이지만, 현재 우리가 누리고 있는 많은 권리와 민주주의를 되찾기 위해 치열하게 항쟁했던 당시 사람들의 이야기를 우리는 잊지 말아야 하겠습니다.

우리는 역사의 관찰자이기 전에
우선 역사적인 존재다.

빌헬름 딜타이, 철학자

전태일 분신자살 사건 1970년 11월 13일, 서울 평화시장 노동자 전태일이 열악한 노동 조건에 항거하여 근로기준법 준수를 외치며 분신자살한 사건. 한국 노동운동사에 한 획을 그은 사건이며, 이후 현대 노동 운동의 출발점이 되었다.

어쩌면 우리와 가장 가까운 이야기, 노동 운동과 전태일

현대에는 많은 사람들이 정해진 시간에 출근을 해서 정해진 일을 하고 그 대가를 받으며 생활하고 있습니다. 이러한 활동을 '노동'이라 하고 노동을 하는 사람을 '노동자'라고 표현하죠. 지금과 같은 형태는 아니었어도, 인류가 노동자로서 노동력을 제공하고 그에 대한 대가를 받은 역사는 꽤 오래되었습니다. 물론 노예제가 있었던 시기에는 노동을 하던 계층은 주로 노예였습니다. 그러나 이후 신분제가 철폐되고 근대 사회로 이행하면서 노동에 대한 대가를 지급받는 사람이라면 모두 노동자가 될 수 있었습니다.

그런데 이상하게도 우리나라에서 '노동'보다도 '근로'라는 말이 더 많이 쓰이고 있습니다. 노동이라는 말이 생활에 필요한 물자를 얻기 위해 일을 하는 것을 의미한다면, 근로는 부지런히 일한다는 뜻을 담고 있습니다. 아무래도 '근로'라는 표현은 노동자의 입장보다는 고용주의 입장이 강하게 반영된 것이 아닌가 합니다.

국민 대부분이 노동에 종사하고 있지만, 노동 문제와 노동자의 인권에 대해서는 제대로 접할 기회가 많지 않습니다. 심지어 노동자라는 단어마저 약간은 낯설게 느껴지기도 합니다. 스스로 용돈을 벌고자 아르바이트를 시작하는 어린 학생들도 점차 늘어나는 상황에서, 우리는 노동이 무엇인지, 어떤 역사를 거쳐 노동 환경이 개선되어 왔는지 차근차근 알아보는 시간을 가져볼 필요가 있을 듯합니다.

노동자는 어디에 있었는가?

독재에 맞선 민주화 투쟁과 눈부신 경제 발전이라는 파란만장한 현대사를 거치며 우리가 알아야 할 역사 속 주연들은 전부 역사의 표면에 기록되어 있습니다. 역사는 선별적이고 차별적인 측면이 있어서, 당시 역사 서술의 주체들이 선택한 내용들만 표면에 기록되고, 그리 중요하지 않다고 생각되는 부분들은 때로 소외되곤 하거든요. 노동자들의 역사도 마찬가지입니다. 물론 적지 않은 연구 성과가 있지만 노동자가 역사 발전의 주체였음을 생각해본다면 아직도 그에 대한 관심은 저조한 편이지요.

6·25전쟁 이후, 대한민국의 경제 성장은 '한강의 기적'이라고 불릴 정도로 눈부신 성과를 보였습니다. 물론 정부의 주도하에 이루어진 경제 성장이었으나, 그 바탕에는 노동자에 대한 저임금 정책과 열악한 노동 환경 속에서도 끊임없이 자신의 성과를 일구어낸 노동자들의 노력이 있었습니다. 또한 노

동자들은 지속적으로 자신의 목소리를 내며 노동 환경을 개선해온 역사의 주체였지요.

그러나 1948년 정부 수립 이래로 1980년대까지도 노동자들에 대한 정부의 조치는 '저임금정책'이었습니다. 기술력을 확보하지 못한 국가로서 세계 시장에 경쟁력 있는 제품을 내놓기 위한 하나의 방편이 바로 값싼 노동력이었던 것입니다. 국내 시장에서 저임금으로 노동력을 확보해 값싼 물건을 만들어내고, 그것을 국제 시장에 수출함으로써 경제 발전을 위한 동력을 확보해나간 거예요. 수십 년간 노동자들은 최저 수준의 임금을 받으며 노동력을 제공해야 했고, 국가 경제 발전과 기업의 성장을 위해 이러한 저임금 정책은 오랫동안 아주 당연하게 여겨져왔습니다. 그런데 경제가 어느 정도 성장한 이후에는 노동자의 처우도 응당 개선되어야 하건만, 노동 환경을 개선하고 인권을 지키려는 노동자들의 움직임은 철저히 탄압받았습니다.

혹시 '노동3권'이라고 들어보셨나요? 노동자가 인간다운 생활을 할 수 있도록 헌법이 보장하는 3가지의 중요한 권리입니다. 노동조합을 결성하여 사측과 맞설 수 있는 단결권, 사측과 교섭을 할 수 있는 단체교섭권, 노동자의 의사가 관철되지 않을 경우 자신들의 의사를 표명할 수 있는 단체행동권이 바로 노동3권입니다. 그러나 헌법에도 명시된 노동자의 권한이 제대로 보장되어왔다고 보기는 어렵습니다. 오히려 적법한 권리를 행사하려던 노동자들에 대한 탄압이 빈번히 발생했죠.

어떤 분들은 경제 성장이라는 결과를 위해서는 노동자의 인권 문제는 불가피했다고도 보기도 합니다. 혹은 경제 성장이라는 큰 목표를 이루었기 때문에 작은 문제들은 덮어두어도 괜찮다고 하는 분들도 계시겠죠. 그러나 저는 개인적으로 우리 스스로가 반성할 필요가 있지 않나 하고 생각해봅니다. 우리 사회의 구성원인데도 노동자의 권리에 다소 무심했던 것은 아닌가 하고요. 인간의 기본권 보장을 바탕으로 하는 민주사회에서 노동자들 역시 권리를 보장받아야 하는 거죠. 우리 대부분이 바로 노동자이기도 하니 말입니다.

자, 그러면 한국 현대사에서 노동자들이 어떠한 처우 속에서 노동을 해왔고, 어떠한 대우를 받았는지, 그리고 우리는 노동자로서 어떠한 목소리를 내왔는지를 본격적으로 알아보도록 하겠습니다.

한강의 기적, 그 빛과 그림자

1960~70년대, 전 세계적으로 유례없는 고도의 경제 성장을 누리면서 한국 사회는 많은 변화를 겪었습니다. 우선 많은 사람들이 일자리를 찾아 도시로 모이는 이촌향도離村向都 현상과 빈부격차가 사회 문제로 대두했죠. 또한 눈부신 경제 성장의 성과와는 반대로 도시 빈민의 삶과 노동자에 대한 처우는 열악 그 자체였습니다.

1960년대. 청계천변을 따라 늘어서 있는 판자촌

당시 도시로 몰려든 노동자들은 청계천 판자촌이나 공장 근처 쪽방에서 생활하며 하루 14~16시간 정도 노동하고 한 달 월급으로 1500원을 받았습니다.

한 달에 쉬는 날은 고작 하루. 그랬기에 월급은 일당으로 치면 50원. 커피 한 잔 가격이었습니다. 대부분의 노동자들은 가난 때문에 학교에 다니지 못하고 가족의 생계를 위해 돈을 벌려고 도시로 향한 중학생 나이의 어린 소녀들이었습니다.

그러나 표면적으로는 국가 주도의 경제 개발 5개년 계획의 성공과 한강의 기적으로, 6·25전쟁 이후 어려운 경제 상황을 극복하고 올라선 눈부신 경제성과가 강조되었습니다. 이것은 박정희 정부의 경제 성장 신화로, 강력한 정부가

경부고속도로 개통

이끌었던 경제 개발 덕분에 현재의 대한민국이 탄생하게 되었다고 이해되어 왔습니다. 국가의 성장을 위해서는 국민이 하나로 단결해야 하고, 그 과정에서 누군가의 희생은 불가피하다는 생각이 용인되던 시절이 아니었나 싶습니다.

물론 경제 발전으로 인해 1970년대에는 생활도 무척이나 달라졌습니다. 도시로 인구가 몰리며 아파트 단지가 생겨나고, 지방과 서울을 연결하는 경부고속도로가 개통되었습니다. 또한 수출 100억 달러를 달성하는 등, 현재의 대한민국에 한 발 더 가까워지게 된 것은 사실입니다. 그러나 그 이면에는 열악한 환경 속 저임금에 시달리며 제대로 된 대우를 받지 못했던 소외된 노동자가 있었다는 것을 잊으면 안 되겠죠. 경제 개발이라는 빛에 가려졌던 노동자들의 외침은 이 청년에 의해서 다시금 조명을 받았습니다. 모두가 기억해야 하는 그 이름, 아름다운 청년 전태일입니다.

아름다운 청년, 전태일

1970년 11월 13일, 가을에서 겨울로 넘어가던 어느 날 스물두 살의 젊은 청년은 자신의 몸에 석유를 끼얹고 스스로에게 불을 붙였습니다. 그가 죽어가면서 외친 말은 "우리는 기계가 아니다", "근로기준법을 준수하라", "내 죽음을 헛되이 하지 말라"였습니다. 그 사람이 바로 서울 청계천 평화시장의 노동자였던 전태일이었습니다.

전태일이 분신했던 당시는 5·16 군사정변을 통해 권력을 잡은 박정희 대통령이 수출을 중심으로 하는 경제 개발을 추진하던 때였습니다. 기술 발전이 취약하던 때였으므로 제품 경쟁력을 위해서는 값싼 노동력이 필요했고, 특히 여성 노동자의 저임금, 장시간 노동에 의존하는 구조가 발생한 것입니다. 정부가 대기업의 성장을 위해 기업에 많은 특혜를 부여하는 동안, 내부 중소기업은 별다른 혜택을 부여받지 못한 채 노동자들에게 과도한 근무, 적은 임금을 부과하는 형태로 이득을 도모했습니다. 노동법이 있다 하더라도 노동자는 법의 보호를 받지 못하고 무방비로 착취에 노출되고 있었습니다.

> 다 같은 인간인데 어찌하여 가난한 자는 부유한 자의 노예가 되어야 합니까? 왜 가장 청순하고 때 묻지 않은 어린 소녀들이 때 묻고 부한 자의 거름이 되어야 합니까? 사회의 현실입니까? 빈부의 법칙입니까?
>
> _전태일의 1970년 초의 초고

전태일이 일했던 평화시장은 2만 명의 노동자가 일하던 의류제조 공장의 밀집 지역이었습니다. 소규모 공장 800여 개가 밀집해 있었기 때문에, 임대료를 절약하기 위해 작업장은 제대로 서서 움직일 수도 없는 좁은 공간이 대부분이었습니다. 그로 인해 여성 노동자들은 폐결핵, 각기병^{팔, 다리에 신경염이 생겨 통증이 심하고 붓는 부종이 나타나는 질환} 등에 시달렸고, 병에 걸리지 않은 건강한 여성 노동자가 드물 정도였습니다.

이러한 평화시장에 미싱사^{의복을 조립하고 부착하기 위하여 재봉틀을 조작하는 사람}로 취직한 전태일은 자신과 비슷한 처지이지만 나이가 어린 10대 소녀들의 노동 환경에 깊은 안타까움을 표하며, 굶주린 소녀들에게 풀빵을 사주고 그들의 생활을 돌봐주었습니다. 그러던 중 비참한 노동 환경을 조금이나마 개선하려면 본인이 높은 직책에 있는 것이 좋을 것이라 생각하고는, 미싱사를 그만두고 기술을 익혀 옷감을 치수에 맞춰 자르는 역할을 하는 재단사가 되지요. 그런데도 비참한 노동 환경을 개선하기는 너무나 어렵다는 사실을 깨닫게 됩니다.

이후, 노동 환경을 개선하기 위해서는 노동자들의 단결과 조직이 필요하고, 그러한 노동 조직이 법으로 인정되어 있다는 것을 알게 된 전태일은 끼니를 거르면서까지 모은 돈으로 근로기준법 서적을 구입했습니다. 그러나 초등학교를 졸업하지 못한 전태일에게 법에 대한 이해는 쉬운 일은 아니었습니다. 전태일은 자신이 잘 모르는 부분은 주변에 물어가며 공부하고 노동자 모임을 조직했습니다. 조직의 이름은 '바보회'. "나라가 법으로 보장한 노동 조건조차 얻어내지 못하고 죽은 듯이 혹사당하며 살아온 평화시장 일대의 모든 노동자들이 바보"였기 때문에 붙인 이름이었습니다.

바보회를 조직하고 평화시장 일대의 노동자들에게 근로기준법과 노동 환경의 개선을 위한 운동에 동참할 것을 촉구했던 전태일은 얼마 안 가 요주의 인물이 되며 직장에서 쫓겨나게 됩니다. 그렇지만 노동자의 인권을 향한 전태일의 목소리는 여기서 꺼지지 않았습니다. 오히려 노동자들의 요구 조건을 모아 시위를 주도하기도 하고, 방송사를 찾아가거나 기자들을 만나며 자신들의 처지를 호소했습니다. 노동청에 진정을 내기도 했습니다. 그러나 모두 노동자의 비참한 상황과 처지에 무관심하거나 기업과 결탁하여 귀기울여주지 않았죠. 결국 23세의 전태일은 스스로 평화시장의 불꽃이 되어 노동자들의 열악한 처지를 알리게 되었습니다.

존경하시는 대통령 각하

옥체 안녕하시옵니까? 저는 제품(의류) 계통에 종사하는 재단사입니다.

(…) 그러나 저희들은 근로기준법의 혜택을 조금도 못 받으며 더구나 2만여 명을 넘는 종업원의 90% 이상이 평균 연령 18세의 여성입니다. 기준법이 없다고 하더라도 인간으로서 어떻게 여자에게 하루 15시간의 작업을 강요합니까?

(…) 저희들의 요구는

1일 14시간의 작업 시간을 단축하십시오.

1일 10시간 ~ 12시간으로,

1개월 휴일 2일을 일요일마다 휴일로 쉬기를 희망합니다.

건강진단을 정확하게 하여 주십시오.

시다공의 수당 현 70원 내지 100원을 50% 이상 인상하십시오.

절대로 무리한 요구가 아님을 맹세합니다.

인간으로서의 최소한의 요구입니다.

기업주 측에서도 충분히 지킬 수 있는 사항입니다.

전태일의 분신은 당시 독재와 투쟁하며 민주화 운동에 열중했던 지식인들과 학생들에게 많은 울림을 주었습니다. 또한 노동 문제에 제대로 된 관심을 가지지 못한 지식인층의 반성이 이어지기도 했어요. 이를 계기로 더 이상 노동 문제는 노동자 개인의 문제가 아니라, 국민 개개인이 생존하고 사람답게 살기 위한 사회 전체의 문제로 확대되어간 것이죠.

6·25전쟁 이후 노동 운동에 동참했던 많은 노동자들이 공산주의자로 몰려 제대로 된 삶을 영위할 수조차 없는 공포를 겪어왔는데, 전태일의 죽음으로 노동자들은 스스로 노동 운동의 전면에 등장하게 되었습니다. 노동조합의 창설이 이루어지고 노동자의 권리를 찾기 위한 노동쟁의 발생 건수가 급격히 늘어나게 됩니다.

전태일은 임종 직전 어머니인 이소선 여사에게 "내가 못다 이룬 일, 어머니가 꼭 이루어주십시오"라는 부탁을 남깁니다. 전태일의 어머니였던 이소선 여사는 이때부터 노동 운동가의 삶을 살며 아들의 뜻을 이루기 위해 노조를 결성하고 의지할

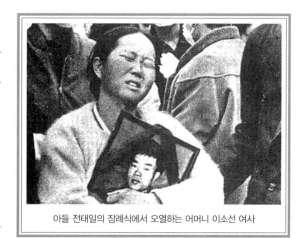

아들 전태일의 장례식에서 오열하는 어머니 이소선 여사

데 없는 노동자들의 버팀목이 되어주기도 하고, 정부의 탄압에 맞서며 징역을

살기도 하는 등, 전태일의 어머니가 아니라 '노동자들의 어머니'가 되어 평생을 노동 운동에 몸담으셨다가 2011년에 타계하셨습니다. 그런 이소선 여사가 남긴 말은 우리에게 많은 생각을 하게 합니다.

> "나는 올 때까지 와서 이달에 갈지 훗달에 갈지 몰라. 갈 데 안 갈 데 다녔는 데… 변한 게 없어서… 우리 아들한테 가서 할 말이 없어서 큰일인기라."
>
> 故 이소선 여사

여성 노동자들의 삶

1960년대의 경제 개발은 경공업 중심이었습니다. 가발이나 의류 등 상대적으로 가볍고 빨리 만들 수 있는 제품을 수출하여 이윤을 남기는 것이었는데, 이런 산업에는 대체적으로 저임금으로 노동할 수 있는 어린 여성 노동자를 고용하였죠. 그렇기에 60년대에서 70년대에 이르기까지 이룩한 경제 발전의 주체는 여성 노동자라고 해도 과언이 아닙니다. 하지만 그 어린 소녀들이 기업가들로부터 당한 착취는 견디기 힘든 정도였고, 전태일은 그러한 상황을 비판하며 현실을 개선하기 위해 분신까지 하게 된 것이죠. 과연 당시 여성 노동자의 현실은 어떠했을까요?

대부분의 여성 노동자들은 초등학교 졸업장도 따지 못한 채로 농촌에서 서울로 올라온 10대 소녀였습니다. 가족의 경제를 부양해야 한다는 비슷한 부담을 갖고 상경하거나 일찍부터 공장에 취업한 것이었죠. 아무런 직업 교육도 받지 못한 소녀들이 할 수 있는 일은 그다지 많지 않았습니다. 대부분이 공장에서 가장 말단직인 '시다 ^{보조원을 속되게 이르는 말}'로 근무하게 됩니다.

소녀들은 오전 8시에 출근해 일을 하다가 짧은 점심시간 후에 밤 11시 넘어서까지 일을 해야 했습니다. 쉬는 날은 한 달에 하루 이틀 정도였는데, 이마저도 일이 바쁜 경우에는 휴일을 반납하고 새벽 두세 시까지 쪽잠을 자며 일하기도 했죠. 월급은 적게는 700원을 받기도 했습니다. 당시 버스 요금이 10원이었으니 출퇴근을 하고 집에 보태는 돈을 생각하면 손에 떨어지는 돈은 거의 없었을 겁니다.

> 당시 미혼 여성들이 주로 일했던 시내버스 차장들의 월급 역시 700원 수준이었다. 여차장들은 1966년 당시 쌀 1가마 값이 3400원인데, 월 700원의 임금으로 하루 17시간의 중노동을 하면서 몸수색 등의 인권 유린을 당해왔던 사실을 항의하였다.
>
> _한국노총, 『한국노동조합운동사』, 1979

한창 성장기의 나이인데도 끼니를 제대로 챙겨 먹기도 힘들었을 겁니다. 부실한 도시락이나 빵 한 조각 등으로 근근이 끼니를 때우며, 병원에 제때 가기는커녕 일을 하다 쓰러져야만 비로소 처음 병원에 가보는 경우도 많았습니다.

> 나는 정신을 차리고 보니 병원 침대였다. 의사가 진찰한 결과 영양실조라 하였다. 주사를 맞고 의식을 회복하니 의사 선생이 충분한 휴식과 영양을 섭취하라 하였지만 겨우 하루를 쉬고 나서는 다시 일을 하러 나가야 하였다.
>
> _유동우, 『어느 돌멩이의 외침』, 청년문학, 1984

경제 발전의 동력은 노동자들이었습니다. 그러나 전반적인 사회 분위기가 '일은 시키는 대로, 월급은 주는 대로'였고, 정부, 기업, 자본가가 이득을 얻기 위해 노동자를 저임금으로 혹사시키는 구조는 갈수록 굳어져갔습니다. 그 과정에서 가장 큰 피해를 보았던 사람들이 노동자, 그중에서도 어린 나이의 여성 노동자들이었습니다.

꿈 많고 순수한 소녀 시절에 가족의 생계 부담을 떠안고 희생하며 국가 발전을 위해 노력했지만, 정작 이들이 맞닥뜨린 것은 장시간의 고된 노동과 갖가지 질병이었습니다. '공순이'공장에서 일하는 여자를 낮잡아 이르는 말라는 별명에서 알 수 있듯 여성 노동자들의 사회적 위치는 매우 낮았죠. 방송 매체를 통해 전해지는 도시의 화려한 삶과는 반대로 형언할 수 없는 고된 삶을 살고 있었던 것입니다.

그런 환경 속에서도 여성 노동자들은 학업에 대한 열망으로 '노동 교실'에서 못다 한 학업을 이어가기도 했고, 스스로 책을 사서 공부하며 더 나은 환경을 꿈꾸기도 했습니다. 그리고 노동조합에 가입해 자신의 노동권을 위해 투쟁하면서 '시다'나 '미싱사'가 아니라 자신의 이름을 되찾아가기도 했습니다. 학업에 대한 열망은 있었으나 학교도 졸업 못하고 자신의 이름도 잊은 채로 공장의 부품으로 일해야 했던 당시 여성 노동자들의 삶을 되짚어보며, 현재 우리는 어떠한 생각을 해야 할까요?

현재, 그리고…

물론 1960~70년대 당시에는 남녀 가릴 것 없이 열악한 노동 환경에서 노출되어 있었던 게 사실입니다. 그중에서도 이 챕터에서는 특히 사회의 보호를 받아야 하는 어린 소녀들이 처해 있던 혹독한 상황에 주목해보았습니다. 여성 노동자들이 공장으로 내몰려 제대로 못 먹어가며 혹사당하는 상황을 개선하고자 전태일은 스스로 불꽃이 된 것이죠.

전태일의 분신은 노동자들에게 잊지 못할 하나의 연결 고리를 만들어주었습니다. 평화시장을 중심으로 많은 노동자들은 전태일의 죽음을 진심으로 애도하며 노동조합을 만들고, 근로기준법이 보장하는 자신들의 권리를 찾기 위해 노력했습니다. 우리가 잘 모르는 곳에서 오랜 시간에 걸쳐 이루어진 투쟁으로 조금씩 노동자의 권리가 신장된 셈입니다.

벌써 전태일 열사가 사망한 지 50년 가까운 시간이 흘렀습니다. 전태일은 지금으로서는 당연해진 1일 10시간의 근무, 정기적인 휴일, 건강진단을 해줄 것을 외쳤던 아름다운 청년의 모습으로 우리에게 남아 있습니다. 그러나 50여 년이 지난 현재도 그가 원했던 세상은 아닐지 모릅니다. 아직도 많은 사람들이 불리하거나 열악한 상황에서 노동하는 현실을 떠올려보면 문득 그런 생각이 듭니다. 전태일이 목숨 걸고 외치던 과거에서 현재의 우리는 얼마나 더 나아간 것일까요?

어디에 속해 일을 하는 순간, 우리는 언제든 노동자가 됩니다. 그러나 내 경우가 아니면 노동자로서 겪는 현실에 관심가지기 쉽지 않죠. 그럴 때마다 공장 한 구석에서 그림자처럼 열심히 일했지만 사회의 관심에서 소외되어갔던 노동자들과 그들을 위한 불꽃이 되고 싶었던 전태일을 떠올려보는 건 어떨까요? 현재 우리가 누리고 있는 것들이 누군가의 목숨을 건 투쟁으로 이루어졌음을 안다는 것만으로도 희망찬 미래가 있으리라 장담합니다.

성장해가는 여러분의 어린 자녀들은 하루 15시간의 고된 작업으로 경제발전을 위한 생산 계통에서 밑거름이 되어왔습니다. (…) 이런 순진하고 사랑스러운 동심들을 사회생활이라는 웅장한 무대는 가장 메마른 면과 가장 비참한 곳만을 보여주고 있습니다. 메마른 인정을 합리화시키는 기업주와 모든 생활 형식에서 인간적인 요소를 말살당하고 오직 고삐에 메인 금수처럼 주린 창자를 채우기 위하여 끌려 다니고 있습니다.

곧 그렇게 하는 것이 현 사회에서 극심한 생존 경쟁에서 승리한다고 가르칩니다. 기업주들은 어떠합니까? 아무리 많은 폭리를 취하고도 조그만한 양심의 가책을 느끼지 않습니다. 합법적이 아닌 생산공들의 피와 땀을 갈취합니다. 그런데 왜 현 사회는 그것을 알면서도 묵인하는지 저의 좁은 소견은 알지를 못합니다.

_전태일, 근로감독관에게 보내는 편지, 1969년 12월

역사는 영원히
되풀이 된다.

투기디데스, 역사학자

제3장
무도 한국사 특강
: 문화유산 편

석굴암 통일신라시대에 경주 토함산에 세워진 석굴 사찰. 경덕왕 10년인 751년에 재상이었던 김대성이 공사를 시작하여 혜공왕 10년인 774년에 완성했다. 신라시대 건축뿐 아니라 한국 건축을 대표하는 문화재로 손꼽힌다.

기술력과 신앙심의 결정체, 석굴암

　요즈음에는 많은 학생들이 수학여행을 제주도로 가거나 간혹 해외로 나가는 경우도 있지요. 그런데 예전에는 수학여행이라고 하면 떠올리는 곳은 단 한 군데였습니다. 바로 경주예요. 그리고 경주 수학여행의 상징과도 같은 존재가 바로 석굴암이었습니다. 아마 여러분도 학생 때 한 번쯤은 석굴암을 방문한 기억이 있을 거예요. 설령 가본 적이 없다 해도 석굴암은 책이나 텔레비전을 통해 누구나 한 번쯤은 보았을 법한, 우리에게 아주 익숙한 문화재입니다.

　이렇듯 아주 친숙한 존재인 석굴암인데, 만약 어떤 외국인이 다가와 석굴암의 가치에 대해 묻는다면 여러분은 막힘없이 대답할 수 있을까요? 석굴암과 불국사는 1995년에 장경판전, 종묘에 이어 우리나라에서 세 번째로 유네스코 세계 문화유산에 등재된 세계적인 문화유산인데 말이죠.

석굴암 탄생의 배경

먼저 석굴암이 어떻게 탄생했는지부터 살펴볼까요? 석굴암은 통일신라가 아주 높은 문화적 수준을 꽃피웠던 8세기에 건설되었어요. 8세기의 통일신라는 왕권이 강화되고, 당과 활발하게 교류하면서 나라가 안정되었던 시기였습니다. 『삼국유사』에는 경덕왕 대의 재상인 김대성이라는 사람이 현생의 부모님을 위해 불국사를, 전생의 부모님을 위해 석불사를 세웠다고 전하는데, 이 석불사가 바로 우리가 알고 있는 석굴암입니다.

세계 유일의 인공 석굴 사원인 석굴암은 경덕왕 때인 751년부터 제작되기 시작해서 혜공왕 때인 774년에 완성되었습니다. 20년이 넘는 시간을 들여 제작한 것이죠. 그렇다면 김대성은 왜 하필 '석굴' 사원을 만들 생각을 했을까요?

불교의 발원지인 인도나 우리나라에 불교를 전해준 중국에서는 암벽을 파서 굴을 만든 다음 그 안에 사원을 꾸미는 석굴 사원 제작이 유행했어요. 대표적으로 인도의 아잔타 석굴, 엘로라 석굴, 중국의 룽먼(용문) 석굴, 둔황(돈황) 석굴 등이 있죠.

하지만 우리나라는 이런 유행을 따르기가 힘들었습니다. 우리나라의 지반은 인도나 중국과 달리 단단한 화강암이 대부분이라 암벽을 파낸다는 게 쉬운 일이 아니었거든요. 그래서 김대성은 암벽을 파내는 대신, 적당한 크기로 다듬은 돌을 조립해서 동굴 구조를 만들기로 마음먹었습니다. 어떻게 해서든 석굴 사원을 만들어내겠다는 김대성의 의지도, 그 의지를 실제로 구현해낸 신라 장인들의 기술도 모두 대단하다는 생각이 듭니다.

석굴암 본존불은 그냥 앉아 있는 것이 아니다

석굴암 본존불의 모습은 석가가 악마를 물리치고 깨달음을 얻는 순간을 나타내고 있습니다. 본존불이 취하고 있는 수인^{手印, 손갖춤이라고도 하며, 부처나 보살의 깨달음의 내용을 손 모양으로 표현한 것}을 보면 왼손은 손바닥을 위로 향하여 배꼽 앞에 두고, 오른손은 내려 다섯 손가락으로 땅을 가리키되 검지는 살짝 들어올린 모양입니다. 이 수인을 항마촉지인^{降魔觸地印}이라고 하는데요, 땅을 가리키고 있는 오른손은 악마에 대항해 땅의 신을 불러낸다는 의미를 띠고 있습니다. 이 항마촉지인에 얽힌 이야기를 살짝 풀어보면 다음과 같습니다.

본존불 정면에서 본 항마촉지인

석가는 깨달음을 얻기 위해 가부좌를 틀고 앉아 득도하지 않으면 이 자리를 떠나지 않겠다고 굳게 결심했습니다. 그때 파순波旬이라는 마왕이 식구들을 이끌고 와서 갖가지 방해를 하는데, 만약 석가모니가 깨달음을 얻고 부처가 된다면 모든 중생이 구제되고 마왕의 위력은 감퇴할 것이라 믿었기 때문입니다. 마왕은 우선 아름다운 미녀를 보내 세속의 쾌락이 출가의 즐거움보다 더 크다고 석가를 유혹했습니다. 그러나 이 시도는 실패했고, 이에 마왕은 지하 세계의 모든 세력을 동원하여 힘으로 석가를 쫓아내려 했습니다. 마왕이 석가에게 칼을 들이대며 "나무 아래 앉아 무엇을 구하는가. 빨리 떠나라. 너는 신성한 금강보좌에 앉을 가치가 없는 자이다"라고 협박하자, 석가모니는 "천상천하에 이 보좌에 앉을 수 있는 사람은 나 하나뿐이다. 지신地神이여, 이를 증명하라!"고 외치며 단전에 모았던 오른손을 풀어 검지로 땅을 가리켰죠. 이에 지신이 뛰쳐나와 이를 증명했다고 합니다. 그래서 이 자세를 마왕을 굴복시키고 땅을 가리켰다(땅에 손을 댔다)는 뜻으로 '항마촉지인'이라 부르는 것이죠.

치밀한 수학적 계산으로 설계된 석굴암

앞서 석굴암이 우리나라에서 세 번째로 유네스코 세계 문화유산에 등재된 뛰어난 문화유산이라고 말씀드렸습니다. 석굴암의 뛰어난 점은 크게 두 부분으로 나눠볼 수 있습니다. 하나는 본존불을 비롯한 주변의 여러 조각들이 아름답고 정교하게 제작되었다는 점이고, 다른 하나는 석굴암을 건설할 때 매우 치밀한 수학적 계산과 건축 기술을 사용했다는 점입니다.

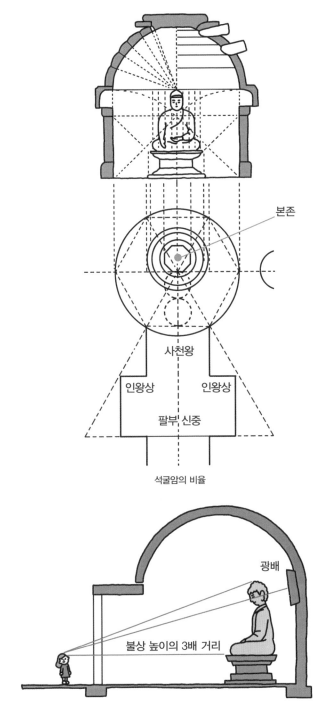

본존

사천왕

인왕상　인왕상

팔부 신중

석굴암의 비율

광배

불상 높이의 3배 거리

키 160cm인 예배자와 석굴암의 비율

앞장의 그림은 석굴암에 반영된 수학적 비례들을 표현한 것인데요, 다소 복잡해 보이지만 간단히 말하자면, 본존불의 높이와 너비, 통로의 길이와 너비, 본존불이 앉아 있는 방의 크기, 본존불 뒤에 배치된 조각들의 배열 등 석굴암 제작에 필요한 모든 수치가 철저하게 계산된 비례를 따른다는 것입니다.

| 석굴암 천장 | 석굴암 본존불의 광배 |

특히 석굴암의 천장은 돔 형태를 하고 있는데, 돔이 지금은 흔하지만 사실 굉장한 기술력이 필요한 건축 형태입니다. 석굴암의 천장은 360개의 돌로 정교하게 돔을 짜 맞추고 그 사이사이에 일종의 균형 장치라 할 수 있는 쐐기돌을 박아 넣은 형태인데, 이 구조가 아주 튼튼해서 20톤이나 되는 천장의 뚜껑돌을 천 년이 넘는 시간 동안 지탱하고 있는 것입니다.

또한 본존불 뒤편의 광배光背, 불상의 머리나 몸체 뒤쪽에 있는 원형 또는 배 모양의 장식물로, 부처님의 몸에서 나오는 빛을 형상화한 것는 약간 타원형으로 생겼는데, 예배자가 아래에서 본존불을 올려다보면 석굴암의 얼굴이 광배의 한가운데에 위치하고 광배도 타원형이 아닌 원형으로 보인다고 하니, 석굴암은 예배자의 시선까지 고려해서 만든 디테일의 극치라고 할 수 있겠습니다.

석굴암의 수난

여러분은 동굴에 들어가본 적이 있나요? 동굴에 들어가면 먼저 서늘하고 습하다는 느낌을 받게 되죠. 석굴암 역시 돌을 조립해서 굴을 만든 것이기에 습도 조절이 큰 문제였습니다. 석굴암 내부에 이슬이 맺히면 귀하신 부처님의 몸에 이끼가 낄 수도 있으니까요. 그래서 석굴암에는 스스로 습도를 조절할 수 있는 장치가 마련되어 있었습니다.

우선 본존불을 둘러싸고 있는 벽에는 감실龕室. 불교, 유교, 가톨릭 등 종교에서 신위, 작은 불상, 성체 등을 모셔 둔 곳이 마련되어 있고, 감실 안에는 작은 보살상들이 놓여 있습니다. 이 감실을 이루는 돌과 감실을 받치는 돌 사이에는 약간의 틈이 있는데, 그

본존불 주변의 감실

틈이 환기구의 역할을 하고 있습니다. 또한 지하수가 본존불 밑바닥을 지나게 함으로써 내부 온도를 조절해 본존불에 이슬이 맺히는 것을 방지했습니다. 그 덕분에 석굴암은 천 년이 지나도록 원래의 모습을 간직할 수 있었죠.

하지만 일제강점기에 석굴암은 큰 수난을 겪게 됩니다. 당시 일본에서는 우리나라 곳곳의 유적지를 발굴하고, 문화재를 조사하고, 수리하는 작업을 진행했습니다. 이때 석굴암의 돌을 다 뜯어내고 재조립하는 과정에서 원래의 모습대로 조립을 하지 못해 환기를 위한 장치들이 다 망가졌으며, 본존불 아래로 흐르는 물길도 습기가 찰 것이라며 막아버렸습니다. 또한 석굴암의 겉면에는 석굴암을 보호한다는 명목으로 콘크리트 칠을 했죠.

하지만 당시의 최고 재료였던 콘크리트는 오히려 석굴암의 환기에 방해가 되었고, 이후 석굴암은 이끼로 뒤덮이게 되었습니다. 결국 광복 이후 우리 정부는 석굴암의 훼손을 막기 위해 석굴암에 유리벽을 치고, 온도와 습도를 조절하는 기계를 설치하였습니다. 이 때문에 현재 우리는 석굴암을 유리벽 너머로밖에 볼 수 없게 되었죠. 현대의 과학기술이 되레 석굴암을 망치게 되었다니, 때로는 옛 사람들의 방식이 현대의 방식보다 훨씬 더 뛰어나다는 생각이 듭니다.

해탈 어벤져스! 석굴암 본존불과 여러 조각들

석굴암에 담긴 기술력을 살펴보았으니, 이제는 석굴암에 담긴 예술성을 느껴보겠습니다. 석굴암과 불국사는 김대성이 한 세트로 구성한 사원입니다. 불국사가 부처님의 세계로 들어가는 과정을 현실에 옮긴 것이라면, 석굴암은 해탈의 순간을 현실 세계에 구현한 것이죠. 석굴암의 세밀하고 아름다운 조각들은 석굴암을 방문하는 사람들에게 정말로 부처님을 만난 것 같은 느낌을 줬을거예요.

멀리서 바라본 석굴암 석굴

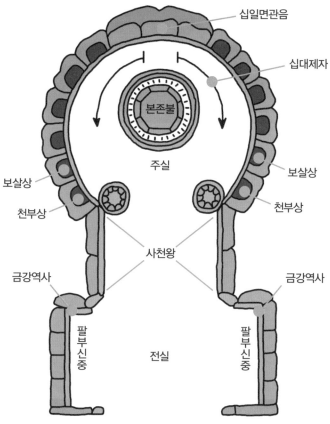

석굴암 배치도

| 사천왕상 | 십대제자상 | 십일면관음보살상 |

우선 석굴암에 들어서면 부처님의 세계로 가는 길을 지키는 문지기 신 금강역사^{인왕} 한 쌍이 무서운 표정으로 우리를 내려다봅니다. 나쁜 마음을 품고 있는 사람을 금방이라도 주먹으로 내리칠 기세입니다. 금강역사상을 지나면 부처님 세계의 동, 서, 남, 북 사방을 지키는 사천왕^{四天王}이 등장합니다. 사천왕은 일반 사찰의 입구에서도 쉽게 만나볼 수 있죠. 사천왕은 저마다 무기를 들고, 발로는 마귀를 짓밟고 서 있습니다.

이렇게 금강역사와 사천왕이 지키는 곳을 통과하면 본존불을 만날 수 있는데요, 석가모니의 모습을 표현한 본존불 주변에는 석가모니의 여러 제자들, 그리고 부처가 되기 위해 수행을 이어나가는 보살상들이 쭉 늘어서 있습니다. 수많은 보살상 중에서도 그 조각이 으뜸인 것은 바로 본존불 뒤에 있는 십일면 관음보살상입니다. 11개의 얼굴이 새겨진 관을 쓰고 있는 이 관음보살상은 얼굴과 관의 표현이 아주 사실적이어서 통일신라의 조각 수준을 잘 보여주고 있습니다. 마지막으로 석굴암의 주인공인 본존불은 넓고 부드러운 어깨, 은은한 미소, 유려한 곡선으로 이루어져 있으면서 인체의 비율이 알맞게 표현된 몸이 특징입니다. 이 본존불은 통일신라의 조형미의 정점을 이루는 작품이자 이후 제작되는 불상의 기준점이 되었습니다.

통일신라 사람들의 마음을 담은 석굴암

지금까지 석굴암에서 볼 수 있는 통일신라의 뛰어난 기술력, 미적 감각, 섬세한 조각 기법 등 눈에 보이는 가치들에 대해 살펴봤습니다. 하지만 우리가 결코 잊어서는 안 될 점이 한 가지 있어요. 바로 석굴암이 본래 예배 장소였다는 점입니다. 즉 이렇게 뛰어난 석굴암을 제작할 수 있었던 데에는 신라인들의 신앙심이 그 밑바탕에 있었다는 것이죠. 아무리 돈이 많고 기술이 뛰어나도, 부처님의 세계를 현실로 구현해보겠다는 마음이 없었다면 석굴암은 탄생할 수 없었을 것입니다.

석굴암 본존불은 경주 동남쪽에 위치한 토함산에서 일출이 아주 잘 보이는 위치에 동해를 바라보며 앉아 있습니다. 아마도 천 년 전 신라 사람들은 떠오르는 태양 빛을 반사시키며 영롱한 빛을 내는 본존불의 이마를 보며 부처님의 진리의 빛이라고 느끼지 않았을까요? 또는 은은한 미소를 띤 석굴암 본존불의 상호相好, 부처님의 얼굴이나 신체적 특징를 바라보며 부처님의 자비를 느끼고, 사실적으로 조각된 수많은 조각상을 보며 부처님의 존재를 피부로 느낄 수 있지 않았을까요?

불상 부처의 형상을 표현한 상. 나무, 돌, 쇠, 흙 등으로 부처의 갖가지 표정과 행동을 담아 만든다.

불상도 모르는
불쌍한 중생을 위하여……
역사 속의 불상

이야기를 시작하기에 앞서 문제를 하나 내보겠습니다. 이번 주제는 불상이 니까, 잠시 상상의 나래를 펼쳐 여러분이 불상을 만드는 장인이라고 한번 생각 해보세요. 여러분은 서울 남산에 있는 '태건사'라는 절에서 나무를 깎아 불상 을 만들게 되었습니다. 어떤 모양으로 할까 고민하다가 우뚝 서 있는 미륵보살 을 만들기로 결심했죠. 그렇게 몇 년의 세월이 지나 마침내 불상을 완성했습니 다. 이 불상의 이름은 무엇일까요?

물론 불상에 꼭 자신의 이름을 붙이고 싶다면 그렇게 해도 상관없습니다. 다만 예술작품이 아니라 부처를 숭배하기 위한 목적으로 제작한 불상이라면 만든 이의 이름을 붙이지는 않습니다. 가톨릭교에서 예수의 상을 만들 때 이름 을 따로 짓지 않는 것과 마찬가지지요. 단지 바라보는 사람들이 서로 다른 상 들을 구분하기 위해 원칙에 따라 정해진 이름을 붙여주는 거예요. 여러분이 상상으로 멋지게 완성한 불상의 이름은 잠시 후에 공개하도록 하고, 불상이란 무엇인지부터 알아보기로 하겠습니다.

불상은 말 그대로 부처의 모습을 본뜬 상입니다. 보통 사찰, 불상, 탑이 불교를 외형적으로 나타낸다고 볼 수 있는데, 언뜻 생각하기에 부처님의 모습을 나타내는 불상이 더 중요할 것 같고 더 먼저 만들어졌을 것 같지만 사실은 그렇지 않습니다.

석가모니가 불교를 창시하고 세상을 떠난 후 그의 몸에서 나온 사리를 모시기 위해 인도에서 처음으로 탑을 만들었습니다. 하지만 불상은 초기 불교에서는 나타나지 않았습니다. 인도 사람들에게 조각 기술이 없어서였을까요?

그렇지 않습니다. 초기 불교에서 불상이 만들어지지 않았던 것은 석가모니가 자기 개인을 숭배하지 말라고 말했기 때문이기도 하고, 감히 부처님의 모습을 사람의 형상으로 만들 생각을 하지 않았기 때문입니다. 그래서 석가모니 사후 약 500년 동안은 탑이나 금강보좌金剛寶座. 부처가 앉았던 자리, 수레바퀴, 보리수 등 부처님과 관련 있는 상징물을 예배의 대상으로 활용했습니다. 이 시기를 불상이 없는 시대라고 해서 '무불상시대無佛像時代'라고 부르죠.

그러다가 알렉산더대왕의 동방 원정으로 그리스 문화가 인도 지역에 전파되면서 동서양 미술이 융합된 헬레니즘 문화가 생겨나고, 인도의 간다라 지역에서는 간다라 미술이 발전하게 되는데, 이 무렵부터 불상이 등장하게 됩니다. 그리스에서는 제우스 등 신화 속에 등장하는 여러 신들을 인간의 모습으로 조각하는 것이 유행이었어요. 이러한 그리스 미술의 영향을 받아 인도에서도 부처님의 모습을 형상화하기 시작한 것이죠. 그러다 보니 간다라 미술의 불상들은 생김새가 그리스의 조각상과 아주 유사합니다.

간다라 미술 양식 불상
서구적인 얼굴과 체형을 하고 있다.

고대의 불상

그럼 이번에는 우리나라 시대별 불상의 특징을 살펴볼게요. 한반도 최초의 불상은 삼국시대부터 등장하는데요, 삼국시대에 불교, 도교, 유교가 수용되었기 때문이죠. 당시의 불교는 왕실과 귀족 중심이었습니다. 삼국의 왕실은 왕이 곧 부처라는 왕즉불王卽佛 사상을 내세우며 불교를 신분제와 연결지었습니다. 이를테면 평민이 이승에서 덕을 쌓아 죽은 후 환생을 하면 귀족이 되고, 덕을 쌓은 귀족은 다음 생에 왕이 된다는 식이었죠. 따라서 지금의 왕은 전생에 무수한 덕행을 쌓은 사람이기에 마땅히 존경받아야 할 인물이니 왕에게 충성하라는 식이었어요. 이러한 사상은 왕권 강화에 명분을 부여해주었습니다. 또 호국 불교라고 하여 나라를 지켜주는 힘과 불교를 연결하는 사례가 많았습니다.

그런 환경의 영향 속에서 삼국시대의 불상은 비교적 일관된 스타일로 제작되었습니다. 삼국은 불교를 전해준 중국의 불상 제작 방식을 따르면서도 각자 나름의 개성을 살려 불상을 만들었습니다. 삼국의 대표적인 불상으로는 고구려의 금동연가7년명여래입상, 백제의 서산 용현리 마애여래삼존상, 신라의 경주 배동 석조여래삼존입상 등이 있죠.

　　삼국시대 불상의 특징은 바로 반가사유상이 많이 제작되었다는 점입니다. 반가사유상은 석가모니가 왕자로 지내던 시절 인간의 생로병사에 대해 고뇌하던 모습에서 비롯된 것인데, 삼국시대에는 미래에 중생을 구제하러 나타나는 미륵보살의 모습으로 많이 제작됩니다. 삼국시대의 반가사유상 중에 가장 유명한 불상이 국보 제83호 금동미륵보살반가사유상입니다. 그 형태의 아름다움이나 완성도가 뛰어나기 때문인데요, 삼국시대의 이 금동미륵보살반가사유상이 일본에 전해져 목조미륵보살반가사유상이 만들어졌다는 건 유명한 사실이죠.

백제의 서산 용현리 마애여래삼존상   신라의 경주 배동 석조여래삼존입상

영향을 줌

금동미륵보살반가사유상   고류지 목조미륵보살반가사유상
우리나라 국보 제83호

　　나아가 이 목조미륵보살반가사유상이 한반도에서 제작된 거라는 주장도
있어요. 왜냐하면 목조미륵보살반가사유상은 적송^{목재로 쓰는 소나무 종류}을 재료로 썼
는데, 이 적송은 한반도에서 많이 나며 목조 제작에 흔히 사용되었기 때문이

죠. 그 때문에 백제나 신라의 장인이 만든 불상이 일본에 전해진 게 아니냐는 설이 있기도 해요.

통일신라로 넘어오면 고구려, 백제, 신라의 양식과 더불어 중국 당나라와 서역과의 교류로 인해 수용된 여러 가지 요소들이 융합됩니다. 그리고 국력이 성장하고 불교도 발전하면서 높은 수준의 조형미술을 보여주는데, 가장 완성된 모습의 불상이 바로 석굴암 본존불이에요.

자유분방한 형식의 고려 불상

고려시대 전기에는 새롭게 대두된 지방 호족의 힘이 막강했어요^{이 책의 '태조 왕건'} ^{편을 참조}. 그러다 보니 각 지방에서 만들어지는 불상에도 지역의 특색을 반영한 독특한 스타일이 등장했습니다. 또한 지방 호족들의 후원을 받아 거대한 불상이 제작되기도 했죠.

다음 고려의 불상들을 보면 하남 하사창동 철조석가여래좌상의 경우는 과거의 불상 스타일을 무난히 따른 듯하지만, 관촉사 석조미륵보살입상은 좀 우스꽝스러울 정도로 머리가 커서 튄다는 느낌까지 주죠. 또한 이 두 불상은 매우 큽니다. 하사창동 철조석가여래좌상은 높이가 3미터 정도이고, 관촉사 석조미륵보살입상은 무려 18미터에 달하니 웬만한 건물 높이예요. 고려의 문화재는 다른 시기의 문화재에 비해 규모가 크다는 특징도 있습니다.

물론 이런 와중에 신라 양식을 계승한 걸작 불상들도 탄생합니다. 부석사

소조여래좌상 같은 불상
은 석굴암 본존불의 양
식을 그대로 따르면서 숙
련된 기술과 예술적 감각
을 토대로 한 작품이죠.
또 고려 후기에는 화려한
양식을 추구하는 라마불
교 티베트를 중심으로 발전한 불교의 한
파. 8세기 중엽 인도에서 전래한 밀교가 티
베트의 민속과 풍토에 동화되어 발달했으
며, 고려시대에 중국 원나라를 통해 전래되
었다의 영향을 받아 금동
관음보살좌상 같은 불상
이 나오기도 합니다. 전
반적으로 고려의 불상은
이전에 비해 비율이나 복

하남 하사창동 철조석가여래좌상

관촉사 석조미륵보살입상

부석사 소조여래좌상

금동관음보살좌상

색 등 모든 면에서 자유분방한 양상을 드러낸다고 할 수 있겠습니다. 하지만
이후 조선시대에 들어서면 불교가 국가적인 탄압 속에서 크게 위축되어 높은
평가를 받을 만한 불상을 찾아보기 어렵죠.

부처와 보살 구분하기

불상 이야기를 하며 정작 불상의 주인공들에 대한 설명을 빼놓으면 안 되겠죠. 불상의 주인공으로는 부처와 보살이 있어요. 부처는 수행을 하여 깨달음을 얻은 자예요. 보살은 깨달음을 얻기 위해 수행을 하면서 부처를 도와 중생의 교화를 돕는 이를 말하는데, 관음보살과 미륵보살, 문수보살, 보현보살 등이 있습니다. 부처 하면 흔히 불교의 창시자인 석가^{불교를 창시한 인도의 성자로 성은 고타마瞿曇, 이름은 싯다르타悉達多이다. 부처, 석가모니, 석가세존, 석존, 세존, 능인적묵, 여래, 불타, 붓다, 불佛 등으로 다양하게 불림를}를 떠올리는데요, 석가가 부처는 맞지만 석가만 부처인 것은 아닙니다. 불교에서는 깨달은 자라면 누구든 부처라고 부르기 때문에 부처는 고유명사가 아닌 일반명사라고 봐야 해요. 물론 부처를 대표하는 깨달은 자가 고타마 싯다르타, 곧 석가모니인 것은 분명한 사실이고요.

　그런데 부처상과 보살상을 구분하기란 쉬운 일이 아닙니다. 몇 가지 원칙이

부처상　국보 제24호 석굴암 본존불　　　　보살상　국보 제293호 금동관음보살입상

있는데요, 머리에 보관을 쓰고 있으면 보살상이고, 보관이 없으면 부처상이라 할 수 있어요. 또 목걸이, 팔찌 등 각종 장식을 하고 있으면 보살상일 가능성이 큽니다. 하지만 부처상과 보살상의 구분이 원칙대로 되지 않는 경우가 간혹 있기도 합니다.

보살에도 여러 종류가 있다고 말씀드렸는데요, 이중 관음보살은 아미타부처를 돕는 보살로, 자비의 마음으로 중생을 구해주는 보살입니다. 불교 신자들은 현실 세계의 고통에서 구제받고 싶을 때 관음보살에게 빕니다. '나무아미타불관세음보살'이라고 하면 아미타불과 관음보살님께 귀의한다는 뜻으로 이해할 수 있어요. 불교에 귀의할 테니 도와달라는 염원이 담겨 있는 말이라고 생각하시면 됩니다. 미륵보살은 석가가 입적^{승려의 죽음을 뜻하는 불교 용어}하고 나서 56억 7000만 년 뒤에 나타나 석가가 구제하지 못한 중생을 구제하는 미래불입니다.

불상의 이름을 정하는 방법

이제 주인공까지 정리가 되었으니 이번 장의 서두에서 던진 문제의 답을 슬슬 찾아볼까요? 불상의 이름을 정하는 방법은 그렇게 복잡하지 않습니다. 지역이나 특징, 재료나 방식, 주인공, 자세나 형태 순으로 나열하면 된답니다. 간단하게 말하면 어디에서, 무엇으로, 누구를, 어떻게 만들었는지 순서대로 말하면 이름이 되는 것이죠. 공식으로 나타내면 아래와 같아요.

어디에서^{지역} **무엇으로**^{재료} **누구를**^{주인공} **어떻게**^{자세} 표현했는가.

여기서 자세는 보통 서 있거나^{입상立像} 앉아 있거나^{좌상坐像} 누워 있으므로^{와상臥像} 이 세 가지 안에서 판단하면 충분합니다. 예를 들어 경북 영주에 있는 부석사에서 소조^{찰흙이나 밀랍처럼 점성이 있는 재료를 덧붙여가면서 입체적 형상을 빚는 미술 기법}라는 방식으로 여래^{부처}를 앉아 있는 자세로 만들었다면 영주 부석사 소조여래좌상이 그 불상의 이름이 되는 것이죠.

한 가지 알아둘 점은 모든 불상이 만들어진 위치가 정확히 밝혀지지는 않았다는 것입니다. 역사적 흐름 속에서 이리저리 옮겨진 불상은 원산지가 불분명하기에 지역으로 이름 붙이기가 어렵죠. 그 때문에 지명을 아예 붙이지 않거나 금동연가7년명여래입상처럼 다른 특징을 활용해 명명하기도 합니다. 이 이름에서 '연가7년'이란 불상의 제작 시기를 말하는데요, 불상 뒤에 적힌 제작 연대가 연가 7년이어서 그에 따라 이름을 지은 것입니다.

이 원칙에 따라 도입부에 드린 질문의 답을 같이 찾아볼까요? 우리는 이 불상이 만들어진 곳이 서울 남산의 태건사라고 정확히 알고 있으니 굳이 다른 특징으로 이름을 지을 필요는 없겠네요. 나무로 미륵보살을 만들었고, 서 있는 자세라고 말씀드렸습니다. 그렇다면 이 불상의 이름은 '서울 남산 태건사 목조미륵보살입상' 정도가 되겠지요?

등산이나 여행을 가면 한두 번쯤은 마주치는 것이 절이고, 절에 들어서면 모셔둔 불상을 쉽게 볼 수 있습니다. 그냥 한 바퀴 둘러보고 가벼운 마음으로 돌아오는 것도 좋지만, 그 불상의 시대적 특성이나 이름의 연원, 주인공은 누구인지 살펴보며 주변 사람들과 지식을 나눌 수 있다면 관람의 재미가 배가되지 않을까 싶습니다. 문화유산이란 닦으면 닦을수록 빛을 발하는 청동거울처럼, 알면 알수록 그 가치가 환하게 드러나는 법입니다. 소중한 문화유산의 가치를 스스로 발견하고 온 마음으로 직접 체험했다고 생각하면 돌아오는 발걸음이 조금은 더 뿌듯하지 않을까요?

탑 뾰족하게 높이 세운 건축물을 뜻하며 우리나라에서는 삼국시대에 불교의 영향으로 많은 탑이 건립되었다.
탑에 따라 다양한 건축 목적과 용도가 있으나 주로 종교적인 이유로 지어졌다.

이소룡도 반해버린
한국의 탑

흔히 우리 역사를 '반만년의 유구한 역사'라고 표현합니다. 역사가 너무 길기 때문일까요? 수백 년이 된 문화재도 무덤덤하게 지나가는 경우가 적지 않은 것 같아요. 생각해보면 건축물이 되었든 물건이 되었든 인간이 만든 무언가가 몇 백 년 세월 동안 사라지지 않고 남아 있는 일 자체가 쉽지 않은데도 말이죠.

그런 의미에서 긴 시간 동안 우리 곁에 남아 있으면서 비교적 쉽게 찾아볼 수 있는 문화재가 바로 탑입니다. 오래된 절이나 박물관에 가면 멀게는 삼국시대부터 가깝게는 조선시대에 지어진 탑들을 만날 수 있죠.

탑이란 여러 층으로 또는 높고 뾰족하게 세운 건축물을 가리키는데, 이번 주제에서 우리가 살펴볼 탑은 불탑佛塔, 즉 부처님의 사리를 모시기 위한 건축물입니다. 참고로, 공덕이 높은 승려의 사리를 모신 탑은 부도 또는 승탑이라

| 민간에서 쌓은 돌탑 | 고려의 흥법국사 실상탑 |

고 불러요.

　사실 처음 석가모니가 입적했을 때 석가모니의 제자들은 많이 당황했을 거예요. 석가모니의 사리를 어딘가에 보관은 해야 할 텐데 부처님의 몸 그 자체이니 아무 곳에나 둘 수는 없으니까요. 그래서 인도인들은 부처님의 몸을 모실 만한 크고 웅장한 건축물을 새로이 만듭니다. 그게 바로 최초의 불탑인 인도의 산치대탑입니다. 그런데 우리가 알고 있는 탑과는 모습이 많이 다르지 않나요?

산치대탑

　사실 우리나라에 있는 탑과 유사한 모습은 중국에서부터 찾아볼 수 있어요. 인도와 중앙아시아를 거쳐 중국에도 불교가 전래됩니다. 중국 사람들 역시 부처님의 사리를 모시기 위해 탑을 짓기로 했는데, 이들도 석가모니의 제자들과 마찬가지로 고민에 빠집니다. 귀중한 사리를 어디에 모셔야 할까?

부처님이 계실 만한 좋은 장소, 당시 중국에서 제일 좋은 장소는 어디였을까요? 왕궁 혹은 관청 건물, 또는 기존의 토착 종교가 사용하던 사원 등이겠죠. 이 장소들은 모두 목조 건물이라는 공통점이 있습니다. 즉 기존의 건물을 활용해서 부처님의 사리를 모시게 되었고, 이 때문에 불탑이 마치 목조 건축물처럼 지붕이나 기둥의 모양을 하고 있는 것입니다. 다만 목탑은 물과 불에 모두 약하기 때문에, 중국에서는 벽돌로 만든 전탑博塔을 많이 만들었습니다.

한편 우리나라의 삼국은 중국을 통해 불교를 접하게 되었으니, 탑도 중국과 유사하게 목조 건물 형태의 목탑을 제작했습니다. 특히 고구려가 목탑을 주로 제작하였죠. 하지만 앞서 언급한 목탑의 취약점 때문에, 우리나라에서 쉽게 구할 수 있고 튼튼하기도 한 화강암을 사용해서 탑을 짓기 시작했고, 이것이 바로 우리나라에 석탑이 많은 이유이기도 합니다.

하지만 석탑을 만들면서도 형태는 기존의 목탑 형태를 그대로 따랐습니다. 그래서 석탑에 마치 목조 건축물처럼 옥개석屋蓋石. 지붕 모양의 석재과 우주 및 탱주隅柱. 撑柱. 탑신부에 새긴 기둥 모양을 말한다. 우주는 테두리 쪽 기둥이며 탱주는 우주와 우주 사이의 기둥이다 등이 표현되는 것이죠.

한 가지 더, 일본은 어떤 탑을 많이 만들었을까요? 일본 역시 목탑을 많이 지었습니다. 하지만 일본에서는 임진왜란 같은 전 국토를 대상으로 한 대규모 침략 전쟁이 일어난 적이 없기 때문에 고대의 목탑이 그대로 보존되어 있습니

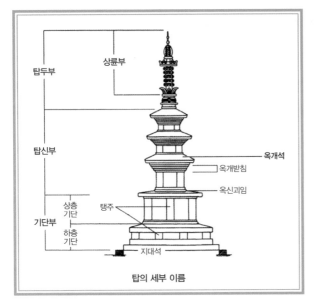

다. 이 때문에 흔히 중국은 전탑의 나라, 한국은 석탑의 나라, 일본은 목탑의 나라라고 부르기도 합니다.

탑의 층수 세는 방법

탑의 이름을 보면 삼층 석탑, 칠층 목탑 등 층수를 붙이는 경우가 많습니다. 탑에 계단이 있는 것도 아닌데 이 층수는 어떤 기준으로 세는 걸까요? 일정한 모양이 없어 때로는 층수를 헤아리기가 모호한 경우도 있지만, 보통은 탑에서 지붕처럼 튀어나온 부분, 곧 옥개석 개수를 기준으로 층을 헤아립니다. 옥개석이 3개면 삼층탑, 7개면 칠층탑이지요. 우리나라의 탑은 대부분 홀수 층의 탑입니다.

삼국의 탑

그럼 본격적으로 탑이 건설된 삼국시대부터 탑의 특징과 유명 탑들에 대해 알아보기로 하겠습니다. 고구려는 목탑을 많이 세운 까닭에 지금은 거의 남아 있지 않아요. 목탑은 내구성이 취약해 소실되기가 쉽습니다. 신라시대의 황룡사 구층목탑도 몽골의 방화로 사라진 대표적인 목탑이죠. 백제의 미륵사지 석탑이나 정림사지 오층석탑, 신라의 분황사 모전석탑 정도가 현존하는 삼국시대의 대표적인 탑들입니다.

이 중에 전북 익산에 있는 미륵사지 석탑을 살펴보겠습니다. 이 탑은 지금은 없어진 미륵사라는 절터에 있습니다. 미륵사지彌勒寺址에서 '지'라는 말은 현재 절은 없고 그 터만 남아 있다는 뜻이에요. 탑도 동탑과 서탑 두 개가 있었는데 지금은 서탑 일부만 남아 있습니다. 그런데 이 탑이 지어지는 과정에 얽힌 이야기가 재미있죠.

『삼국유사』에 실려 있는 내용입니다. 백제의 마지막 왕인 의자왕의 아버지 무왕은 세자 시절에 서동이라는 이름으로 불렸는데, 신라 진평왕의 딸인 선화공주를 짝사랑했다고 합니다. 그래서 자신과 선화공주가 서로 좋아한다는 소문을 내요. 말이 씨가 되어 결국엔 진짜 사귈 수 있기를 노렸다고나 할까요? 여하튼 서동은 이렇게 밤마다 선화공주가 서동의 방을 찾는다는 노래를 지어 동네 아이들에게 부르도록 시켰고, 이 노래가 지금까지 전해지는 「서동요」입니다.

선화공주님은	善化公主主隱
남몰래 사귀어두고	他 密只 嫁良 置古
맛둥 서방님을	薯童房乙
밤에 몰래 안고 간다네	夜矣 卯乙 抱遣 去如

『삼국유사』에 따르면 무왕의 작전은 성공해 선화공주는 신라 왕실에서 쫓겨났고, 백제로 넘어가 무왕의 왕비가 됩니다. 이후 선화공주와 무왕이 함께 용화산에 가는 길에 연못에서 나타난 미륵불을 보고 지은 절이 미륵사라는 것이죠.

그런데 미륵사지 석탑을 수리하는 과정에서 2009년에 발견된 기록에 따르면 무왕의 왕비는 사택왕후라는 다른 인물이고 그녀가 미륵사를 창건했다고 해요. 그렇다면 『삼국유사』의 기록은 거짓일까요? 사실 당시 적대 관계에 있었던 백제와 신라 사이에 왕자와 공주가 사랑하고 혼인까지 하는 일이 벌어졌다고 보기는 어려운 측면이 있습니다. 아마도 『삼국유사』의 저자 일연은 전해지는 민간설화를 토대로 이 부분을 집필하지 않았나 싶네요.

미륵사지 석탑 수리를 위한 해체 전 모습.

오늘날 남아 있는 미륵사지 석탑(서탑)

미륵사 복원 모형도 국내에서 가장 오래된 석탑이며 동양 최대 규모를 자랑하는 국보 제11호 익산 미륵사지 석탑은 2001년 해체 조사에 착수해 2017년 조립 공정이 완료되었다.

삼층탑은 통일신라

그다음 통일신라시대로 넘어가겠습니다. 통일 이후 삼국의 문화가 융합되고 불교도 크게 발전한데다 나라도 안정되면서 통일신라는 높은 문화적 수준을 갖추게 됩니다. 탑의 경우에는 균형과 비례를 중요시한 사각형 평면의 삼층탑이 유행하죠. 대표적인 탑이 감은사지 동·서 삼층석탑, 불국사 삼층석탑^{석가탑}입니다. 감은사지 삼층석탑은 아버지 문무왕으로부터 통일신라를 물려받은 신문왕이 그 은혜에 감사하는 의미로 지었다고 하죠.

감은사지 삼층석탑

아마 우리나라 탑 중에 가장 널리 알려진 것이 다보탑과 석가탑일 겁니다. 이 탑들이 지어진 사연은 『삼국유사』의 기록을 빌려 정리해볼게요. 때는 통일신라시대, 경주의 한 마을에 대성이라는 사내가 있었습니다. 대성이 태어났을 때, 집안이 너무도 가난하여 남의 집에서 머슴 일을 하였습니다. 어느 날 대성은 주인집에서 절에 시주하는 것을 보았고, 시주를 받은 승려는 시주를 하였으니 만복을 받고 편안히 오래오래 살 것이라고 축원해줍니다. 이를 본 대성은 집으로 달려와 어머니에게 시주를 권합니다. 그간 쌓은 선행이 없어 지금 고생하는 것이니 시주하여 다음 생의 평안함을 빌자는 것이었죠. 그리하여 대성의 부모는 몇 마지기 없던 밭을 절에 모두 시주하였으나, 복을 받기는커녕 얼마 후 대성이 덜컥 죽고 맙니다.

그런데 부처님이 대성을 기특하게 여겼는지 그는 이웃의 한 귀족 집안에서 다시 태어나게 되었고, 전생을 다 기억해 과거의 부모가 누구인지도 알고 있었다고 합니다. 김대성은 경덕왕 대에 신라의 재상이 되었고, 벼슬에서 물러난 뒤 자신의 재산을 시주해 현생의 부모를 위해서는 불국사를, 전생의 부모를 위해서는 석불사^{지금의 석굴암}를 짓습니다. 이 이

마주보고 있는 불국사 석가탑(좌)과 다보탑(우)

야기는 물론 진위를 알 수 없지만 당대의 시대상을 잘 반영하고 있습니다. 불교 신앙을 실천하는 방법으로 시주를 강조하면서, 동시에 부모에 대한 효도가 중요하다는 점을 역설하고 있죠. 전생, 현생,

후생으로 대변되는 불교적 세계관이 대중에 통용되었음도 알 수 있고요.

　　다보탑과 석가탑은 이렇게 불국사가 건축되는 과정에서 함께 지어진 탑입니다. 석가탑은 1966년 해체 복원 작업중에 그 내부에서 현존하는 세계에서 가장 오래된 목판 인쇄물인 무구정광대다라니경이 발견되기도 했죠. 다보탑은 잘 아시다시피 10원짜리 동전에 새겨져 있는 탑입니다. 특이하게도 층수를 셀 수 없는 복잡한 구조로 되어있고 원래 탑의 아랫부분에 사자상이 네 마리 있었다고 하는데요, 일제강점기에 그중 세 마리가 사라졌고, 남은 한 마리 역시 안면부가 심하게 훼손되어 있으니, 참 안타까운 일입니다.

현재 용산 국립중앙박물관에 전시된 경천사지 십층석탑
답사중인 저자의 표정이 비장하다. 경기도 개풍군 광수리 부소산 경천사 터에 있던 것을 개항기 일본의 다나카 미쓰아키가 불법으로 해체하여 일본으로 가져갔다가 일제강점기가 끝나기 전에 돌려주어 경복궁에 버려져 있었다. 이를 1960년에 다시 세우고 1995년에 복원해, 2005년 용산에 국립중앙박물관을 개관하면서 새롭게 전시했다. 신라 탑의 형식을 따랐으면서도 고려 말 원나라 라마불교의 영향을 받아, 웅장하고 장식이 화려하면서 전체적인 균형감이 뛰어나고 우아하다.

자유분방한 시대정신, 고려의 탑

　　이제 고려시대로 가보겠습니다. 고려시대의 탑은 기본적으로 통일신라의 양식을 계승하면서도 때로 독특한 스타일이 나타나기도 합니다.

　　특히 원 간섭기가 되면 원나라 라마교의 영향을 받은 특이한 모양의 탑이 만들어지기도 하는데요, 그 대표적인 예가 경천사지 십층석탑입니다. 우리나라의 탑이 대부분 화강암으로 제작된 것과 달리 이 탑은 대리석으로 제작되었습니다. 그리고 각 층마다 불경의 내용이 세밀하게 조각되어 있어요.

이 탑은 일제강점기에 일본의 한 관료가 불법으로 자국으로 가져갔다가 1918년에 다시 한반도로 돌려놓았고, 지금은 국립중앙박물관 안에 있습니다. 경천사지 십층석탑은 후일 조선에 영향을 끼쳐 원각사지 십층석탑의 표본이 됩니다.

역사의 산증인이 된 조선의 탑

조선시대에는 이렇다 할 탑이 많이 세워지지는 않지만, 왕실과 세도가들의 후원을 받아 건설된 탑들이 있습니다. 원각사지 십층석탑이 그중 하나인데, 경천사지 십층석탑과 비교해보면 모양이 비슷합니다.

이 탑은 말년에 피부병에 걸리고 자신이 죽인 사람들에 대한 죄책감으로 악몽에 시달리던 세조가 불교에 귀의하면서 세운 탑입니다. 원각사지처럼 절 이름 뒤에 '지'자가 붙으면 절은 없고 터만 남았다는 뜻인데, 세조 때 지어진 원각사는 후일 연산군이 스님들을 내쫓고 기생들을 채워 술집으로 운영하기도 했던 곳입니다.

이곳이 오늘날 탑골공원 자리인데, 우리나라의 첫 근대적 민중집회라 할 수 있는 독립협회의 만민공동회가 열린 곳이기도 하고, 일제강점기에는 우리 민족이 독립의 뜻을 펼칠 때 자주 활용했던 상징적인 장소이기도 하죠. 민족

최대의 독립만세운동인 3·1운동이 시작된 장소가 바로 원각사지 십층석탑이 있는 탑골공원이었습니다. 연산군의 폭정, 근대화의 물결, 독립에 대한 민중의 외침 등 조선의 역사를 지켜본 산증인이 바로 이 탑인 셈이죠.

원각사지 십층석탑 서울특별시 종로구 탑골공원 소재. 1465년(세조 11) 현재의 탑골공원 자리에 원각사가 세워졌으며, 1467년(세조 13)에 십층석탑이 건조되었다. 1962년 국보 제2호로 지정되었으며, 높이는 약 12미터이다. 조선시대 석탑으로는 유례를 찾아볼 수 없는 우수한 조각 솜씨를 자랑하는 세련된 대리석 탑이다.

탑과 관련된 이색적인 일화 하나를 소개하고 이야기를 마치겠습니다. 현존하는 가장 오래된 목탑은 17세기에 지어진 충북 보은의 법주사 팔상전인데요, 이 탑은 언뜻 보면 규모가 커서 건물 같지만 내부가 뻥 뚫려 하나로 통하는 구조입니다. 국보 제55호로 보호받고 있는 문화재인데, 전설적인 영화배우 이소룡이 이 탑에 영감을 받아 영화를 찍었다는 사실, 알고 계신가요?

이소룡도 반해버린 법주사 팔상전

1972년, 이소룡은 한국의 법주사 팔상전을 보고 엄청난 영감을 얻습니다. 탑의 각 층마다 지키고 서 있는 무술 고수들을 차례로 격파하면서 위로 올라가는 구성을 떠올리게 되지요.

《사망유희》의 한 장면 이소룡과 농구 스타 압둘 자바의 격투 장면.

영화 《킬빌》의 한 장면 《사망유희》의 이소룡에 대한 오마주.

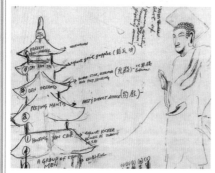

이소룡이 구상했던 《사망유희》 시나리오 배경을 위한 자필 스케치 매우 사실적으로 묘사되어 있으며, 층마다 지키고 있을 배우들의 이름을 써놓았는데 4층에 배치한 한국인 합기도 고수 지한재의 이름이 눈에 띈다.

법주사 팔상전과 금동미륵대불 실제 모습 국보 제55호. 현존하는 우리나라 유일의 목조 5층탑이다. 우리나라에서 가장 오랜 전통을 지닌 대규모의 목탑 형식을 살필 수 있는 귀중한 건물이다.

    그는 바로 영화 촬영을 결심했는데 그때 한국이 겨울이라 이소룡은 날씨가 풀리기를 기다리면서 할리우드 진출작이자 유작인 《용쟁호투》를 먼저 찍었습니다. 그 영화를 다 찍고 나면 한국으로 와서 현지 촬영을 할 생각이었고, 제작진과 실내 세트 촬영 분까지 미리 찍어놓은 상황이었습니다. 그런데 이소룡이 와서 법주사 팔상전을 배경으로 야외 신만 촬영하면 되는 상황에서 갑작스럽게 그가 세상을 떠나고 만 것이죠.^{1973.7.20}

이소룡이 일찍 사망하지 않았더라면 법주사 팔상전을 배경으로 세계적인 명작 영화가 탄생했을 수도 있는데, 상당히 아쉬운 부분입니다. 이 미완성 유작의 제목이 '사망유희'입니다. 남아 있는 〈사망유희〉의 장면들 중 이소룡이 노란색 트레이닝복을 입고 있는 사진은 아마 많이들 보셨을 거예요.

지금까지 탑에 관한 여러 가지 이야기를 소개해드렸는데요, 우리 곁에 남아 있는 소중한 탑이 많고 또 그 역사가 긴 만큼, 이 지면에서 다루지 못한 내용이 많아 아쉽습니다. 탑의 가치를 간단하게 정의하여 설명하기는 매우 어려울 것입니다. 오랜 세월 우리 곁에서 살아 숨쉬는 동안 매우 다채로운 의미들을 지니게 되었기 때문이겠죠. 탑을 징검다리 삼아 오랜 역사의 물결을 따라가 보는 것도 흥미로운 일이 아닐까 생각합니다.

팔만대장경 국보 제32호. 몽골이 고려를 침입하자 부처의 힘으로 몽골군을 물리치기 위해 제작한 대장경. 16년간의 작업 끝에 간행되었으며, 8만여 개의 판에 8만 4000여 개의 경전 말씀을 담고 있어 '팔만대장경'이라 부른다.

읽는 데만 30년! 팔만대장경

문화의 우위를 따지는 것만큼 무의미한 일은 없습니다. 이 말은 즉 어떤 문화든 그 나름의 가치를 인정하고 소중히 여겨야 한다는 뜻이죠. 우리 문화라고 해서 무조건 찬양하고 치켜세울 필요도 없고, 반대로 우리에게 이집트의 피라미드 같은 거대 축조물이 없다고 위축될 이유도 없습니다.

문화유산은 눈에 보이는 규모로만 가치를 매길 수 있는 것은 아닙니다. 때로는 많은 사람들의 끝없는 노력으로 오랜 기간 축적되어온 지적 유산들이 현대를 살아가는 우리에게 더 큰 가치를 전해주며 과거를 알리는 등불 역할을 하죠. 그런 의미에서 저는 세계 어디에 내세워도 부족함이 없는 우리의 위대한 지적 문화유산 두 가지를 꼽아보고 싶은데요, 하나는 조선왕조의 모든 역사가 촘촘하게 기록된 『조선왕조실록』이고, 다른 하나는 바로 지금 소개해드릴 고려의 팔만대장경입니다.

팔만대장경을 이야기하기 전에 먼저 인쇄술의 역사를 살펴보려 합니다. 우리는 예로부터 학문을 가까이한 민족이에요. 그래서 책 읽고 공부하기를 좋아했고, 자연히 인쇄술이 함께 발달했습니다. 현존하는 세계에서 가장 오래된 목판 인쇄물인 무구정광대다라니경을 보유한 나라이자, 현존하는 세계에서 가장 오래된 금속활자본인 『직지심체요절』을 만들어낸 나라도 우리나라입니다.

인류의 발전과 인쇄술은 뗄 수 없는 관계를 맺고 있습니다. 인쇄술이 없을 때 책은 오로지 필사^{筆寫, 베껴 씀}로 만들 수밖에 없었습니다. 호롱불 하나 켜놓고 몇 달, 길게는 몇 년에 걸쳐 중간에 틀리면 다시 써가면서 글을 적어야 책 한 권이 나왔죠. 당연히 책을 많이 만들 수 없고, 책이 몇 권 없으니 많은 사람이 읽을 수도 없었습니다. 그러다 보니 지배계급은 한정된 지식을 권력 유지의 수단으로 활용했습니다. 라틴어로 된 『성경』을 가진 성직자들이, 한자로 된 『논어』와 『맹자』를 읽을 줄 아는 양반들이 높은 지위를 누리고 민중을 계몽했죠.

자, 그러면 우선 인쇄술의 역사에서 가장 먼저 등장한 목판인쇄에 대해 알아볼까요? 목판에 글자를 반대로 적거나 붙이고, 그 글자 모양대로 목판을 파낸 후 종이에 찍어내는 게 목판인쇄입니다. 하지만 목판을 파내다가 중간에 한 자만 틀려도 처음부터 다시 시작해야 하는 번거로움 때문에 판을 많이 제작하기는 힘들었어요.

석가탑 속에 숨어 있던 뜻밖의 보물, 무구정광대다라니경

현존하는 목판인쇄물 중 가장 오래된 것이 불국사 석가탑에서 나온 무구정광대다라니경입니다. 이 소중한 문화유산은 하마터면 아직까지도 우리가 그 존재를 몰랐을 수도 있었어요. 발견 과정이 참 극적이기 때문입니다. 석가탑 안에 있는 사리함을 훔치기 위해 나타난 도굴꾼들이 탑을 마구 흔들어놓는 바람에 탑이 많이 훼손되었고, 이를 복원하기 위해 1966년 10월에 석가탑 해체 보수공사 작업이 시작됩니다. 그런데 탑을 해체하자 2층 탑신부에서 사리 장치와 함께 무구정광대다라니경이 발견된 것입니다. 그렇게 현존하는 세계에서 가장 오래된 목판인쇄물은 세상 빛을 보게 되었죠.

현존하는 세계 최고最古의 목판인쇄물인 무구정광대다라니경은 그 상징성과 가치로 보았을 때 당연히 유네스코 세계기록유산에 등재돼야 마땅하지만 아직 등재되지 못하고 있습니다. 이는 제작 주체에 대한 논란이 있기 때문인데요, 중국에선 본인들이 무구정광대다라니경을 만들어 보냈다고 주장하고 있죠. 무구정광대다라니경에 '무주제자武周制字'라는 글자가 적혀 있는데, 중국은 이 문자가 당나라 측천무후 때 만들어져 당시에만 한정적으로 사용되었기 때문에 무구정광대다라니경이 본인들의 것이라 주장하고 있습니다.

무구정광대다라니경

그러나 이 글자는 다라니경보다 50여 년 전에 만들어진 것으로, 신라에 전파되어 통용됐을 가능성이 큽니다. 또 중국은 다라니경이 중국산 닥종이로 인쇄되었기 때문에 결국 중국의 것이라는 주장도 하는데, 연구 결과 이 종이는 8세기 때 쓰이던 신라 닥종이와 같은 것으로 판명이 났습니다. 그러나 이런 사실은 국제적으로 인정되고 있지 않은 상황입니다. 중국이 국가 차원에서 전담 팀을 만들어 무구정광대다라니경은 중국의 것이며, 이것을 신라가 수입했다고 주장하고 있기 때문입니다.

또한 일본은 무구정광대다라니경의 제작 장소와 시기가 명확하지 않기 때문에 770년경에 만든 일본의 백만탑다라니경이 가장 오래된 것이라고 각각 주장하고 있죠. 이런 안타까운 상황을 보면 우리 문화유산의 존재와 가치를 널리 알리는 일이 얼마나 중요한지 새삼 깨닫게 됩니다.

세계 최고의 금속활자 인쇄물, 『직지심체요절』

이후 등장하는 활판인쇄^{금속활자}는 판 위에 밀랍^{벌집에서 추출. 화장품, 절연제, 양초 등의 원료로 사용}을 녹여 금속활자를 고정한 후 종이에 찍어내는 방식을 말합니다. 글자를 다양하게 조합할 수 있어 여러 종류의 판을 만들기가 목판에 비해 어렵지 않았어요. 단점은 종이에 글자를 찍는 과정에서 글자가 우그러지는 현상이 일어난다는 것이죠. 세종대왕 때는 이를 개선해 틀에 글자를 끼워넣는 식자판 조립이라는 방식을 개발함으로써 인쇄 효율을 두 배로 높였습니다.

1234년에 찍어낸 『상정고금예문』이 세계 최초의 금속활자 인쇄물로 알려져 있지만 지금은 전해지지 않고요, 남아 있는 금속활자 인쇄물 중 가장 오래된 것이 1377년에 제작된 『직지심체요절』입니다. 안타깝게도 개화기^{1876년 강화도조약 이후부터, 우리나라가 서양 문물을 받아들여 종래의 사회 질서를 타파하고 근대 사회로 이행하던 시기}에 조선에 왔던 프랑스 외교관 콜랭 드 플랑시가 프랑스로 가져간 후, 현재는 프랑스 국립도서관에 보관되어 있습니다.

이로써 우리의 금속활자 기술이 독일의 구텐베르크가 만든 『42행 성서』보다 80년 정도 앞섰다는 것을 확인할 수 있습니다. 다만 구텐베르크의 활판인쇄가 보다 근대적이고, 이후 세계적인 파급효과를 가져왔다는 점에서 세계 최초라고 통상적으로 일컬어지고 있을 뿐입니다. 서구의 발명품으로 알려져 있는 것들 중에는 사실 나침반, 화약 등 동양의 발명품인 것이 많습니다. 어디에서 얼마나 잘 활용되었느냐에 따라 후대에 그것의 기원으로 남는 셈이죠.

위대한 유산, 팔만대장경

팔만대장경 이야기로 돌아와보겠습니다. 팔만대장경은 세계적으로 유례없이 잘 만들어진 목판인쇄물입니다. 제작 과정을 들으면 입이 떡 벌어질 정도죠. 그 과정은 이렇습니다. 우선 양질의 나무를 골라 벌채합니다. 벌채한 나무는 건조할 때 상하는 것을 막고 나무의 진을 빼기 위해 바로 운반하지 않고 그 자리에서 1~2년 동안 묵힌 후 판자로 만들었습니다. 그렇게 만든 판재를 소금물에 담갔다 말리기를 반복하여 판이 휘거나 뒤틀리는 것을 막았습니다. 이렇게 해서 판을 만드는 데만 몇 년이 소요됩니다.

판의 크기는 가로 70센티, 세로 24센티 내외이고, 두께는 2.6센티~4센티, 무게는 3킬로~4킬로 정도입니다. 이 정도 판을 8만 개나 만들었으니 나무도 적지 않게 베어냈겠죠? 무려 40만 그루 이상의 나무가 사용되었습니다.

이제 목판에 글자를 새겨야 하는데, 이 과정은 더 대단합니다. 우선 목판에 글씨를 써야 하는데 한 사람이 이걸 다 할 수는 없었겠죠. 그런데 목판에 새겨진 글씨를 보면 모두 필체가 똑같습니다. 글씨체를 하나로 통일한 거죠. 지금으로 치면 "궁서체로 써!", "돋움체로 써!" 하는 것처럼 말이죠.

글씨를 쓰고 나면 고려 최고의 장인들이 모여 획을 새겼는데, 글자를 하나 새길 때마다 절을 했다고 해요. 덕분에 팔만대장경의 글자 수가 무려 5200만 자가량인데 오탈자가 거의 없습니다. 한 글자 새길 때마다 절을 해가며 정성을 들였으니 틀릴 수가 없는 거죠. 간혹 나오는 오자도 정말 자세히 보지 않으면 알 수 없을 정도로 정밀하게 덧대었습니다. 이런 인고의 과정을 거쳐 완성했으니 실로 엄청난 작업이 아닐 수 없습니다.

여기에 동원된 인원이 왕족부터 평민에 이르기까지 무려 50만 명이에요. 당시 고려 전체 인구의 20퍼센트에 해당하는 어마어마한 수인데요, 이렇게 온 나라의 백성이 10년 넘게 온갖 정성을 다한 결과물이 바로 팔만대장경입니다. 보통 사람이 이것을 모두 읽으려면 하루 여덟 시간씩 읽어도 무려 30년이 걸립니다.

그럼 팔만대장경이 왜 만들어졌는지 구체적으로 알아볼까요? 팔만대장경

통일성을 지닌 팔만대장경의 글자들

의 본래 이름은 재조대장경^{再雕大藏經}입니다. 다시 만든 대장경이라는 뜻이에요. 대장경은 원래 경장^{經藏}, 율장^{律藏}, 논장^{論藏}의 삼장으로 되어 있어요. 여기서 경장이란 부처가 제자와 중생을 상대로 설파한 내용, 율장은 제자들이 지켜야 할 조항과 그 밖의 공동생활에 필요한 규범입니다. 마지막으로 논장은 앞의 경과 율에 관해 해설을 달아놓은 것이죠.

그 양이 실로 방대할 뿐 아니라 불교의 역사가 흘러오는 동안 계파에 따라 여러 가지 버전이 생겼어요. 그러다 보니 쉽게 제작을 시도할 수 없었죠. 팔만대장경은 대승불교와 소승불교, 또 이 두 가지에 해당하지 않는 여러 잡다한 경전들의 내용을 모두 모아 집대성한 거대한 불경 모음집입니다.

고려시대에는 국가 차원에서 대장경을 완성하면 석가의 힘이 외세의 침입을 막아줄 거라는 믿음이 있었어요. 특히 몽골 침입기에 불심으로 나라를 지키려는 움직임이 많았습니다. 불교계에서도 불탑에 방화를 저지르는 등 문화 파괴적인 행동을 서슴지 않는 몽골에 다양한 방식으로 저항하는 중이었습니다. 실제로 몽골 장수 살리타를 사살한 김윤후 같은 승려들이 무력으로 몽골에 대항하기도 했고요.

팔만대장경 제작 이전, 고려는 11세기 초에 거란족의 침입을 막고자 초조대장경初雕大藏經을 제작했습니다. 제작 이후 거란과의 전쟁이 종료되자, 고려 사람들은 대장경의 힘을 믿게 되었죠. 그러나 초조대장경은 완성되기까지 무려 76년이나 걸렸는데 몽골의 침입으로 그만 불타버렸어요. 이에 1236년 대장도감이라는 기관을 설치해 새롭게 만든 것이 지금 전해지는 팔만대장경입니다. 흩어진 민심을 한데 모으고 부처의 힘으로 몽골의 침입을 물리치고자 한 것이죠. 팔만대장경은 초조대장경의 구성과 내용을 그대로 따랐기에 시간이 단축되었다고는 하나, 전쟁중에 10년 넘게 정성을 모아 만들었다는 것 자체가 대단한 일이 아닐 수 없습니다.

대장경을 강화도에서 만들었다?

과거에는 팔만대장경이 인천 강화도에서 제작되어 조선 초에 경남 합천의 해인사로 옮겨졌다고 알려져왔습니다. 그런데 알고 보니 팔만대장경의 제작 장소가 지금까지 알려진 것처럼 강화도가 아니라 경남 남해라는 사실이 밝혀졌죠. 대장경 간행 기록을 조사한 결과, 대장경을 제작한 장소로 기록된 대장도감과 분사대장도감이 모두 동일한 장소인 남해로 드러난 거예요. 그럼 왜 남해에서 대장경이 만들어진 것일까요? 당시 육지는 몽골의 기마병이 휩쓸던 때라 섬에서 대장경을 판각해야 했고, 남해도는 지리산 나무를 물길을 따라 보내기 좋은 입지 조건을 갖췄기 때문이라고 추측하고 있습니다. 이런 주장에 따라 강화도는 대장경 제작이 끝난 뒤 조선 초 해인사로 다시 옮길 때 잠시 거쳤던 경유지로 보고 있죠. 그러나 강화·남해 공동제작설도 있는 등 아직까지 논란이 계속되고 있습니다.

여하튼 최종적으로 해인사로 옮겨진 대장경은 목판을 보존하기에 최적의 습도와 온도를 갖춘 장경판전 _{팔만대장경이 보관되어 있는 건축물. 1488년 완공되어 해인사에 남아 있는 건물 중 가} _{장 오래되었다. 세계에서 유일하게 대장경 보관용으로 지어졌다}이라는 곳에 보관되었고, 지금까지도 잘 보존되고 있습니다. 장경판전을 보면 아래위로 통풍이 잘되도록 뚫어놓은 창살이 빛의 각도와 바람 등을 조절해주고, 내부는 대장경이 보관된 서가를 지면에서 떨어뜨려 습도를 조절하고 해충의 피해를 막고 있어요. 덕분에 팔만대장경은 지금까지도 원형이 잘 보존되어 높은 가치를 인정받고 있죠. 그 내용 또한 다른 어느 대장경과 비교해봐도 최고 수준이라는 게 학자들의 공통된 의견입니다. 이후 해인사 장경판전은 팔만대장경과 함께 유네스코 세계문화유산에 등재되었습니다.

팔만대장경 목판을 쭉 쌓으면 무려 3250미터가 되어 백두산보다 500미터 이상 높습니다. 무게는 285톤에 달하고요. 단지 우리 눈앞에 쌓여 있지 않을 뿐, 세계의 어떤 문화유산보다도

해인사 장경판전에 보관된 대장경

높고 큰 지식의 유산을 우리는 갖고 있는 셈이죠. 불교의 백과사전이나 다름 없는 대장경을 만들려면 방대한 지식과 그것을 수집, 분석, 배열할 수 있는 능력이 있어야 합니다. 또한 실제 목판을 제작해 장기적으로 보관할 수 있는 과학기술이 필요합니다. 그리고 그것을 완성해낼 모두의 정성과 노력이 필요하죠.

지식과 노력과 기술, 이 모든 것이 축적된 결과물이 바로 우리의 팔만대장경입니다. 이렇게 훌륭한 문화유산이 오랜 세월이 지난 지금 옛 모습 그대로 우리 곁에 살아 숨쉬는 것은 크나큰 축복입니다. 여러분, 그 숨결을 함께 느껴 보시죠.

역사는 사람들에게
과거를 알려줌으로써
미래를 판단할 수 있게 한다.

토머스 제퍼슨, 정치가

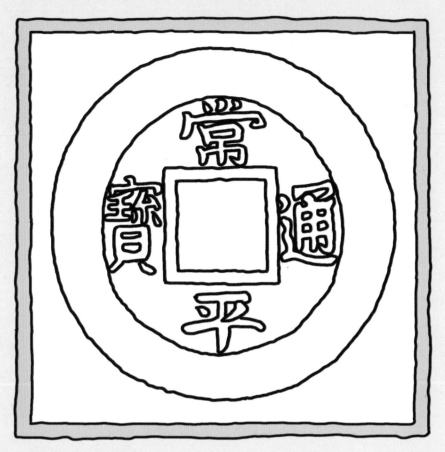

화폐 상품의 교환, 유통을 원활하게 하기 위한 일반적인 통용 수단.

독자 여러분, 돈 많이 버세요! 한국의 화폐

화폐, 우리는 흔히 '돈'이라고 하는데요, 돈은 말 그대로 돌고 돈다는 뜻이 있습니다. 과거에는 우리 돈의 단위를 '환圜'이라고 했는데, 이 말 역시 순환의 의미가 있죠. 그리고 지금 쓰는 단위인 '원'도 둥글다는 뜻에서 어원을 찾을 수 있습니다. 이렇게 보니 결국 돈이란 영원히 한곳에 존재하는 것이 아니라, 세상을 돌고 돌며 누군가의 주머니에 잠시 머무르는 것이 아닐까 싶어요. 그렇기에 없어서는 안 되고 누구나 좋아하지만 집착하면 그만큼 부질없는 게 또 돈일 테고요. 이는 어떤 운명을 맞이할지 예측하지 못한 채 돌고 도는 우리의 인생사와 닮아 있기도 합니다. 단순히 경제적인 의미를 넘어 통용되었던 한 시대와 사회를 설명해주는 핵심 키워드 화폐, 그럼 이제 시대별로 쓰였던 화폐를 들여다보며 그 속에 담긴 역사와 문화를 살펴보도록 하겠습니다.

화폐의 등장

과거 사람들은 필요한 물품을 자급자족했습니다. 농사를 짓거나 수렵을 통해 필요한 음식을 구했고, 옷과 그릇 등은 직접 만들어 사용했죠. 스스로 만들 수 없거나 자신이 사는 지역에서 구할 수 없는 물품은 다른 지역 사람과의 물물교환을 통해 구했습니다. 우리 지역의 특산품인 모피와 옆 나라의 특산품인 귀한 약재를 교환하는 방식으로요. 하지만 일일이 물건을 싣고 가서 물물교환을 하기에 불편함이 있다 보니, 교환의 매개체로 화폐가 등장하게 됩니다.

선사시대에는 조개껍데기 같은 것이 화폐의 역할을 하다가, 시간이 지나면서 금, 은 등의 금속으로 화폐를 주조하기 시작합니다. 금속 그 자체가 지니는 가치가 있었기 때문에 물물교환의 매개체 역할을 할 수 있었죠. 그러다 시간이 더 흐르면서 현재의 지폐와 같은 신용 화폐가 등장하게 됩니다. 1만 원 지폐를 이루는 종이 자체는 가치가 없지만, 그 종이에 '금 몇 그램어치'라는 보이지 않는 가치를 매기는 것이죠.

한국 화폐 발전의 역사

우리나라에도 아주 오래전부터 화폐가 존재했습니다. 아주 먼 옛날 선사시대, 신석기시대에는 조개껍데기 등이 돈의 역할을 했고, 철기시대로 넘어오면서 중국과의 교류 과정에서 명도전이라는 중국 화폐가 들어옵니다. 이 화폐는 마치 칼처럼 생겼고 겉면에 명明자와 비슷한 모양이 있어서 명도전이라고 불립니다.

명도전   반량전

　중국 진나라로부터는 반량전이라는 화폐가 들어오는데요, 이는 중국 최초의 화폐로 공인받은 돈이기도 합니다. 진시황이 직접 도안해서 주조했다는 반량전은 겉은 둥글고 가운데에 사각형 구멍이 나 있어요. 이는 물론 제조와 유통상의 기능적 측면을 고려한 도안이기도 하지만 깊은 의미와 사상이 담겨 있습니다. 둥근 원이 하늘을, 사각형이 땅을 상징하는 모양이거든요. 동전 하나에서 하늘과 땅을 동시에 볼 수 있다는 우주 만물의 이치를 담은 것이죠. 흔히 엽전 하면 이런 형태를 떠올리듯이 반량전은 동아시아 화폐의 최초 모델이자 근대 이전까지 동양 화폐의 기본형이 되었습니다.

　가야의 전신인 변한에서는 덩이쇠라는 철덩어리가 돈으로 쓰인 적도 있으나 사용 범위가 넓지는 않았던 것으로 추정됩니다. 이후 고려시대에는 왕권 강화와 상업 진흥을 목적으로 적극적인 화폐 정책을 채택하여 다양한 화폐가 제작되었고, 지금까지 그 형태가 남아 발굴된 것들이 많습니다. 고려 성종 때 제작된 건원중보나 고려 숙종 때 제작된 삼한통보, 삼한중보, 해동통보, 해동중보 같은 것들이 있죠.

| 건원중보 | 삼한통보 | 해동통보 | 활구(은병) |

한편 고려에서는 활구(은병)라는 이름의 화폐도 주조되었는데, 은으로 만들어진 입구가 넓은 병 모양의 은화입니다. 당시 우리나라^{고려}의 지도 모양으로 제작되었다는 점이 매우 특이하죠. 활구는 상당히 고가의 화폐였습니다. 활구는 은 1근으로 제작되었는데, 화폐 가치는 일정하지는 않았지만 당시 쌀 15석~16석, 포 10여 필에 이르는 높은 가격이었습니다. 대단한 고액권이죠. 그렇기에 이 화폐는 일반적으로 통용되었다기보다는 국가 간의 거래나 귀족 등 상류층의 대규모 거래에만 종종 사용되었습니다. 이렇듯 고려시대에는 다양한 화폐가 있었지만 유통은 잘 되지 않았어요. 일반 백성들은 여전히 곡식이나 옷감 등 현물화폐를 사용했죠.

고려 숙종이 화폐를 만들어야겠다고 결심한 건 의천대사의 제안 때문이었는데요, 송나라에서 유학하며 중국 사회의 풍요로움과 발전상을 눈으로 직접 본 의천은 고려를 부강한 나라로 발전시키기 위해 금속화폐를 사용해야 한다고 강력히 건의합니다. 왕이 이를 받아들여 '주전도감'이라는 기관을 세워 화폐 주조 및 유통에 적극적으로 나섰지만, 이런 노력에도 고려의 화폐는 중국처럼 활성화되지 못했죠.

그 이유는 중국과 고려의 상황이 달랐기 때문입니다. 당시 고려는 자급자족을 위주로 한 사회여서 고려 사람들은 쌀이나 옷감 같은 현물화폐를 주로 사용하려 했습니다. 결국 고려시대의 화폐는 국가에서 운영하는 주점이나 다점 정도에서만 제한적으로 쓰이는 정도였죠.

고려의 마지막 임금 공양왕 때부터 저화楮貨라는 종이돈이 등장합니다. 국가 재정 부족으로 화폐가치가 불안정해지고, 그나마 쓰고 있던 철전과 은전도 원료 부족으로 점차 유통이 줄자 중국의 것을 모방해 종이로 지폐를 만들려고 했죠. 하지만 고려가 망하고 조선이 건국되기 직전인 혼란한 정치 상황 속에서, 모든 준비를 마쳤음에도 저화는 끝내 발행되지 못했습니다. 이미 인쇄된 저화는 종이를 만드는 데 사용되었고, 저화를 찍어내기 위한 판들은 모두 소각되었어요. 조선 건국 이후 다시 저화를 유통하기 시작했지만, 잘 사용되지는 못했습니다. 대신 현물화폐인 포화옷감의 규격을 정해 화폐처럼 이용하는 것가 조선 후기까지 널리 사용되었죠.

화폐가 전국적으로 활발하게 유통되기 시작한 시점은 조선 후기입니다. 조선 후기에는 이앙법모내기법이 전국적으로 확대되면서 농사에 필요한 일손이 덜어집니다. 이에 따라 한 농민이 경작할 수 있는 토지의 양이 늘어나 일부 농민은 넓은 토지를 경작해서 부를 축적했는데, 이를 광작이라고 합니다.

부농층이 생겨난데다 인구가 증가하고 도시로 유입되는 인구도 늘어나면서 자연스레 각종 물품에 대한 수요가 증가합니다. 더불어 대동법의 시행으로 조세의 금납화조세를 곡식이 아닌 돈으로 내는 것가 이루어지면서 상품 화폐 경제의 발달을 자극했죠. 드디어 조선에서도 곡식이나 옷감 같은 현물화폐가 아닌 동전을 사용할 수 있는 시장의 환경이 마련된 것입니다.

이 때문에 조선 후기 숙종 대에는 조선의 법화인 상평통보가 전국적으로 널리 유통되었어요. 하지만 이렇게 교환의 편의를 가져다주던 상평통보는 때로 부작용을 낳기도 했습니다. 우선 동전 사용이 널리 확대되어 동전에 대한 수요가 늘어난 것에 비해 동전 주조량이 턱없이 부족했습니다. 게다가 일부에서는 재산 축적을 위해 동전을 모아놓고 사용하지 않거나 사재기를 하면서 시중에 동전이 크게 부족해집니다. 이러한 현상을 '전황'이라고 불러요.

흔히 우리가 빈털터리일 때 "땡전 한 푼 없다"고 하는데요, 여기서 '푼'은 엽전 한 닢을 뜻합니다. '땡전'은 당백전이라는 돈에서 유래한 말이고요. 19세기로 넘어오면서 흥선대원군이 당백전이라는 돈을 발행하는데, 불타버린 경복궁을 중건하는 비용을 충당하기 위해서였어요. 당백전의 앞면에는 상평통보라고 적혀 있고, 뒷면에는 호대당백이라 적혀 있습니다. 즉 당백전은 상평통보의 100배 가치를 지니는 돈이었어요. 하지만 실제로는 다섯 배 정도의 가치로 유

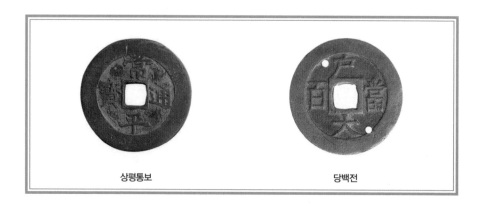

상평통보   당백전

통되었어요. 갑자기 고액 화폐가 늘어났으니 물가가 오르고 화폐가치는 하락하는 인플레이션이 일어나는 건 당연한 수순이었겠지요. 당백전으로 인해 야기된 국가 경제의 후퇴와 혼란은 조선의 국력 쇠퇴에 상당한 영향을 끼칩니다.

근현대의 화폐

우리나라 화폐는 근현대로 접어들면서 급격한 변화를 거듭합니다. 1904년 제1차 한일협약 체결로 고문정치가 시작되면서 우리나라에 일본인 재정고문으로 메가타라는 사람이 파견됩니다. 그가 1905년에 한반도에서 화폐 정리 사업을 시행하면서, 기존에 유통되던 조선 돈을 일본 화폐인 제일은행권으로 모두 바꿔버려요. 우리 금융계를 장악할 목적으로 무단으로 일본 지폐를 발행해 강제로 유통해버린 거죠.

제일은행권

그러나 국권 피탈 이후 1911년에는 조선은행법이 제정되면서 한반도의 돈이 조선은행권으로 다시 변합니다. 이때 조선은행권의 단위는 지금과 같은 '원圓'이었습니다. 그렇게 광복 이후 미군의 통치를 받는 1940년대 후반까지 조선은행권이 쓰이다가 이승만 대통령이 '원'의 단위를 '환'으로 바꿉니다. 그러나 박정희 대통령이 1962년에 화폐개혁을 통해 '환'을 다시 '원'으로 바꾸죠. 오늘날 우리가 쓰고 있는 돈의 원형이 바로 이때 생긴 것이고요.

지금까지 우리나라 화폐 발전의 역사를 짚어봤습니다. 하지만 발전 과정이 화폐를 이해하는 유일한 길은 아니겠죠? 앞서 말씀드린 대로 화폐는 단순히 물물교환의 수단이 아니라 한 사회의 특징과 문화를 반영하는 상징물이기도 합니다. 따라서 화폐에 새겨진 의미를 꼼꼼히 따져보면 그 화폐가 통용되는 사회의 모습 또한 엿볼 수 있답니다. 그럼 마지막으로 현대 화폐를 통해 우리의 역사와 문화를 들여다보도록 하겠습니다.

현대 화폐 속의 문화유산

인물 그림이 등장하는 화폐에 앞서 500원짜리 동전부터 살펴볼까요? 500원 동전에는 인물이 아닌 학이 새겨져 있는데요, 학은 우리나라의 천연기념물이며 장수를 상징합니다.

500원 동전

500원 동전과 관련한 재미있는 사실 하나를 소개해드리면, 유독 1998년에 제조된 500원이 동전 수집가들 사이에서 30~40만 원이 넘는 고가에 거래가 된다고 해요. 왜냐하면 1997년 IMF 경제 위기를 맞았을 당시 펼쳐진 국민적인 동전 모으기 운동으로 인해 1998년엔 동전을 새로 만들 필요가 없었거든요. 그래서 1998년 500원 주화는 귀빈이나 해외 증정용으로 딱 8000개만 주조되었고, 그 때문에 오늘날 엄청난 희소성을 띠게 되었답니다. 만약 지금 주머니에 500원짜리 동전이 들어 있다면 발행 연도를 한번 유심히 들여다보실 필요가 있겠어요.

1000원 지폐 앞뒷면

겸재 정선 〈계상정거도〉

　　그다음은 1000원을 보겠습니다. 1000원권 지폐에서는 퇴계 이황 선생을 만날 수 있습니다. 선조 임금의 스승이자 우리나라를 대표하는 성리학자이면서 국가 요직을 두루 거친 탁월한 인물이었죠. 이황 선생 옆에 그려진 건물은 조선시대 성균관의 명륜당입니다. 많은 분이 이 건물을 이황 선생이 기거했던 도산서당으로 오해하는데요, 도산서당은 1000원 지폐 뒷면에 있어요. 뒷면을 돌려보면 도산서당 주변의 모습을 그린 〈계상정거도〉라는 그림이 나옵니다. 조선 후기 최고의 산수화가 겸재 정선이 그린 그림이죠. 자세히 들여다보면 배산임수의 아름다운 풍경 속에서 누군가 서당에 앉아 책을 읽고 있어요. 이황 선생의 모습이 아닐까 추측해볼 수 있습니다.

5000원 지폐 앞뒷면

5000원으로 넘어가볼게요. 5000원 속 인물은 16세기의 성리학자 율곡 이이 선생입니다. 이이 선생 초상 뒤로 보이는 앞면의 그림은 선생이 태어난 오죽헌이고, 뒤로 돌려보니 꽃과 과일을 그린 그림이 나오는군요. 어떤 연관으로 이이 선생 뒤에 그려진 것일까요? 네, 맞습니다. 뒷면의 그림은 바로 이이 선생의 어머니 신사임당이 그린 〈초충도〉, 그 중에서 수박과 맨드라미 그림입니다. 훌륭한 학자인 아들의 얼굴과 뛰어난 예술가였던 어머니의 그림이 앞뒤로 배치된 화폐가 5000원권이지요.

1만 원의 주인공은 다들 아실 겁니다. 바로 한글을 창제한 성군 세종대왕이죠. 앞면에는 세종대왕의 얼굴과 〈일월오봉도〉가 그려져 있습니다. 사극이나 영화를 보면 조선시대 왕이 앉는 자리 뒤편으로는 항상 〈일월오봉도〉가 자리함을 알 수 있습니다. 그 위로는 글씨가 쓰여 있는데요, 조선왕조의 창업을 노래한 최초의 한글 시 『용비어천가』입니다. 훈민정음의 실용성을 검증하기 위해 쓰인 이 시는 아마도 세종의 업적을 기리기 위해 함께 도안한 것으로 보입니다.

지폐의 뒷면이 재미있습니다. 조선시대 과학기술의 눈부신 발전이 오늘날까지 이어졌다는 점이 상징적으로 표현되어 있어요. 조선시대 천체관측 기구인 혼천의가 중심에 있고, 배경에는 고구려 천문도의 영향을 받아 조선 태조 때 제작된 천상열차분야지도각석이 보입니다. 혼천의 옆으로는 현대에 제작된 1.8미터짜리 광학망원경이 함께 그려져 있습니다. 우주를 바라봤던 15세기와

〈일월오봉도〉

1만 원 지폐 앞뒷면

5만 원 지폐 앞뒷면

〈월매도〉(좌)와 〈풍죽도〉(우)

20세기가 지폐 한 장에 모두 들어 있는 셈이죠. 선조들의 지혜와 슬기를 이어 받아 오늘날에도 눈부신 성장을 이루고 있음을 지폐를 통해 드러내고 있어요.

마지막으로 가장 근래에 나온 5만 원을 살펴보겠습니다. 최초로 여성 초상이 사용된 지폐예요. 앞면에는 신사임당이 있고요, 그녀의 작품인 〈묵포도도〉와 가지 그림이 옆에 자리잡고 있습니다. 뒷면에는 조선 중기 화가 어몽룡의 〈월매도〉와 탄은 이정의 〈풍죽도〉가 사용되었습니다. 매화와 대나무, 선현들의 지조와 절개를 상징하던 그림이지요.

매일 보던 지폐를 이렇게 차근차근 들여다보니 조금은 새롭지 않나요? 1000원권과 5000원권에는 한국의 유교 문화가, 1만 원권에는 문자와 과학기술이, 5만 원권에는 예술이 담겨 있습니다. 화폐가 한 나라의 역사와 문화를 이해할 수 있는 힌트라는 사실을 상기한다면 앞으로 다른 나라의 화폐든 과거의 화폐든 여러 화폐를 대할 때 좀더 흥미를 가질 수 있지 않을까요? 분명한 건 일상적으로 오가는 몇 개의 동전과 지폐 안에도 역사가 살아 숨쉬고 있다는 점입니다.

과거를 잊어버리는 자는
그것을 또다시 반복하게 된다.

조지 산타야나, 철학자

세시풍속 매해 음력의 24절기와 명절이 돌아올 때마다 전승되어온 관습에 따라 집집, 촌락, 민족 규모로 행하는 의식, 의례, 놀이 등을 일컫는다.

알면 알수록 빠져드는
우리의 세시풍속

역사 이야기에 세시풍속이 나와 조금 의아해하시는 분이 있을지 모르겠습니다. 그러나 역사책에 실린 왕이나 영웅의 업적만이 역사인 것은 아니죠. 하루하루 나름의 치열함으로 역사를 지탱해온 무수한 일반 민중의 이야기 또한 역사입니다. 지금 이 책을 읽고 있는 여러분 또한 역사를 만들어가는 장본인들이고요. 그런 맥락에서 세시풍속 이야기를 통해 민중이 이어온 역사의 일면을 환기해볼까 합니다.

그런데 세시풍속을 생각하면 한편으로는 쓸쓸한 기분이 드는 게 사실입니다. 우리 삶이 서구화되면서 구시대적이고 별 의미 없는 것처럼 여겨지는 대표적인 전통이 세시풍속이 아닐까 하는 생각이 들어서죠. 외국의 문물을 따라하면 세련되고, 우리 것을 찾으면 촌스러워 보인다는 시각이 은연중에 우리 사회 깊숙이 자리하고 있습니다.

한복만 해도 그렇지요. 가까운 나라 일본에 가보면 평소 거리에서 기모노 입은 여성들을 많이 볼 수 있어요. 그런데 우리는 오히려 한복 입은 걸 새삼스럽고 낯설게 여기는 시선이 있죠. 어느 행사든 사람 많은 자리에 한복을 입고 나가보십시오. '뭐지?' 하는 뜨악한 시선을 피하기 쉽지 않을 겁니다. 전에는 어떤 분이 한복을 입었다는 이유로 호텔 레스토랑 입장을 거부당해 언론에서 난리가 나기도 했죠.

젊은이들이 열렬히 챙기는 기념일도 마찬가지입니다. 연인들의 대표적인 기념일인 2월 14일 밸런타인데이는 원래 발렌티노라는 성인을 기리는 축일입니다. 그런데 일본의 모리나가 제과라는 식품 회사가 이날에 초콜릿을 주고받는 풍속을 고안해냈죠. 1960년에 다른 업체와 경쟁하기 위한 마케팅 수단으로 아이디어를 낸 것입니다. 당시 일본은 보수적인 문화라 여성이 남성에게 사랑을 고백하는 경우가 극히 드물었어요. 여기에 착안해 2월 14일에 여성이 남성에게 초콜릿을 주며 고백을 하자는 사랑 고백 캠페인을 벌인 거죠. 물론 초콜릿은 모리나가 제과의 초콜릿을 사야 효과 만점일 테고요.

이 밸런타인데이 이벤트는 처음에는 그다지 화제가 되지 못하다가 1970년 대에 들어 인기를 끌기 시작했습니다. 여성들이 열심히 초콜릿을 사자 고무된 모리나가 제과는 자사의 마시멜로까지 팔기로 마음먹었죠. 그 결과 2월에 선물을 받은 남성이 다음달에 여성에게 마시멜로를 사서 보답하는 마시멜로데이가 3월 14일에 생겨난 겁니다. 마시멜로 색깔이 흰색이라 3월 14일은 화이트데이가 되었고요. 이 문화가 1980년대쯤 우리나라에 들어온 뒤로 우리는 상업적인 목적 외에는 어떠한 뿌리도 없는 일본의 풍속을 열심히 챙기고 있는 셈이죠.

저도 조사를 하며 안 사실인데, 묻지도 따지지도 않고 생겨난 이런 기념일들이 매달 있더군요. 일일이 그 의미를 따져볼 필요도 없이 대부분 연인끼리 무언가 선물을 주고받는 날입니다. 이 기념일 중 대부분이 상업적 목적에 의해^{데이마케팅} 생겨났다는 건 참 안타까운 일입니다. 우리 조상들이 아무런 멋도 분위기도 모르고 살아온 탓에 낭만적이고 재미있는 기념일이 없다면 모를까, 절대 그렇지 않거든요. 그런 의미에서 연인끼리 혹은 가족과 이웃이 같이 즐거움을 찾을 수 있는 우리의 세시풍속 몇 가지를 간략히 소개해드릴까 합니다.

우리 것도 재미있다!

우리의 여러 세시풍속을 설명하기에 앞서 세시풍속이 무엇인지부터 한번 알아봅시다. 세시풍속이란 해마다 계절에 맞추어 되풀이하는 민속 행사를 말하는데, 이는 우리나라가 농경사회였던 것과 관련이 깊습니다. 농경사회에서는 기본적으로 정착생활을 하며, 꾸준히 농사를 지어야 하기 때문에 주민들의 거주지 이동이 거의 없었습니다. 때문에 여러 가지 문화적 전통이 오래도록 전승될 수 있었죠. 또한 농사는 계절의 변화와 밀접한 관련이 있기 때문에, 계절이 바뀌는 각 시점마다 지역 공동체의 구성원들이 모여 결속을 다지거나 농사의 풍요를 기원하는 행사를 연 것입니다. 더불어 이러한 세시풍속은 민간에서뿐 아니라 국가적 차원에서 치러지기도 했습니다.

새해를 여는 설날만 해도 재미있고 의미 있는 풍습이 여럿 됩니다. 우리가 알고 있듯이 음력 정월 초하루인 설 당일에는 조상님께 차례를 지내고 어르신들께 세배를 올렸습니다. 돌아가신 분들께 먼저 절을 하고, 그다음에 살아 계신 분들께 인사를 하는 거죠. 이때 어른들이 세배를 하는 아랫사람에게 덕담을 건네는데, 윗사람은 "올해 과거에 급제한다지"와 같이 선언하는 투로 말을 합니다. 또한 설날에는 윷놀이, 널뛰기 등의 놀이를 즐기기도 했는데요, 봄부터 가을까지 쉴 틈 없이 농사일을 하던 농민들에게는 농사를 쉬는 겨울철이 유일한 휴식기였겠죠.

복조리

설날 밤에는 야광이라는 귀신이 신발을 훔쳐간다고 해서 신발을 다 엎어놓고 자는 문화가 있었습니다. 그리고 지금도 즐겨먹는 떡국 한 그릇이 빠질 수 없겠죠? 떡국을 먹어야 나이 한 살을 먹는다고 생각했습니다. 복을 불러들이는 복조리를 집에 걸어두기도 했습니다. 왕실에서는 대신들이 임금에게 세배처럼 인사를 올렸지요. 이 같은 설 풍습은 『삼국유사』에서부터 이미 그 흔적이 보이고 있어서 유래가 깊다고 할 수 있습니다.

음력 3월 3일 삼짇날 풍속은 지금 되새겨도 뜻깊을 문화입니다. 음력 3월 초면 봄이 오고 꽃이 피기 시작할 때입니다. 그래서 삼짇날에는 마을 사람들이 산으로 놀러가 꽃구경을 했습니다. 특히 동네 여인들끼리 무리를 이루어 꽃놀이를 많이 갔다고 해요. 그리고 진달래 꽃잎을 따서 찹쌀 반죽 위에 얹어 기름에 지진 화전을 만들어 먹기도 했습니다.

삼짇날에는 진달래 화전과 더불어 탕평채를 만들어 먹는 풍속이 있었는데, 이 탕평채는 조선시대 영조가 붕당정치 를 타파하는 탕평책을 논하는 자리의 밥상 에 올랐다가 탕평채라는 이름을 얻었습니다. 채소와 고기가 어우러져 지금 먹어도 맛있는 건강식인데요, 당대에는 푸른색의 미나리는 동인, 붉은색의 쇠고기는 남인, 주재료인 청 포묵은 서인, 검은색의 목이버섯이나 김 가

탕평채

루는 북인을 상징해 이를 버무려 붕당정치로 분열된 조선 관료의 통합을 나타 냈습니다. 지금도 정치권의 분열과 갈등이 심한데요, 삼짇날에 우리 국민들이 탕평채를 손수 만들어 국회의원들에게 가져다주며 영조가 그랬듯 여당과 야 당의 화합을 기원하는 퍼포먼스를 하면 의미도 있고 전통도 살리고 좋지 않 겠습니까? 이런 재미있는 아이디어들을 얼마든지 우리 조상들의 삶 안에서 찾을 수 있습니다.

동지로부터 105일째 되는 날이 한식입니다. 음력으로는 2~3월, 양력으로는 4월쯤이죠. 한식의 유래 자체는 중국에서 찾을 수 있지만, 우리 전통이나 다름 없이 자리잡은 명절이에요. 한식은 그 유래가 남달라 몇 자 적어보려 합니다.

중국 춘추시대 진나라에 개자추라는 사람이 있었습니다. 당시 왕은 문공 이었는데, 개자추는 문공이 왕위에 오르기 전 19년이나 그를 보필하며 갖은 고 초를 다 겪은 충신 중의 충신이었어요. 그런데 문공은 왕이 되자 그렇게 자신 을 따르던 개자추를 제대로 대우해주지 않았지요. 개자추는 서운한 마음에 홀 어머니를 모시고 산으로 들어가버립니다. 왕이 그제야 자신의 행동을 후회하며

개자추에게 산에서 내려올 것을 종용했지만, 그는 내려오지 않았어요. 이에 왕은 꾀를 내었고, 산 밑에 불을 질러 화기를 못 견딘 개자추가 산에서 나오기를 기대하고 있었습니다. 그런데 산 전체가 잿더미가 될 때까지 개자추는 나타나지 않았어요. 나중에 찾아보았더니 그는 산에서 나오지 않고, 어머니와 껴안은 채 그대로 타 죽어 있었습니다. 문공은 큰 슬픔에 잠겨 개자추가 죽은 날만큼은 불을 사용하지 말 것을 명했고, 그래서 이날은 밥을 짓지 못하고 전날에 미리 지어놓은 식은밥을 먹는 풍습이 생겼어요. 한 사람의 죽음을 기리기 위해 하루 정도 찬밥을 먹는 날, 이날이 바로 한식寒食입니다.

지금은 거의 챙기는 사람이 없지만 과거에는 단오가 아주 큰 명절이었습니다. 음력 5월 5일은 우리나라 4대 명절설, 한식, 추석, 단오 중 하나인 단옷날입니다. 유네스코에서는 단오 세시풍속의 가치를 인정해 강릉단오제를 '인류 구전 및 무형유산 걸작'으로 등재했죠. 이날 여인들은 향기 나는 창포물에 머리를 감고 쑥을 꽂은 채 춤을 추며 노닐었고, 장정들은 씨름이나 돌 던지기 놀이 등 체육대회를 했습니다. 춘향이가 이몽룡을 사로잡은 문제의 그네뛰기 역시 단오에 벌어진 일이죠. 한 해의 풍년을 기원하는 축제인 단오는 우리 전통놀이가 다채롭게 펼쳐지는 풍속이라, 오늘날 '대국민 축제'로 승화하기에 가장 좋은 날이 아닐까 생각합니다.

여름에는 밸런타인데이, 화이트데이 등 모든 데이day들을 충분히 잠재우고도 남을 만한 우리의 로맨틱한 명절, 칠월 칠석이 있습니다. 로미오와 줄리엣보다 더 비극적인 연인, 견우와 직녀가 1년에 딱 한 번 만나는 슬프고도 기쁜 날이 칠월 칠석입니다.

직녀는 옥황상제의 손녀로 그야말로 고귀한 신분입니다. 이런 직녀가 목동인 견우와 만나서 결혼까지 할 수 있게 된 건 할아버지 옥황상제가 착하고 부지런한 견우를 맘에 들어했기 때문이지요. 그런데 견우와 직녀는 서로를 너무 사랑한 나머지 애정 사업에만 열중하여 서로 할 일을 게을리하고 말아요. 견우는 소를 돌보지 않고, 직녀는 베를 짜지 않고 놀기만 한 것이죠. 그리하여 사람들은 천재와 기근으로 고통 받게 됩니다. 이에 노한 옥황상제는 두 사람을 갈라놓았습니다. 결국 견우와 직녀는 은하수를 사이에 두고 서로를 그리워하는 나날을 보내게 되었죠.

이 둘 사이를 안타깝게 여긴 까마귀와 까치가 모여, 1년에 딱 하루 동안 은하수 위에 오작교라는 다리를 지어 그들을 만나게 해줍니다. 그게 바로 음력 7월 7일, 칠석이죠. 그래서 칠석이 지나면 까마귀와 까치의 머리털이 벗어진다고 보았답니다. 그리고 칠석엔 견우와 직녀가 흘린 눈물로 비가 온다고 하는데요, 만남의 기쁨과 곧 닥쳐올 헤어짐의 슬픔으로 흘리는 견우직녀의 눈물은 칠석우七夕雨라고도 부릅니다. 칠석 하루 전에 내리는 비는 기쁨의 눈물, 칠석 다음 날 내리는 비는 슬픔의 눈물이라죠.

또한 칠석날에는 여인들이 장독대에 물 한 그릇을 떠놓고 바느질 솜씨가 늘게 해달라고 직녀별에 비는 걸교乞巧를 행하기도 했습니다. 지역에 따라서는 칠석제를 지내기도 하고, 밀전병을 만들어 먹으며 가무를 즐기기도 했지요.

이외에도 소개해드릴 세시풍속은 많지만, 지면에 담은 몇 가지만 제대로 챙겨도 전통과 재미를 모두 살리는 즐거운 명절들을 보낼 수 있지 않을까 싶습니다. 요즘은 민족의 명절이라는 추석마저도 가족들이 모두 모이지 않는 경우가 많죠.

한류 열풍에서 확인했듯 세계와 소통하는 가장 쉬운 수단은 문화입니다. 그런 의미에서 우리의 세시풍속 또한 우리가 가진 귀중한 유산이겠죠. 단오제가 유네스코에 등재되었을 때 중국에서 대대적으로 반발한 적이 있어요. 단오의 기원은 중국인데 한국이 가져가 자신들의 풍속인 양 세계로부터 인정을 받았다는 것이죠. 단오가 중국에서 유래한 것은 사실입니다. 그러나 중국은 단오를 지내지 않고 흘려보냈고, 우리는 꾸준히 단오 풍속을 챙겨왔습니다. 지켜냈기 때문에 우리의 문화로 인정받은 겁니다.

거꾸로 우리의 가치 있고 소중한 명절들을 제대로 챙기지 않는다면, 우리의 전통문화는 사라지거나 남의 것이 될 수도 있습니다. 일본이 김치를 자국의 음식인 것처럼 홍보하고 있는 문제가 두 번 세 번 벌어지지 않으리라는 법이 없죠.

어디서 유래했느냐보다 얼마나 잘 계승하고 발전시켰으며 충실히 즐기고 있느냐가 관건입니다. 우리의 문화, 특히 세시풍속은 문화재청에 있는 공무원들이나 대학의 전문가들이 지키는 것이 아닙니다. 우리 스스로가 흥미를 가지고 일상으로 불러들일 때 비로소 우리의 것이 됩니다. 달력에 표시된 우리 명절과 절기, 무심히 지나치지 마시고 우리 조상들의 멋을 한번 되새겨보시기 바랍니다.

풍속화 인간의 생활상을 그린 그림.

김홍도(1745~1806?) 영·정조 시대부터 순조 초기까지 활동한 조선 후기의 대표적인 화가. 모든 미술 분야에 능통했으나 특히 풍속화에서 두드러진 작품을 다수 남겼다.

초상화부터 풍속화까지!
만능 재주꾼,
단원 김홍도

저는 개인적으로 그림에 관심이 많습니다. 별다른 교육을 받은 적이 없는데도 어려서부터 대회에 나가 상도 타고 그랬던 걸 생각하면 재능이 제법 있었던 것 같아요. 지금은 이렇게 학생들에게 역사를 가르치는 일을 하지만 시간을 내어 틈틈이 그림을 그리는 것도 제 즐거움 중 하나입니다. 부족하나마 제 작품들을 모아 인사동에서 전시회를 열기도 했답니다. 그런 까닭인지 우리 역사 속 뛰어난 화가의 삶이나 훌륭한 작품을 대할 때 남다른 설렘을 느끼곤 합니다. 제 흥분이 이 글을 통해 여러분께 조금이나마 전달될 수 있었으면 좋겠습니다.

풍속화는 민중의 일상생활을 다룬 그림을 말합니다. 실제 사람들이 살아가는 모습을 담아낸 게 풍속화죠. 풍속화는 보통 인장^{도장}이나 낙관^{글씨나 그림을 완성한 뒤 작품에 자신의 아호나 이름, 그린 장소와 날짜 등을 쓰고 도장을 찍는 일, 또는 그 도장이나 도장이 찍힌 것}을 통해 작가가 명확히 드러나는 경우가 많습니다.

강세황, 〈사군자〉 순서대로 난초, 국화, 대나무, 매화.

풍속화가 유행하기 시작한 것은 18세기부터입니다. 조선 전기에는 주로 선비들이 그리는 그림이 대부분이었어요. 사군자 매화, 난초, 국화, 대나무의

네 가지 식물 또는 그 그림라고 들어보셨죠? 사대부들의 성리학적 가치와 이념을 나타낸 문인화 그림을 직업으로 삼지 않는 문인이 그린 그림. 왕실의 귀족이나 사대부, 또는 벼슬하지 않는 선비들이 그렸다가 조선 전기 회화의 대다수였습니다.

이러다가 조선 후기 상품화폐 경제의 발달과 신분제의 동요로 조선의 미술은 변화하기 시작합니다. 과거에 비해 경제적으로 풍족해진 양인이 늘면서 문화생활을 누릴 만한 여유도 갖게 되었거든요. 덕분에 『춘향전』 같은 한글소설이 유행하는가 하면 큰 시장을 중심으로 양반을 비판하고 조롱하는 산대놀이 같은 놀이문화도 발달합니다. 그림도 마찬가지였어요. 기존에 양반층을 중심으로 이루어지던 미술이 서민 계층으로 옮겨와 서민의 삶을 담아내는 작품들이 나타나기 시작했습니다.

조선 후기의 대표적인 풍속화가는 우리가 잘 알고 있는 김홍도와 신윤복입니다. 그 명성이 워낙 대단하여 여러 역사책에서도 자주 접할 수 있지만, 근래에는 『바람의 화원』 같은 책이나 드라마 등 각종 매체를 통해서도 만나볼 수가 있죠. 베일에 싸여 있어 더 드라마틱한 삶과 황홀한 작품 세계, 뛰어난 천재성이 주는 신비감 덕분에 그들은 각종 영화나 드라마의 단골 소재로 등장하고 있습니다.

한국 미술사에 남은 조선의 천재 화가라면 단연 김홍도를 첫손가락에 꼽을 수 있겠지요. 그리고 시대를 앞서간 천재로 시간이 지날수록 재평가되고 있는 신윤복은 확고한 마니아층을 거느린 스타일이라 할 수 있겠고요. 그럼 지금부터 조선의 맨얼굴을 담아낸 이 두 화가의 작품 세계로 함께 떠나보겠습니다.

못 그리는 것이 없다! 왕의 남자 단원 김홍도

먼저 김홍도 이야기를 해볼게요. 김홍도는 위로는 왕의 얼굴부터 아래로는 촌로^{시골 노인}의 얼굴까지 전 계급과 대상을 화폭에 담아낸 정조 대의 최고 화가였습니다. 그는 산수화부터 인물화까지 다양한 화풍을 소화했으며, 시와 서예, 악기에도 능통했던 다재다능한 인물이었습니다. 물론 가장 인정받는 건 그림, 그중에서도 풍속화지요. 조선 민중의 삶을 있는 그대로 사실적으로 표현한 최초의 화가이자, 후대 화가들에게 지대한 영향을 끼친 대가였습니다.

김홍도의 탄생에 대해서는 거의 알려진 바가 없습니다. 단지 조선에 최초로 원근법을 도입한 문인화가 강세황의 제자였다는 정도로만 알려져 있어요. 훌륭한 스승 밑에서 아주 어릴 적부터 가르침을 받았으며, 그 천재성을 유감없이 드러내 스승의 추천으로 도화서에 들어갑니다.

도화서圖畵署는 조선시대 궁중에서 필요한 그림을 전담하던 관청입니다. 그림을 그리는 일은 기술이라고 할 수 있지만, 도화서는 6조 중 건축이나 기기 제작 등 기술직을 관리하는 공조가 아닌 예조에 소속된 관청이었습니다. 그만큼 왕실의 그림이 의례와 관련이 깊었기 때문이죠. 그렇다면 도화서에서 그린 그림, 즉 궁중에 필요한 그림이란 무엇이었을까요?

우선 국왕의 초상화인 어진御眞이 있습니다. 그리고 공신이나 사대부의 초상화도 필요에 따라 제작했습니다. 또한 궁중에서 사용하는 병풍에 들어갈 그림, 지도 등을 그리고, 외국을 방문하는 사신단 행렬을 따라가서 외국 풍물을 그려오는 일 등을 담당했습니다. 또한 왕실 행사를 글과 그림으로 기록한 의궤儀軌의 그림도 도화서에서 담당했습니다. 화가의 역할과 함께 오늘날의 사진 기자와 같은 역할도 했다고 볼 수 있죠.

도화서에 들어간 김홍도는 그 안에서도 두드러진 실력으로 스물아홉이란 젊은 나이에 당시 임금이었던 영조와 훗날 정조가 되는 세손의 초상을 그렸다고 하니, 그 실력 알 만하지요? 정조가 왕이 된 후에 한번 더 정조의 어진을 그렸다고 하는데 이 그림들은 지금 남아 있지 않습니다.

> 단원은 어릴 적부터 그림을 공부하여 못 그리는 것이 없었다. 인물, 산수, 신선, 불화, 꽃과 과일, 새와 벌레, 물고기와 게 등에 이르기까지 모두 묘한 경지에 이르러 옛날의 대화가들과 비교할지라도 그에 대항할 사람이 없었다.
>
> _강세황, 「단원기」

김홍도와 정조는 남다른 인연이 있습니다. 정조는 미술을 무척 사랑했던 임금으로 때때로 도화서의 화가들에게 까다로운 주제를 주고 그림을 그려 오게 한 후, 그 그림들을 감상하는 것을 낙으로 삼았습니다. 그런데 이때 그림이 마음에 차지 않으면 그 화가를 도화서에서 내쫓아 귀양을 보내기까지 합니다.

그는 직접 붓을 들어 그림을 그리기도 했는데, 정조가 그린 〈들국화〉라는 그림을 한번 보시죠. 미술에 안목이 없는 사람이 보기에도 어딘지 멋이 느껴지지 않습니까? 이처럼 예술을 사랑했던 임금이 정조였습니다.

정조, 〈들국화〉

김홍도는 이런 정조의 사랑을 독차지했던 인물이었습니다. 정조는 김홍도의 그림을 무척 사랑하여, 그가 그림을 잘 그린다는 이유만으로 '현감'^{지방행정 관서인 縣縣의 우두머리}이라는 벼슬을 줘요. 우리가 흔히 알고 있는 사또나 원님 같은 벼슬이죠. 중인이었던 김홍도가 올라갈 수 있는 최고의 관직이었습니다. 그런데 아무리 그래도 예술가가 사또라니요. 당연히 정치엔 능하지 못했을 테고, 김홍도는 권세를 오래 누리지 못한 채 금방 벼슬에서 물러나게 됩니다. 그러나 이때 현감으로 일하며 백성들을 가까이서 살폈던 경험은 후에 김홍도가 민중의 삶을 자신만의 개성으로 그려내는 중요한 계기가 되었습니다.

김홍도는 그림에 솜씨 있는 자로서 그 이름을 안 지가 오래다. 30년쯤 전에 나의 초상을 그렸는데, 이로부터 무릇 그림에 관한 일은 모두 홍도를 시켜 주관케 하였다.

_정조의 어제 문집, 『홍재전서』

신선 같았던 천생 그림쟁이, 인간 김홍도

김홍도는 실제로 어떤 사람이었을까요? 예술작품을 보면 그 작가의 가치관이 어떠한지 엿볼 수 있다고 하죠. 김홍도의 그림은 대부분 해학적이고 재미있습니다. 그림 속 인물들은 대체로 웃고 있고요. 그래서 저는 막연히 김홍도 역시 맑고 긍정적인 사람이 아니었을까 추측해보곤 했는데요, 조선시대 김홍도를 평한 글들을 보면 그가 "훤칠하고 풍채가 아름다우며, 마음 씀씀이도 크고 넓어 속세의 사람 같지 않았다" "신선이라 불렸다"는 등의 기록이 있는 걸 보니, 제 추측이 틀리지 않았나 봅니다. 사람 좋고 용모도 뛰어난 매력적인 예술가의 풍취가 그에게 있었던 모양입니다.

그러나 김홍도의 말년은 그다지 아름답지 못했습니다. 경제적인 어려움에 시달려 끼니를 걱정할 정도였어요. 하지만 배고픔도 미술에 대한 김홍도의 열정을 꺾지는 못했습니다. 이런 일화가 전할 정도지요. 하루는 김홍도가 길을 가다 기이하고 아름다운 매화나무를 파는 것을 발견합니다. 그 매화를 사서 그리고 싶었으나 가격이 어마어마해 엄두를 못 내고 있었죠. 이때 어떤 이가 그림을 청하고 사례를 하자 그 돈을 거의 다 털어 매화나무를 사고 맙니다. 그러자 남은 돈이라곤 하루 지낼 먹을 것만 살 수 있을 정도였죠. 쌀 한 톨이 아쉬운 순간에도 주저 없이 그림을 선택하는 인물, 김홍도는 천생 그림쟁이였던 것입니다.

사람 냄새와 따뜻한 시선, 단원의 작품 세계

대략 김홍도가 어떤 인물이었는지를 알아봤고요, 이제부터는 김홍도의 그림 세계로 들어가보겠습니다. 김홍도 화법의 몇 가지 특징들을 살펴볼게요. 우선 김홍도는 자극적이고 화려한 빛깔보다는 수묵화에 가까울 정도로 담담한 색채를 선호했습니다. '윤곽선 불일치 기법'이라 하여 정해진 스케치 안에서 그림을 마무리하는 게 아니라 선과 배경을 넘나들며 붓 가는 대로 색을 넣기도 했지요. 이런 방식은 김홍도 사후 100여 년 뒤에 등장한 세계적인 화가 피카소의 그림에서나 찾을 수 있습니다. 피카소의 〈모자상〉이란 그림을 보면 윤곽선에 구애받지 않고 채색이 자유롭게 이뤄졌음을 확인할 수 있죠. 마치 빛이 번져나간 것처럼요. 시대를 앞서나간 김홍도의 천재성을 엿볼 수 있습니다.

또한 김홍도의 풍속화에는 거의 배경이 없다는 특징이 있습니다. 모든 화풍에 능했던 그가 배경을 그릴 줄 몰라서 그랬던 건 아니겠죠. 게다가 원근법의 대가 강세황 밑에서 배운 그였기에 마음만 먹으면 누구보다 정밀한 배경 구사가 가능했을 것입니다. 김홍도가 배경을 포기한 이유는 풍속화 특유의 인물 중심 구조를 강조하기 위함이란 해석이 지배적입니다. 그만큼 김홍도는 그림 속 인물, 현장에서 벌어지는 삶에 집중했습니다.

다음은 구도를 보겠습니다. 김홍도는 ×자형, 원형, 마름모꼴 구도를 즐겨 사용했어요. 일단 ×자형 구도는 〈점심〉이라는 작품에 드러나 있습니다. 〈점심〉은 제가 각별히 좋아하는 그림이기도 한데요, 볼 때마다 어딘지 좀 짠한 감정이 느껴지거든요. 한편에서 아이에게 젖을 먹이고 있는 여인 때문인데요, 이 점심식사 광경에서 유일하게 아무것도 먹지 않고 있는 두 존재가 바로 개와 어머니입니다. 개는 아마도 사람들의 식사가 끝나면 먹거리가 생길 터인데, 어머니는 남들이 다 밥을 먹을 때에도 아이에게 젖만 물리고 있죠. 당시의 어머니들이 어떤 존재였는지 설명해주는 것 같아 괜히 마음이 울컥해지곤 합니다.

김홍도, 〈점심〉

　　원형 구도를 사용한 그림은 〈무동〉이라는 작품도 유명하지만, 〈씨름〉을 빼
놓을 수 없습니다. 워낙 유명한 그림이라 어디서든 한 번쯤 보셨을 텐데요, 들
여다보면 볼수록 재미가 있는 작품이니 조금 자세히 이야기해볼까 해요. 참, 우
리나라 옛 그림들은 우측 상단부터 좌측 하단 쪽으로 내려오며 감상하는 것이
정석이거든요. 그 순서에 따라 같이 한번 그림을 들여다볼까요?

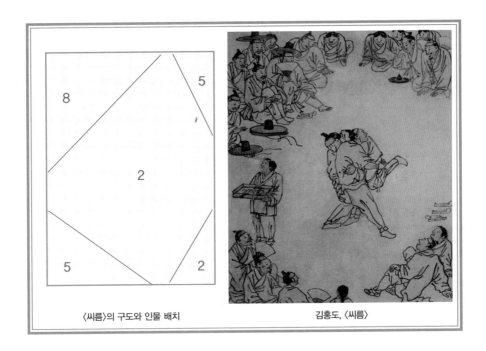

〈씨름〉의 구도와 인물 배치 　　　　　 김홍도, 〈씨름〉

　　오른쪽 위부터 보면 씨름을 열심히 구경하는 사람들이 있고, 그 가운데 쌍둥이로 보이는 꼭 닮은 두 젊은이가 있어 재밌습니다. 좌측으로 시선을 옮겨 보면 신발을 벗고 갓까지 푼 채 씨름을 보는 사람이 있는데요, 표정이나 무릎을 세워올린 자세가 어쩐지 긴장되어 보이지 않나요? 아마도 이 사람이 이번 판이 끝나면 다음에 출전할 선수인 것 같습니다. 그 옆에 마찬가지로 갓을 풀어놓은 사람은 또 그다음 차례인 것 같고요. 그 아래쪽을 보니 사람들이 많이 모여 장사가 잘되는지 웃고 있는 엿장수가 보입니다.

　　중앙에서 힘을 겨루고 있는 선수들을 볼까요? 이 둘 중에 누가 이길 것 같나요? 아마 들배지기 기술로 상대방을 들어올린, 앞쪽에 있는 사람이 이기지 않을까요? 승기를 잡은 이 사람은 얼굴 표정도 굳건하거니와 손에 힘줄도 굵게서 있고, 샅바를 잡은 위치도 정확하죠. 반면에 들린 사람은 표정도 난감해하고, 무게중심을 완전히 잃은 상황입니다. 손의 위치 역시 상대를 제압하지 못하고 엉뚱한 곳을 잡고 있죠. 막 쓰러지기 직전의 찰나로 보이는데, 어느 쪽으로 넘어가게 될까요? 주변 사람들의 표정과 상태를 보면 알 수 있습니다. 우측 하단에 있는 사람들을 보세요. "어어, 쓰러진다!" 하면서 상체를 뒤로 젖혀 피하려는 모습을 하고 있죠. 위쪽 사람들의 여유로운 자세와 비교해보면 확연히 차이가 납니다.

이 그림을 원형 구도라 소개했고 기본적인 배치 또한 그러해 보이지만, 실상 〈씨름〉은 마름모꼴에 더 가까운 그림입니다. 원형의 안정감을 취하려면 상하좌우의 인물 수를 비슷하게 배치해야 하는데, 〈씨름〉은 좌측 상단에 비해 우측 하단의 사람 수가 두드러지게 적어요. 이런 구도는 그림에 불안정감을 주는 동시에 씨름이라는 경기가 주는 역동감을 한층 돋보이게 하는 역할을 합니다. 결과적으로 〈씨름〉 속 인물들의 배치와 구도, 자세와 표정 등 모든 것이 현장의 생동감을 생생히 전달하려는 목적으로 치밀하게 짜여 있다는 이야기입니다.

앞서 말씀드렸듯이 김홍도 그림 속 인물들은 대부분 웃고 있어요. 심지어는 논을 가는 소까지 웃고 있을 정도니까요. 이는 김홍도 본인의 인품이 반영된 결과라고 볼 수도 있겠지만, 김홍도가 임금의 명을 받아 풍속화를 그렸기 때문이라는 추측도 있습니다. 당시 정조의 명을 받들어 백성의 삶을 살피고자 풍속화를 그린 김홍도가 백성을 지극히 아끼는 정조 앞에 굳이 우울한 얼굴의 민중을 그려 보일 이유가 없었다는 것이죠. 정조 시대가 태평성대였다는 걸 상징하기도 하고요.

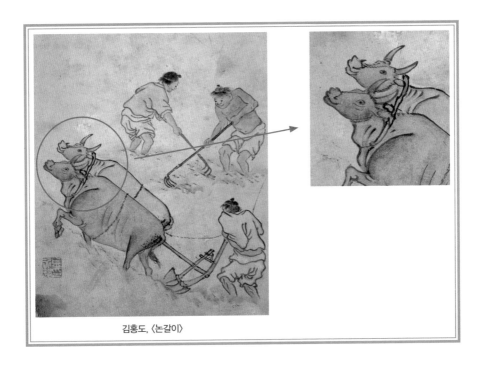

김홍도, 〈논갈이〉

김홍도의 그림 중 웃지 않는 인물이 등장하는 것이 〈길쌈〉이라는 작품인데요, 노동의 고됨을 표현하기 위함인지 그림 속 인물들의 표정이 우울합니다. 길쌈은 베를 짜는 일을 말하는데, 정말 힘든 노동이었다고 해요. 하루종일 집안일에 시달린 여성들이 밤에도 쉬지 못하고 베를 짰던 것이죠. 하루 열두 시간씩 일주일 동안 짜야 겨우 옷 한 벌을 만들 수 있었습니다. 베를 짜는 여성 뒤에는 아이

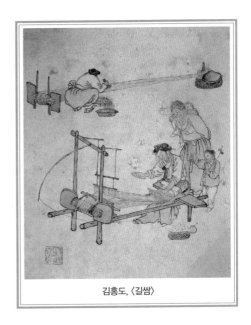

김홍도, 〈길쌈〉

를 업고 있는 시어머니가 보이는데요, 일하는 며느리를 못마땅한 표정으로 바라보며 서 있습니다. 전형적인 시집살이의 애환이 표현되어 있네요.

베 짜는 곳 위로는 풀 먹이는 작업을 하는 여성이 보입니다. 실에 풀을 먹여 끊어지지 않도록 하는 건데요, 쪼그려 앉아 한참이나 이런 작업을 하려면 굉장히 힘들었을 겁니다. 한 그림 속에 있지만 저는 아래위의 두 여성이 같은 인물로 보여요. 옷차림과 머리 모양도 물론 똑같지만 하루종일 반복되는 노동에 시달리는 그 시대 어머니의 모습을 그림 한 폭 안에 형상화한 게 아닌가 하는 생각이 들거든요.

실수일까, 재치일까? 김홍도 코드

마지막으로 김홍도의 그림에 숨겨져 있는 비밀 코드 한 가지를 공개해보겠습니다. 단원의 풍속화를 보다 보면 어딘지 모르게 어색한 부분을 발견할 때가

〈무동〉과 〈씨름〉의 부분 뒤집힌 손 모양을 보라.

종종 있어요. 바로 손이나 발 모양이 반대로 그려져 있는 거죠. 〈무동〉에서 해금을 잡고 있는 연주자의 손이나 〈씨름〉에서 우측 하단에 팔을 뒤로 뻗은 구경꾼의 손 모양을 보면 반대로 뒤집어져 있거든요.

김홍도, 〈황묘농접도〉 나비를 희롱하는 고양이.

단순한 실수일까요? 얼마든지 사실적인 화법을 구사할 수 있었던 천재 화가 김홍도가 이런 실수를 반복했으리라는 생각은 쉽게 들지 않습니다. 이와 관련해서 '단순한 실수다' '함께 작업하던 다른 화원들의 실수다' '김홍도가 왼손잡이여서 좌우를 헷갈린 것이다' 등 분분한 의견이 있지만 그 어떤 것도 명확한 답변은 되지 않죠. 그런가 하면 오히려 단원의 재치로 해석하는 견해도 있어요. 그림을 보는 사람들이 이런 실수를 알아챌 수 있는지 없는지 보기 위해 재치를 발휘해 잘못 그린 것이라는 이야기죠. 저는 자신의 그림에 비밀스럽고 특징적인 코드를 일부러 심어 작가적 존재감을 나타낸 게 아닐까 하는 생각입니다. 일종의 트레이드마크 같은 것이죠.

김홍도, 〈송하맹호도〉

지금까지 김홍도 그림의 특징들을 쭉 정리해봤습니다. 조선 최고의 풍속화가로 알려져 있지만, 사실 김홍도의 작품세계는 하나로

김홍도, '관동팔경도' 중 〈구룡연도〉

규정하기가 어렵습니다. 『원행을묘정리의궤』처럼 국가적인 행사를 사진 찍듯 그려 기록적 가치를 지닌 작품도 있는가 하면, 〈황묘농접도〉 〈송하맹호도〉처럼 동물을 마치 눈앞에 살아 있는 것처럼 정밀하게 표현해낸 그림들도 있습니다. 특히 〈송하맹호도〉는 털 한 올 한 올이 살아 숨쉬는 것 같은 사실성 높은 묘사가 일품인데요, 호랑이를 눈앞에서 오랫동안 관찰하는 일은 사실상 불가능하니 순전히 상상만으로 그려낸 것일 텐데도, 보고 있으면 정말 호랑이가 내 눈앞에 있는 듯이 느껴지죠. 그런가 하면 금강산 구룡폭포를 그린 〈구룡연도〉 같은 멋진 산수화도 있습니다. 이 풍경과 구도는 실제 금강산에 가서 실물과 비교해봐도 거의 오차가 없을 정도죠. 김홍도는 이처럼 대상에 따라 자유자재의 기법을 사용하여 원하는 모든 것을 형상화할 수 있었던 천재였습니다.

마지막으로 제가 가장 좋아하는 그림 한 점을 소개하고 김홍도 이야기를 마무리하려 합니다. 제가 20년 가까이 학생들을 가르치는 일을 해서일까요, 이 그림을 보면 항상 재미있습니다. 바로 그 유명한 〈서당〉입니다. 서당은 조선시대 사교육 기관으로, 농민의 자식부터 양반의 자제들까지 모아놓고 글을 가르쳤던 곳입니다. 그래서 이 그림 안에도 농민과 양반이 함께 있어요. 왼편의 아이들이 농민, 오른편의 아이들이 양반입니다. 저고리의 길이를 보면 알 수 있는데 농민 아이들이 짧은 저고리를 입은 데 비해 양반 아이들은 좀더 긴 도포를 입고 있죠.

가운데에 있는 아이를 보니 훈장님께 회초리로 종아리를 맞은 후 울면서 바지의 대님을 묶고 있네요. 그런데 이 아이의 어깨 부분을 보시면 저고리 선이 다른 아이들에 비해 매우 쭈글쭈글하게 그려진 것을 볼 수 있습니다. 이는 선의 변화를 통해 울면서 어깨를 들썩이는 모습을 표현한 것입니다.

김홍도, 〈서당〉

맨 아래쪽 아이의 옷은 선이 좀더 삐죽삐죽하게 그려졌네요. 네, 맞습니다. 혼나서 우는 친구를 보면서 키득거리며 웃고 있는 것이죠. 매를 친 훈장님의 표정은 그렇게 좋아 보이지 않습니다. 회초리를 들긴 했지만 제자가 울고 있으니 매우 안쓰러워하는 눈빛이에요.

한편, 왼쪽 농민 아이들을 보세요. 표정이 은은하게 웃고는 있지만 입을 가리고 어떻게 해서든 답을 가르쳐주려 노력하고 있어요. 특히 가장 위의 아이가 작고 흐리게 그려졌는데, 이는 은밀히 답을 가르쳐주려는 아이의 의도까지 드러내는 표현이라 볼 수 있겠습니다. 반대로 오른쪽의 양반 아이들은 그저 비웃고 있을 뿐이네요. 다만 이 중에 수염 난 아이 하나가 웃지 않고 안절부절못하며 책을 들여다보고 있는데, 아마 훈장님의 질문을 받을 다음 차례가 아닐까 짐작해볼 수 있습니다. 이렇듯 김홍도의 작품은 그림 속 인물 한 명 한 명 모두에게 애정 어린 시선과 관심이 녹아 있습니다.

조선을 대표하는 위대한 화가였지만 누구보다 서민의 삶에 가깝게 다가갔던 화가 김홍도. 그의 그림이 오래도록 사랑받는 이유는 그의 천재적인 작화 능력보다도 그의 그림에 담겨 있는 따스한 시선과 민중의 삶을 향한 관심 때문일 것입니다. 기회가 된다면 이 지면에 담지 못한 김홍도의 다른 작품들도 찾아보시고, 사람 냄새 물씬 풍기는 그 따뜻하고 푸근한 세계에 빠져보시는 건 어떨까요.

역사란
흘러가버린 시간이 아니라 괴어 있는 시간,
미래를 향해 도리어 흘러 내려오는
그런 시간이다.

이어령, 문학평론가

신윤복(1758~?) 조선 후기의 풍속화가. 양반층의 풍류와 남녀 간의 연애를 세련된 감각으로 과감하게 표현하며 풍속화의 새로운 지평을 연 화가로 평가받는다.

난 여자가 아니랍니다, 혜원 신윤복

김홍도에 이어 이번에는 신윤복입니다. 저는 신윤복을 '화원계의 집시'라고 표현하곤 하는데요, 참으로 자유로운 영혼이자 드라마 제목처럼 바람 같은 인물이었기 때문이죠.

신윤복 그림을 설명하면서 빼놓을 수 없는 것이 바로 '여자'입니다. 그림만 놓고 보면 그는 여자를 참 좋아했던 모양입니다. 신윤복의 그림에 등장하는 총 162명의 인물 중 여성이 무려 72명이나 돼요. 여성이 없는 그림은 단 한 점도 없습니다. 같은 시대 김홍도의 그림 속에 총 184명의 인물 중 여성이 단 20명만 등장하는 것과는 굉장히 대조적이죠. 조선시대에 이렇게 여자를 주인공으로 삼아 그림을 그리는 일은 흔치 않았어요. 여성에 대한 남다른 관심과 애정이 반영된 것이라 짐작합니다.

신한평, 〈이광사 초상〉   신한평, 〈자모육아〉

　이렇듯 여성을 중심으로 사실적인 묘사를 한 탓에 신윤복은 여자가 아니냐는 오해를 받기도 합니다. 이 의구심을 여러 가지 형태로 흥미롭게 묘사한 픽션도 나왔지만, 이는 사실이 아닙니다. 신윤복의 아버지는 신한평이라는 인물인데요, 슬하에 2남 1녀를 두었습니다. 고령 신씨 족보를 보니 형이 윤복, 동생이 윤수로 되어 있습니다. 조선시대 딸들은 대개 족보에 이름이 오르지 못했거든요. 그런데 신한평이 그린 그림 중에 〈자모육아〉젖 먹이는 어머니라는 작품이 있습니다. 이 그림은 슬하에 2남 1녀를 둔 신한평의 가족을 그린 작품이라 추정되는데요, 젖을 문 아이가 동생 윤수, 오른쪽에 서 있는 아이가 신윤복입니다. 신윤복이 남자였음을 알려주는 그림이라 할 수 있죠.

　신한평은 화원으로 도화서에 소속되어 있던 직업 화가였고, 신윤복 집안은 여러 명의 화원을 배출했습니다. 따라서 아버지 밑에서 그림을 배운 신윤복역시 도화서 화원이 아니었을까 추측해볼 수 있지만 기록에는 남아 있지 않습니다. 그런데 신윤복에 대한 기록이 워낙 없다 보니, 그가 처음에는 화원이었으나 풍속에 어긋난 그림을 그리다 쫓겨나지 않았을까 하는 추측이 정설처럼 받아들여지고 있죠. 하지만 여전히 증거는 없습니다. 그의 삶은 베일에 싸여 있어요. 출생부터 성장 과정, 죽음에 이르는 일체의 삶이 기록되어 있지 않은 까닭이죠. 그를 만날 수 있는 유일한 방법은 그가 남긴 그림뿐입니다. 그래서 작품을 통해 신윤복이란 인물을 들여다보도록 하겠습니다.

색의 마술사

신윤복의 그림에서 표현상 가장 두드러진 특징은 역시 색일 겁니다. 색채의 미학이라 불릴 정도로 다채로운 색깔을 사용했어요. 신윤복 그림의 백미라고 칭해지는 〈단오풍정〉만 봐도 이를 확연히 알 수 있습니다. 그림의 배경은 한적한 계곡이고, 여인들이 목욕을 하며 머리를 감고 있죠. 가운데쯤에는 화려한 빛깔의 한복을 차려입은 여인이 그네를 타고 있어 보는 이의 눈길을 사로잡습니다. 당시에는 이런 원색을 사람의 마음을 흐리게 한다고 하여 쓰지 않았는데, 신윤복은 파격적으로 붉은색을 사용한 것이죠.

그네 타는 여인 위로 아주 긴 머리를 늘어뜨린 여성이 있죠. 이 머리를 땋아 올리면 커다란 비행접시 같은 모양이 되는데, 가체라고 하여 남의 머리를 가져다 붙이는 여인들의 헤어스타일이었습니다. 이 가체가 크면 클수록 비싸다 보니 부의 상징으로 여겨졌죠. 여기에 갖가지 장신구들까지 더해 치장하는 게 당시의 유행이었어요. 그러다 보니 조선 후기에는 가체가 너무 무거워져 가체를 쓴 며느리가 시아버지에게 인사를 하다 목뼈가 부러져 죽은 일까지 있었습니다. 아주 무거운 가체는 무려 7~10킬로그램에 달했다니, 조선시대에도 멋 부리

신윤복, 〈단오풍정〉

기는 참 쉬운 일이 아니었던 것 같습니다.

목욕하고 있는 여자들을 다시 보시죠. 반나체 차림에 젖꼭지까지 붉은 점으로 선명하게 묘사되어 있어요. 당시 조선에서는 상상도 할 수 없을 정도의 파격적인 표현이죠. 그리고 그 위로는 머리를 박박 깎은 두 남자가 바위 뒤에 숨어 여자들을 훔쳐보고 있습니다. 머리 모양을 봐서 이들이 중일 거란 추측을 할 수 있습니다. 나체의 여인들을 훔쳐보는 스님이라니요. 당시로서는 얼마나 불경하고 파격적인 그림이었겠습니까. 그냥 봐도 조선시대에 만나기 쉽지 않은 색다른 느낌의 그림이었음이 분명합니다.

그림의 구도는 어떤가요? 상하좌우 인물의 수를 대체로 균등하게 배분해 균형을 맞추면서도 그 숫자를 완전히 똑같이 두지는 않았죠. 여기서 오는 약간의 불균형을 이용해 단오라는 명절이 주는 들뜨고 흥분된 느낌을 나타내고 있습니다.

작품에 방점을 찍다, 그림 속의 시

신윤복의 그림에서 유심히 보아야 할 것은 그림만이 아닙니다. 조선시대 그림에는 한 귀퉁이에 글자가 적혀 있는 경우가 많은데요, 이것을 '제발'題跋, 서화 두루마리와 첩책 말미에 기록한 그 감상록이라 부릅니다. 제발은 화가 본인이 적을 때도 있지만 그림을 본 사람들이 그에 대한 감상을 한두 마디씩 쓸 때도 있었어요. 신윤복은 보통 자신이 직접 제발을 적었는데, 그 내용이 워낙 와닿고 절절하여 그가 시인으로서도 훌륭한 재능이 있지 않았나 추측하게 됩니다.

이와 관련해 〈주유청강〉뱃놀이이라는 작품을 살펴볼게요. 배를 타고 놀러 나온 사람들을 그린 그림인데, 등장인물의 남녀 짝을 지어보면 비율이 맞지 않습니다. 남자는 다섯인데 여자는 셋이죠? 남는 두 명의 남자 중 하나는 뱃사공이고 하나는 피리 부는 소년입니다. 나머지는 여자를 희롱하며 시간을 보내고 있는 양반들이죠. 여자들은 기생들로 보이고요.

그런데 이 세 명의 양반 중 유독 한 명이 멀찍이 떨어져 서서 생황을 부는 기생을 바라보고 있습니다. 이유가 뭘까요? 이 사람의 옷을 보면 중간에 흰색 띠가 둘러 있는데요, 바로 상중에 있을 때 하는 복장이죠. 조선시대에는 삼년

신윤복, 〈주유청강〉

상을 치렀습니다. 법도대로 하면 상중에 이런 뱃놀이에 나오면 안 되겠죠. 아마 이 사람은 지루한 상제 노릇을 못 견뎌 뱃놀이는 나왔지만 양심에 걸려 기생과 어울리지는 못하고 쳐다보고만 있는 모양입니다. 이런 그림에 신윤복은 어떤 제발을 적어놓았을까요? 이런 내용입니다.

피리 소리는 바람을 타서 아니 들리는데,
흰 갈매기는 물결 앞에 날아드네.

재미있는 게 이 그림에는 갈매기가 없습니다. 그림에는 없지만 그림 바깥에 날아다닐 갈매기를 상상한 것이죠. 그리고 눈에 보이지 않는 바람결까지 포착해냅니다. 글을 통해 그림이 더 풍부해지는 느낌이 들죠. 그림에 매몰되지 않고 세상 전체를 바라보며 풍류에 따라 작품을 그리고 쓴 신윤복의 멋이 여기에서 드러납니다.

그날 밤에 무슨 일이 있었나

그다음에 〈월하정인〉야행이라는 작품을 살펴볼게요. 이 그림 또한 참으로 묘한 느낌을 주는 걸작입니다. 신윤복의 그림을 해석할 때는 배경이 큰 역할을 하곤 하는데요, 이는 김홍도와 확연히 구분되는 특징입니다. 김홍도가 주제를 살리기 위해 배경을 그리지 않았다면 신윤복은 주제를 살리기 위해 배경을 더 충실히 그렸죠. 그런데 이 그림의 배경에는 정말 재미있고 놀라운 사실이 숨겨져 있습니다. 한번 같이 보실까요?

우선 달이 떠 있는 걸로 보아 늦은 밤임을 알 수 있습니다. 제발에도 '달이 뜬 삼경', 즉 밤 11시부터 1시 사이라고 적혀 있고요. 그런데 저렇게 볼록한 부분이 위로 가게 엎어진 모양의 초승달은 일상적으로 볼 수가 없어요. 그럼 이건 신윤복의 실수였을까요? 아니면 그냥 상상 속의 달을 그린 것일까요? 이와 관련하여 근래의 흥미로운 연구가 있어 눈길을 끕니다. 볼록한 면이 위로 향하는 달은 월식, 즉 태양-지구-달이 일직선상에 놓여 달이 지구의 그림자에 가려지는 때만 볼 수 있다는 것이죠. 그런데 실제로 그림이 그려졌을 거라 추정되는 시기에 월식이 일어났다는 역사적 기록이 있습니다.

신윤복의 활동 시기로 추정되는 18세기 중반부터 19세기 중반까지 월식 기록을 조사해보면 1784년 8월 30일^{정조 8년, 신윤복 26세}과 1793년 8월 21일^{정조 17년, 신윤복 35세} 두 번에 걸쳐 그림 같은 부분월식이 있었습니다. 당시의 일식과 월식은 국가의 운명에 영향을 미치는 아주 중요한 천문 현상으로 여겨졌기 때문에 거의 빠짐없이 기록이 남아 있거든요. 1784년의 월식은 비가 내려 관측할 수 없었습니다. 그러나 1793년의 월식은 관측이 가능했고, 『승정원일기』 제1719책에는 "7월 병오^{丙午, 15}일 밤 2경에서 4경까지 월식이 있었다"고 정확하게 기록돼 있습니다.

신윤복, 〈월하정인〉

즉, 서른다섯의 신윤복이 월식으로 하늘이 어두웠던 어느 날 밤, 몰래 담벼락 밑에서 만나는 두 연인을 실제로 보고 그렸을 수도 있다는 것이죠. 남아 있는 작품은 말이 없지만 역사적 기록과 맞물린 그림의 뒷이야기가 신비한 분위기를 더해줍니다. 그럼 이제 이 그림의 제발을 해석해볼까요?

달빛 으스름한 한밤중
두 사람 마음은 두 사람만 알겠지.

그림과 딱 맞아떨어지는 내용이 아닐 수 없습니다. 그림 속 두 사람은 어딘가로 급히 향하려는 듯 무척 다급해 보입니다. 여자를 보면 한 손으로는 뒤집어쓴 장옷을 지탱하면서 다른 한 손으로는 치마를 잡고 있어요. 급한 발걸음에 치마가 끌리지 않게 들어올린 채 움직이는 중이죠. 그러면서도 발끝은 남자 쪽을 향하고 있으니 남자를 따르고 있다고 짐작할 수 있겠지요. 남자 역시 보통은 하인이 들고 있어야 할 초롱을 직접 손에 들었다는 점에서 하인 몰래 혼자서 여인을 만나러 왔음을 알 수 있습니다. 또 한 손으로는 옷자락이 걸리적거리지 않게 두루마기를 걷어올리고 빨리 움직이려 하는 행색입니다. 아무튼, 뭔가 은밀하고 심상치 않은 일이 벌어지고 있는 현장 같죠?

신윤복이 사랑한 여자?

이 시대 사대부가의 여인들이 외간 남자에게 얼굴을 드러내지는 않았을 테니, 〈월하정인〉 속 여인을 보면 기생인 듯합니다. 여인은 당시의 유행에 따라 가슴이 드러날 듯하게 길이가 짧고 소매가 딱 붙는 저고리에, 풍성하게 부풀어오른

신윤복, 〈미인도〉

치마를 입고 있습니다. 게다가 저고리의 고름을 완전히 묶지 않고 풀어두었으니 관능미가 넘치는 모습이라고 할 수 있겠네요.

〈미인도〉도 마찬가지인데요. 그림 속 미인은 정숙한 자세를 취하고, 손으로는 노리개를 만지작거리고 있습니다. 보통 마음이 초조하거나 수줍을 때 무언가를 만지작거리잖아요? 어쩔 줄 몰라하며 눈을 아래로 살짝 내리뜨고 있는 것이 영락없이 부끄러움을 감추지 못하는 모습입니다. 신윤복과 여인이 마주하여 그림을 그리는 어색하면서도 두근거리는 현장, 눈앞에 그려지지 않으시나요? 그렇다면 어째서 신윤복이 그녀를 사랑한 게 아니냐고 추측할까요? 신윤복이 직접 쓴 것으로 보이는 〈미인도〉의 제발은 다음과 같습니다.

그린 사람의 가슴에 춘정이 서려 있어
붓 끝으로 능히 초상화를 옮겨낼 수 있었다

관음의 미학

이번에는 〈월하정인〉과 비슷한 느낌의 〈월야밀회〉^{달밤의 만남}라는 작품을 만나보시죠. 위에서 아래를 내려다보는 부감법^{俯瞰法}을 이용해 그린 그림입니다. 전체적인 분위기는 긴장되고 긴박해 보여요. 남자는 옷차림으로 볼 때 하급 무관인 듯합니다. 하급이라고는 해도 직위가 있는 관리인데, 보름달이 뜬 한밤중에 몰래 여자를 만나고 있는 거죠. 두 사람은 한밤중에 몰래 만날 수밖에 없는 사이인 걸까요? 남자는 밀회를 즐기면서도 마음이 불안한지 발 모양이 바깥쪽을 향하고 있습니다. 언제라도 도망칠 준비가 된 걸까요?

신윤복, 〈월야밀회〉

달빛 아래서 입 맞추고 있는 연인의 옆으로 또다른 여인이 보입니다. 이 여인은 누구일까요? 두 사람의 은밀한 만남을 위해 망을 봐주는 사람일까요? 아니면 지나가다 우연히 두 사람의 모습을 엿보게 된 사람일까요? 진실은 신윤복만이 알겠죠. 다만 이 그림을 보는 우리의 시선도 마치 숨어 있는 여인의 시선처럼, 뭔가 은밀히 엿보는 듯한 기분이 드네요.

신윤복의 그림 속에서 빈번하게 발견되는 키워드 하나가 바로 '훔쳐보기'입니다. 그는 왜 훔쳐보는 시선을 좋아했을까요? 〈무녀신무〉 같은 다른 작품을

신윤복, 〈무녀신무〉

봐도 한창 굿판이 벌어지는 와중에 남의 집 담벼락 너머로 훔쳐보는 한 사내
가 있고, 그 사내는 안에 있는 한 여인과 몰래 눈빛을 주고받고 있습니다. 과
감하고 혁신적인 화풍을 선호한 신윤복이었지만, 실생활에서는 마음이 여리
고 수줍음이 많은 사람이 아니었을까요? 그렇기에 자신을 노골적으로 드러내
기보다는 보고 싶고 듣고 싶은 것을 몰래 접하는 사람이었을지도 모릅니다.
그런 자신의 정서를 그림으로 표출했을 수도 있고요. 아니면 내밀한 조선의
맨얼굴을 함께 훔쳐보자는 느낌을 주고 싶어서 이런 모티브를 자주 활용했는지
도 모릅니다.

여담처럼 한 가지 이야기를 덧붙이자
면, 신윤복이 유명해진 후 그의 화풍을 모
방하는 화가들이 나타났습니다. 모작^{模作}들
은 때론 그 진위에 대한 논쟁을 일으키는
데, 대표적으로 〈사시장춘〉이란 그림이 그
렇습니다. 그림을 보면 한 소녀가 술을 나르
고, 닫힌 방문 앞에는 남녀의 신발이 놓여
있습니다. 〈사시장춘〉이란 항상 봄이라는
뜻. 방안에서는 남녀 간에 사랑이 오가는
중임을 짐작할 수 있죠.

전체적인 느낌이나 색채 등을 놓고 보
면 신윤복의 그림 같고, 인장 역시 '혜원'이
라 찍혀 있습니다. 그러나 작법에 미세한

전傳 신윤복, 〈사시장춘〉

차이가 있다는 주장과 더불어 이 인장이 실제 혜원의 것과 다르다는 의견도 있지요. 논쟁은 있지만 신윤복의 그림이 아니라고 확답을 할 수는 없어 '신윤복의 그림으로 전해진다'는 의미를 담아 '전傳' 신윤복의 〈사시장춘〉이라 부릅니다.

마지막으로 살펴볼 그림은 신윤복의 〈기다림〉이라는 작품입니다. 원래는 제목이 없지만 그림을 보면 누구나 알 수 있는 정서 때문에 이런 제목으로 불려요. 그림 속 여인은 표정 하나 보이지 않지만 빼꼼히 고개를 돌리고 살짝 몸을 앞으로 기울인 모습이, 척 봐도 누군가를 기다리고 있는 듯합니다. 허리춤

신윤복, 〈무제〉 또는 〈기다림〉

에는 모자를 하나 들고 있는데요, '송낙'이라고 하여 평상시 승려가 쓰는 모자입니다. 즉 이 여인은 스님을 기다리고 있는 것이죠. 그들이 어떤 관계인지 그림은 말해주지 않습니다. 다만 배경을 보니 꽃이 화사하게 핀 화창한 봄날이군요. 묵묵히 뒷짐을 진 채, 누군가 나타나기를 바라며 한곳을 한없이 응시하는 이 여인. 기다림이라는 말이 주는 느낌처럼 여운이 길게 남는 그림입니다.

조선 후기, 누구도 도전하지 않았던 파격을 과감히 시도한 인물 신윤복. 이는 어디에도 속하지 않은 채 바람처럼 살다 사라진 그의 삶 덕분이기도 할 테지요. 불안정한 만큼 가슴 떨리고 흥분되는 삶의 매력, 그의 작품들처럼 위험하고 아찔하기에 더 짜릿한, 그것이 어쩌면 진짜 인생 아닐까요.

민화 우리나라 전통 화법으로 자유롭게 그려진 작자 미상의 그림들. 일반적으로 서민들이 복을 부르기 위한 목적으로 그려 집에 걸어두었다.

설민석도 그린 민화,
당신도 그릴 수 있어요.
한국의 민화

할머니, 할아버지가 계신 시골집 안방 문을 열고 벽을 바라보면 정겹게 걸려 있을 것 같은 그림, 조금은 우스꽝스럽기도 하고 어찌 보면 귀엽기도 한 갖가지 상상 속 동물들이 개성을 뽐내는 그림, 바로 민화입니다. 앞서 풍속화를 통해 우리 조상들의 삶을 들여다봤다면, 이번에는 조상들의 상상력과 교감해 보는 시간입니다.

민화가 어떤 그림인지부터 정확히 짚어볼게요. 조선시대에는 도화서라는 국가기관이 존재했습니다. 시험을 거쳐 이곳에 들어간 중인 출신의 화가들은 주로 임금의 초상을 그리거나, 각종 국가 의례와 행사 등을 기록화로 남기는 일을 했죠. 이런 공식 화원이나 양반 문인화가가 아닌 서민들이 그린 그림을 민화^{民畵}라고 합니다.

그 때문에 민화는 그림만 전할 뿐, 누가 그렸는지 모르는 경우가 대부분입니다. 무명 화가들이 밥 한 사발, 막걸리 한 잔에 그려주던 그림이 민화거든요. 붓 가는 대로, 마음 내키는 대로 그린 그림이기에 자유롭고 솔직합니다. 이런 민화는 일반 민중의 집에 장식용 또는 복을 부르고 잡귀를 쫓는 의미로 걸리거나, 과거 시험의 합격을 기원하는 부적으로 쓰이곤 했습니다.

지금부터는 이런 전통 민화에 얽힌 다양한 이야기를 풀어내려 합니다. 한국 민화에는 역시 호랑이 그림이 가장 많고요, 용과 봉황, 기린, 거북 등도 단골 소재였습니다. 이 네 동물은 고대 중국에서 '사령수'라 불리며 동물들의 우두머리이자 서수瑞獸, 운수가 좋은 짐승로 숭상받았지요. 거북은 우리가 흔히 알고 있듯 장수의 상징이라는 점 때문에 사랑받았고, 그 외 상상 속 동물인 용과 봉황, 기린은 이들을 그린 민화를 함께 보며 숨은 의미에 대해 살펴보도록 하겠습니다.

용은 동아시아에서 주로 왕을 상징했어요. 그 때문에 왕의 얼굴은 용안龍顏, 왕의 옷은 용포龍袍, 왕의 의자는 용상龍床, 왕이 흘리는 눈물은 용루龍涙라 불렀죠. 옛날 사람들은 용과 물이 가깝다고 믿었습니다. 그래서 바다에도, 우물에도, 시냇물에도 용이 있다고 생각했어요. 윤동주 시인의 고향인 간도에는 용정촌龍井村이라는 곳이 있는데요, 이 역시 우물을 팠더니 용이 승천했다는 전설에서 비롯된 지명입니다.

용과 마찬가지로 봉황 역시 어진 임금과 어진 정치를 상징합니다. 전설 속의 이야기지만 봉황이 마지막으로 세상에 모습을 보였던 시기가 '요순시대'라고 하는데요. 이는 고대 중국의 신화 속 군주인 요임금과 순임금이 통치하던 시대입니다. 요순시대는 두 임금이 덕으로 천하를 다스렸던 태평성대의 대명사로 알려져 있죠. 이렇듯 훌륭한 치세와 평화로운 시대를 대변하는 게 봉황입니다. 수컷이 봉, 암컷이 황, 합쳐서 봉황이죠.

민화 속 봉황을 보면 닭하고 닮았지만 눈이 길게 찢어졌다는 점이 좀 다릅니다. 봉황은 배가 고파도 벌레나 곡식을 먹지 않는다고 해요. 대신 대나무 열매를 먹고 깨끗한 물만 마시며 오동나무가 아닌 곳에는 앉지 않는 고고한 생명체입니다. 그런 이유로 봉황 그림에는 항상 오동나무나 대나무가 같이 그려져 있습니다.

내가 네 봉이냐?

봉황에 얽힌 재미있는 이야기 하나를 소개해드릴까 해요. '봉이 김선달'이라고 들어보셨죠? 김선달 앞에 왜 '봉이'라는 말이 붙는지 궁금하셨던 적 없나요? 김선달이 어느 날 길을 가다가 큰 닭을 파는 장사꾼을 만납니다. 김선달은 짐짓 "그거 봉이 아니냐?"고 물었고, 닭장수는 피식 웃으며 이건 그저 수탉일 뿐이라고 대답합니다. 굳이 아니라고 하는 닭장수에게 김선달은 재차 "정말 봉이 아니냐?"고 확인하죠. 그러더니 장사꾼에게 "봉이면 아주 비싼 값에 사려고 했다"는 거예요. 이 말에 혹한 닭장수는 그제야 "이건 닭이 아니라 봉이 맞다"며 맞장구를 쳐주고 비싼 값에 닭을 팝니다. 김선달은 그길로 고을 원님에게 달려가 자신이 봉을 구했다며 갖다 바칩니다. 원님은 그 닭을 가져와서는 봉황이라고 우기는 김선달을 문초했고, 김선달은 울며 장사꾼에게 속아 그랬노라고 항변해요. 그 말을 들은 원님은 닭장수를 잡아와 곤장을 치고 김선달을 속인 죄를 물어 닭값의 몇 배를 물어주라고 명합니다. 닭장수 입장에서는 어처구니가 없었겠지만 김선달은 유유히 돈을 챙긴 후 사라져버렸죠. 과연 이름난 사기꾼다운 소행인데요. 그때부터 김선달의 이름 앞에 '봉이'라는 별명이 붙었다고 합니다. 흔히 누가 은근히 날 깔보거나 하면 '내가 네 봉이냐?'라는 식의 표현을 쓰곤 하지요. 여기서 봉은 어수룩해 이용해먹기 좋은 사람을 이르는데, 이 일화에서 유래했다고 보시면 됩니다.

〈봉황도〉 조선 19세기 그림.

그다음엔 기린을 살펴볼게요. 지금 말하는 기린은 아프리카에 사는 목이 긴 동물이 아니라 용이나 봉황과 마찬가지로 전설 속 동물입니다. 기린은 봉황과 마찬가지로 수컷을 '기麒'라 하고 암컷을 '린麟'이라 한다고 기록되어 있습니다. 기린은 화려한 빛깔의 털을 가지고 있으며, 이마에는 기다란 뿔이 하나 있는 동물인데, 그 생김새가 사슴의 몸에 소의 꼬리, 말과 비슷한 발굽과 갈기를 갖고 있다고 알려져 있습니다. 앞서 말씀드렸듯이 예로부터 용, 거북, 봉황과 함께 사령수로 인식되었죠. 마치 서양의 전설 속 동물인 유니콘 같기도 합니다. 생김새는 비슷하지만 유니콘이 사자도 사냥하는 무서운 존재였다면 기린은 훨씬 온순합니다. 『설문해자』의 기록에 따르면 유니콘과 달리 뿔이 날카롭거나 단단하지 않고, 뿔 자체가 살이라 말랑말랑하다고 해요. 그렇기 때문에 무언가를 들이받거나 찌를 수가 없겠죠. 기린을 사람을 해치지 않는 덕이 있다고 하여 인수仁獸라고 부르는 까닭도 여기에 있습니다.

또한 예전에는 기린을 훌륭한 위인이 나타날 조짐을 미리 알려주는 상서로운 존재로 보았습니다. 지금은 예전만큼 자주 쓰이지는 않지만, 아주 촉망받는 젊은이, 유망주를 기린아麒麟兒라고 부르는 것도 여기서 유래했죠.

〈기린도〉

정의로운 서울의 상징, 해치

사령수는 아니지만 한국 전통 민화에서 빼놓을 수 없는 동물이 해치입니다. 해태라는 이름으로 더 잘 알려져 있죠? 해치는 좀 무섭게 생긴 편입니다. 사자를 닮은

유니콘

〈해치도〉

이 동물은 무시무시한 뿔이 달린데다가 송곳니가 날카롭게 돋았고 온몸은 동전 모양의 비늘로 덮여 있어 범상치 않은 느낌을 주죠. 다리에 불꽃 모양의 갈기가 있다는 점도 특이하고요.

원래 해치는 선악을 구별하고 시시비비를 가리는 능력이 있다고 하여 법과 정의를 상징했습니다. 해치는 분란이 생긴 현장을 보면 어긋난 행동을 한 사람을 골라내 뿔로 들이받고, 들이받아도 그 죄를 다 사하지 못할 정도의 중죄인은 뿔로 공격한 후 먹어치워버린다고 해요. 그런 의미에서 조선시대에는 관리들을 감찰하고 법을 집행하는 사헌부 관리들이 입는 관복의 흉배에 해치가 수놓여 있었습니다. 오늘날에도 국회의사당과 대검찰청 앞에 해치상이 있지요. 또한 해치 석상들은 한결같이 앞이 아닌 옆으로 앉아 고개를 돌리고 있는데요, 이는 사람들을 노려보기 위해서입니다. 해치는 사람 속마음을 들여다보고 잘잘못을 판단하는 동물로, 탐관오리나 나쁜 관리 들이 뜨끔하도록 의도적으로 노려보게끔 만들었습니다.

경복궁 광화문 앞에 해치가 서 있는 이유

해치는 물에 살기 때문에 예로부터 불을 막아주는 힘이 있다고 사람들은 믿었습니다. 그래서 과거에는 화재를 막는 의미로 부엌 같은 곳에 〈해치도〉를 걸어두기도 했죠. 국가적으로도 잦은 화재에 시달렸던 경복궁의 경우, 해치의 기운을 빌리기 위해 궁궐 앞에 해치상을 세워두기도 했습니다. 이와 관련해 조선 건국에 얽힌 이야기가 있어 잠시 소개해볼까 해요.

조선 건국 직후 새로 옮길 수도를 물색하던 중, 조선 건국을 이끌던 정도전은 현재의 경복궁 자리에 궁을 짓고 한양을 수도로 삼자고 주장합니다. 반면 이곳은 관악산의 화기를 그대로 받아 위험하다는 반대 의견도 있었죠. 하지만 결국 도성의 위치는 정도전의 뜻대로 정해집니다. 그 대신 관악산의 화기를 받는다는 반대 의견도 수렴하여 몇 가지 대책을 마련합니다. 첫번째는 관악산을 마주하는 정남쪽으로 큰문을 세워 화기에 정면으로 대응하게 했는데, 그게 바로 숭례문, 곧 남대문입니다.

숭례문의 현판

20세기 초반 광화문 앞의 해치상

조선시대 대부분의 현판^{글씨나 그림을 새겨 벽이나 문 위에 다는 널조각}은 가로로 제작되었는데, 유독 숭례문에 있는 현판만 세로입니다. 세로로 된 현판이 관악산의 화기를 내리찍듯이 눌러 막아주기를 바랐기 때문입니다. 두번째로는 숭례문 옆에 연못을 파

화기를 진압하려 했고요. 더불어 청계천에서 광화문으로 오는 길은 직선으로 하지 않고 우회하여 굽어지게 냈는데요, 이 역시 불의 기운이 곧장 오지 못하게 하려는 아이디어였죠. 마지막으로 경복궁 입구인 광화문에 해치상을 가져다놓았습니다.

여기까지 민화에 나오는 신성한 동물들과 그에 얽힌 재미있는 역사 이야기를 해봤습니다. 민화를 접할 기회가 생기면 그림 속 주인공들을 보며 그 의미를 따져보는 것도 나름 흥미로운 일이 되지 않을까 싶어요. 지금부터는 실생활에서도 서로 그려서 주고받을 수 있는, 복을 가져다주는 민화에 대해 알아보기로 하겠습니다.

행운을 드립니다, 여러분께 드립니다, 구복求福 민화

〈어변성룡도〉

처음에 만날 민화는 〈어변성룡도〉입니다. 이 그림은 조선시대에 과거를 보는 사람들이 받는 대표적인 선물 중 하나였어요. 중국의 역사를 기록한 『후한서』라는 책을 보면, 물고기가 변해서 용이 된다는 내용이 있습니다. 중국 황허 강변에 있는 지역 중 하나인 용문이라는 곳의 전설인데요, 이곳에 있는 용문폭포에는 봄마다 360마리의 잉어가 모여들었다고 해요. 이 잉어들은 폭포에서 물살을 거슬러 마치 연어처럼 거꾸로 솟구쳐오릅니다. 이 역행에 성공한 잉어는 꼬리가 타 없어지며 용이 되어 하늘로 승천한다는 이야기죠. 이렇게 용이 되기 위해 뛰어오르는 잉어의 모습을 그린 그림이 〈어변성룡도〉입니다. 어려운 관문을 통과해 용이 된다는 의미에서 출세의 관문을 일컫는 '등용문'이라는 말도 여기서 생겨난 것이고요. 지금 수험생들에게도 선물로 건넬 법한 그림이죠?

결혼을 할 때 선물로 쓰인 민화들도 있습니다. 금실 좋기로 유명한 원앙 한 쌍을 그린 그림이나, 뿌리가 다른 나뭇가지가 서로 엉켜 마치 한 나무처럼 자라나는 연리지^{連理枝} 현상을 그려서 주기도 하였죠. 또 아래 그림처럼 오리를 그려서 주기도 했습니다. 오리는 한번 짝을 구하면 한쪽이 죽어도 절대 다른 짝을 만나지 않는다고 해요. 그래서 오리는 영원한 인연을 상징했습니다. 또한 오리는 새끼를 잘 돌보는 특징이 있어 가정의 평화를 의미하기도 했죠.

〈오리가 있는 연화도〉

좋은 뜻을 지닌 다른 그림들도 알려드리겠습니다. 바로 꽃 그림들인데요, 송나라의 유학자 주돈이가 쓴 시를 보면 "국화는 속세를 떠나 숨어 사는 은둔이고, 모란은 부귀를 상징하며, 연꽃은 군자를 가리킨다"라는 구절이 있습니다. 그래서 사업을 하시는 분들에게는 부귀를 불러오는 〈모란도〉를, 명예나 가치를 추구하는 분들께는 〈연화도〉를 추천드립니다. 특히 연꽃 그림은 교직에 계신 선생님들이나 학자분들

〈모란도〉

께 드리기 정말 좋은 선물이죠. 학자나 교사는 아무래도 부귀영화보다는 군자
로서의 명예가 더 중요하지 않겠어요? 연꽃은 진흙 속에서 자라나지만 맑고 잔
잔한 물에 씻겨 깨끗합니다. 덩굴을 뻗지 않고 가지도 없이 줄기가 곧게 올라가
죠. 향기는 멀리 갈수록 맑아져 그윽한 느낌을 주고요. 고상하고 품위 있는 꽃
이죠. 흙탕물 속에서도 곧은 모습과 은은한 향기를 유지하는 꽃이니만큼 군자
나 선비를 비유하기에 부족함이 없습니다.

　살다 보면 항상 좋은 일만 있을 수 없습니다. 때로는 기회를 기다리며 더
멀리 뛰기 위해 몸을 움츠리고 있어야 하는 시기도 생기죠. 때를 기다리는 분

들깨는 강태공의 〈조어도〉가 어떨까 싶네요. 강태공은 자신이 활약할 수 있는 때를 기다렸어요. 그는 보통 강가에서 낚시를 하며 시간을 보냈다고 하는데요, 낚시를 하면서도 바늘에 미끼를 끼우지 않은 채 그저 잡는 시늉만 했습니다. 낚시가 목적이 아니라 시간을 보낼 방법이 필요했던 것이죠.

〈조어도〉

오로지 자신을 알아줄 누군가를 기다린 강태공의 꿈은 이루어졌을까요? 전국에서 인재를 찾던 주나라의 문왕의 신하들이 우연히 강태공을 만납니다. 잠시 대화를 나눠본 후 온갖 분야에 걸쳐 박학다식한 강태공에게 감탄하죠. 이에 신하들은 문왕에게 그를 추천하고, 문왕 역시 강태공의 학식과 됨됨이를 알아보고 재상으로 등용했고, 후일 강태공은 큰 공을 세워 제나라의 왕까지 되었습니다. 〈조어도〉는 낚시를 하고 있는 강태공을 찾아온 군주가 허리를 굽히고 대화를 나누는 모습을 담고 있습니다. 이처럼 기회를 기다리다 포착하여 대박을 터뜨리라는 의미를 담은 그림이 〈조어도〉입니다. 무언가를 준비하며 기량을 갈고닦는 이들에게 선물하면 좋겠지요.

이외에 장수와 건강을 기원하는 그림 중 잘 알려진 것이 〈수성노인도〉입니다. 어르신들께 드릴 만한 선물이죠. 우리 조상들은 우주에 있는 별들 중 남극성이 인간의 수명을 관장한다고 생각했습니다. 그래서 남극성을 수성壽星이라 부르며, 이 별이 밝게 빛나면 임금과 백성이 오래 살고 행복할 거라 믿기도 했어요. 그런 맥락에서 인간의 수명을 관장하는 '수성노인'이라는 존재를 만들어냈는데요, 수성노인은 그림에서 보듯 작은 키에 긴 이마를 하고, 사슴을 타고 다니며, 손에는 장수를 상징하는 천도복숭아를 들고 있습니다. 수성노인과 같이 있는 동자는 인간들의 수명을 기록한 두루마리와 인간의 혼이

〈수성노인도〉

담긴 호리병을 차고 있죠.

중국 송나라의 역사책 중에는 실제로 이 수성노인이 나타났다는 전설 같은 이야기가 전해집니다. 키가 3척¹미터 정도 되는 작은 노인이 나타나 온 마을의 술을 다 마셔버렸는데 전혀 취하지 않았답니다. 이 소문이 황제의 귀까지 전해졌고, 황제는 노인을 데려와 궁궐에 있는 술을 모두 마셔보라며 가져다주죠. 그런데 노인은 거뜬히 술을 다 먹어치운 후 홀연히 사라져버렸다고 해요. 다음날 천문대에서 밤하늘을 보던 황제는 수성이 사라진 것을 발견합니다. 이에 황제가 '어제 만난 노인이 수성노인이었구나' 하고 깨달았다는 이야기가 있습니다.

박선영, 〈비마도飛馬圖〉 상상 속 동물인 유니콘에 개성을 부여해 문자와 함께 풀어낸 현대판 민화.

여기까지 여러 종류의 민화를 감상해보았습니다. 민화는 조선시대에만 존재했던 흘러가버린 옛 그림이 아닙니다. 지금도 언제든지, 얼마든지 그릴 수 있는 그림이죠. 재미있고 따뜻한 상상의 세계를 전통적인 화법으로 그려내거나, 서로에게 복을 빌어주며 상징적인 의미를 지닌 대상을 그려 건네면 그게 민화인 거예요. 위 그림처럼 말이죠.

미술이라고 하면 식견이 부족한 사람은 쉽게 다가설 수 없는 어려운 예술 장르로 생각하기 마련입니다. 값비싼 작품들을 보면 돈 좀 있는 사람의 호사 취미 같은 인상을 주기도 하고요. 하지만 직업 화가가 아닌 일반 서민들도 널리 즐겼던 우리 조상들의 민화처럼, 오늘날 우리도 현대판 민화를 감상하며 미술과 대중 사이의 장벽을 낮추고 여가로 그림을 즐겨보면 어떨까 합니다.

간도와 독도 간도는 현재 중국의 영토이며 중국 현지에서 연길도延吉道라고 부르는 지역이나, 과거 조선의 영토였다. 독도는 대한민국의 영토로 울릉도 동남쪽에 위치한 18만 7000제곱미터 정도 면적의 바위섬이다. 정확한 지번은 경상북도 울릉군 울릉읍 독도리 1~96번지이다.

간도와
독도 이야기

이제 우리의 이야기도 얼마 남지 않았네요. 제가 마지막으로 소개해드릴 역사는 바로 간도와 독도 이야기입니다. 제가 〈무한도전〉에 출연했을 때 하하 씨에게 독도가 왜 우리 땅인지 물어본 적이 있습니다. 방송에 나오지는 않았지만요. 하하 씨는 우리 땅을 우리 땅이라고 하는데 무슨 이유가 필요하냐고 되묻더군요. 하하 씨다운 대답이죠? 내 아버지를 내 아버지라고 굳이 설명할 필요가 없듯이 우리 땅을 우리 것이라 말하는 데 어떤 의문이 따를까 싶을 수도 있겠죠. 하지만 안타깝게도 독도는 우리와 일본 사이에 소유권 분쟁이 있는 지역이고, 왜 우리의 땅인지 논리적이고도 명백하게 설명할 필요가 있는 곳입니다.

우리 역사의 기억을 간직한 땅

독도 이야기에 앞서 간도를 소개해드릴까 해요. 한창 중국의 동북공정이

문제가 된 적이 있었는데요, 이때 논
란의 중심이 된 지역 중 하나가 간도
죠. 우선 간도의 위치가 어디인지부
터 짚어보겠습니다. 압록강의 바로
위 지역을 서간도라고 부릅니다. 두
만강의 북쪽에 북간도라고 하는 지역
이 있습니다. 중국에서는 연길, 연변
이라 불리는 곳이죠.

서간도와 북간도의 위치

그렇다면 이 지역은 우리에게 어떤 의미일까요? 저는 간도를 이렇게 부르
고 싶어요. '우리 역사의 흔적을 간직한 땅, 우리 역사를 기억하는 땅.' 우리 역사
는 만주 지역 일부와 한반도를 중심으로 전개되어 왔습니다. 그중에서도 우리 역
사 최초의 국가인 고조선이나, 삼국시대의 한 축이었던 고구려, 고구려를 계승한
발해는 한반도 이북의 만주 지역을 무대로 활동했던 나라들이죠. 하지만 고려시
대와 조선시대로 접어들면서 우리 역사의 무대는 한반도로 축소되었습니다.

하지만 조선시대에도 일부 조선인들은 간도 지역으로 건너가 개간을 하고
농사를 짓기도 했습니다. 조선 전기, 중국 본토에 중심을 두고 있던 명나라는
변방에 별로 신경을 쓰지 않았습니다. 그런데 명나라에 이어 등장한 청나라는
달랐습니다. 청나라는 여진족이 세운 나라로, 여진족의 발원지가 북간도에서
멀지 않은 만주였거든요. 그러다 보니 이들은 북간도 지역을 신성시하며 여러
가지 의미를 부여하기 시작했습니다. 청나라는 북간도를 봉금지封禁地로 지정하
고, 자신들의 영토라 선언하며 조선인들에게 물러날 것을 강요했죠.

이에 영토 분쟁이 벌어지기 시작했고, 그 결과 조선 숙종 때 청나라 관리 목극등과 조선의 대신 박권이 만나 영토 문제를 합의해 그 내용을 비석에 적어 백두산 중턱에 가져다놓았습니다. 그 비석을 '백두산정계비'라고 부릅니다. 이 비석에는 '서위압록 동위토문西爲鴨綠東爲土門'이라 적혀 있어요. 그 말은 서쪽으로는 압록강을 경계로 청나라와 조선의 영토가 나뉘고, 동쪽으로는 토문강이 지표가 된다는 것입니다.

이 상태가 지속되다가 1883년에 청나라가 비석의 내용 해석에 문제를 제기합니다. 비석의 토문강이 송화강의 지류인 토문강이 아닌 두만강을 말한다는 주장이었죠. 이후 1903년에 고종 황제가 북간도를 함경도에 편입하고, 이범윤이라는 간도 관리사를 파견합니다.

이렇게 청나라와의 간도 문제가 제대로 해결되지 않은 상황에서 대한제국이 멸망을 앞둔 시점에 일본은 북간도를 이용해 청나라와 외교 협상을 벌입니다. 그 결과가 1909년에 맺어진 간도협약입니다. 이때 우리는 1905년 강제 체결된 을사늑약으로 일본에 외교권을 빼앗긴 상태였죠. 일본은 우리 대신 우리 영토를 가지고 청나라와 협상에 나서, 만주에 철도를 부설하고 광산을 채굴할 권리를 받는 대신 간도를 넘겨주겠다는 제안을 해요. 청나라는 이를 받아들였고, 1909년 9월 간도협약에 따라 공식적으로 간도는 청나라 땅이 되었죠.

물론 이제 와서 우리가 간도 지역에 우리 조상인 고조선, 고구려, 발해가 있었다는 이유로 간도를 우리 땅이라고 주장할 순 없을 거예요. 다만 제가 안타까운 것은 우리 역사의 흔적을 간직한 간도에 대한 논의 과정에서 조선의 의견은 철저히 무시된 채 간도협약이 체결되었다는 점이죠.

그런데 우리는 또다른 우리 땅을 잃어버릴 위기에 처해 있어요. 바로 독도 이야기입니다. 일본은 조금이라도 틈이 보이면 독도를 움켜쥐기 위해 갖가지 수단을 동원하고 있어요. 동해는 이미 일본해로 세계 대부분의 지도에 표기되어 있는 상황이고요. 소중한 독도를 지켜내려면 독도가 우리 땅이라고 소리치기 이전에 실제로 왜 우리 땅인지 잘 알아야겠죠? 지금부터 하나하나 독도가 우리 땅일 수밖에 없는 이유를 살펴보기로 하겠습니다.

독도는 우리 땅!

독도가 우리 땅인 가장 큰 근거는 우리가 독도를 점유하고 있다는 사실_{실효적 지배} 자체입니다. 독도에 가보면 독도해양경찰과 독도경비대가 당당히 태극기를 꽂아놓고 독도를 지키고 있어요. 그렇다고 우리가 명분도 없이 무력으로 독도를 차지하고 있는 건 아닙니다. 역사적 자료 또한 어떤 기준으로 따져봐도 명명백백히 독도가 우리 땅이라는 사실을 입증하고 있거든요.

『삼국사기』의 「지증왕본기」 편을 보면 신라의 지증왕이 당시 울릉도에 위치한 우산국을 복속시켰다는 내용이 있어요. 그런데 이 당시 우산국의 세력권에는 독도 역시 포함된 것으로 보입니다. 또한 조선시대에 간행된 각종 사료에도 독도가 우리 영토란 사실이 명시되어 있어요. 『세종실록지리지』에 보면 울진현 동쪽 바다에 울릉도와 독도 두 섬이 표시되어 있고, 16세기에 편찬된 『동국여지승람』에도 울릉도와 우산도가 나온답니다. 근대에 들어와서는 1900년에 고종 황제께서 칙령 제41호를 통해 울릉도를 군으로 승격하면서 울릉도 관할 지역에 포함해 독도가 우리 땅임을 만천하에 공포하기도 했습니다.

대한제국 칙령 제41호

제1조 울릉도를 울도로 개칭하여 강원도에 부속하고 도감을 군수로 개정하여 관제 중에 편입하고 군등郡等은 5등으로 할 것.

제2조 군청 위치는 태하동으로 정하고 구역은 울릉 전도全島, 죽도竹島, 석도石島, 오늘날의 독도를 관할할 것.

_『고종실록』 40권, 37년 10월 25일 첫번째 기사

거꾸로 일본 문서에 독도가 우리 땅임을 알리는 기록도 있습니다. 1877년에 제작된 일본의 내무성 자료를 보면 울릉도를 시마네 현의 관할로 넣을 것인가를 따져보는 공문에서 여러 사항을 고려할 때 울릉도가 조선의 영토가 분명하기에 시마네 현 소속으로 넣을 이유가 없다고 스스로 분석한 내용이 있습니다. 울릉도가 관할이 아니니 울릉도에 사실상 속한 독도는 말할 것도 없죠. 이렇듯 조선도 일본도 모두 조선 땅으로 인정하고 지내왔던 것이 독도입니다.

울릉도 외 일도一島를 지적 편찬에 넣을 것인가에 대한 품의

울릉도를 관할로 할 것인가에 대해 시마네 현으로부터 별지와 같이 질의가 있어서 조사해본 결과, 울릉도는 1692년 조선인이 입도한 이후 별지 서류에서 요약 정리한바,

—제1호 1696년 정월 구정부舊政府의 평의

—제2호 역관에 보낸 통보서

—제3호 조선에서 온 서한

—제4호 이에 대한 우리나라일본의 답서 및 보고서

등과 같이 우리일본와 관계없는 곳이라고 들었습니다.

_일본 내무성이 태정관에게 올린 품의서, 1877년 3월 17일

앞으로 보고 뒤로 보고 돌려 보고 뒤집어 봐도 우리의 땅이 분명한 독도를 일본은 어떤 이유로 자꾸 자기네 영토라고 우기는 걸까요? 과거로 거슬러올라가면 조선 왕들의 쇄환 정책조선 전기 울릉도 거주민을 본토로 이주시킨 정책. 일반적으로는 안전 또는 외부 침략에 대비해 주민을 육지로 이주시키는 정책으로 말미암은 상황이 하나의 빌미를 제공합니다. 울릉도나 독도는 지금도 기상 문제로 상륙이 쉽지 않은 지역입니다. 저도 답사를 위해 독도에 다녀온 적이 있는데, 기상 상황 때문에 배편이 무려 세 번이나 취소되고 네번째 시도 만에 들어갈 수가 있었어요. 그렇게 하늘이 허락해야만 닿을 수 있는 섬이 독도입니다. 그러다 보니 관리를 하기도 힘들고, 또한 왜구들의 침입으로 인해 주민들이 피해를 입을 것을 우려하여 섬을 나오도록 했는데 이것이 쇄환 정책입니다.

이렇게 과거에 한때 사람들이 모두 육지로 이주하여 울릉도와 독도가 무인도처럼 텅 빈 적이 있었고, 이때 일본인들이 들어와 자유롭게 어업을 하고 자기네 땅처럼 사용했던 겁니다. 이때 앞장서서 일본 어부들을 쫓아낸 사람이 바로 안용복이라는 사람입니다. 안용복의 활약상을 한번 살펴볼까요? 안용복의 출신에 대해서는 명확한 기록이 없습니다. 생몰년도도 확실하지 않고, 신분 역시 노비라고도 하고, 부산 지역의 전투선에서 노를 젓는 사람이라고도 하죠. 어찌

됐든 그가 미천한 신분이었던 것은 확실합니다.

안용복은 숙종 때인 1693년 처음 일본에 가게 됩니다. 정확히는 일본으로 납치당한 것이죠. 앞서 말씀드렸듯 울릉도 부근에서 고기를 잡던 안용복이 마침 울릉도에 고기를 잡으러 온 일본 어부들을 꾸짖었는데, 그러다 일본 어부들에게 붙잡혀 일본으로 끌려간 겁니다. 하지만 일본 막부에서는 안용복을 조선으로 돌려보내라고 하면서 울릉도는 일본의 영토가 아니라는 내용의 서계를 쓰도록 지시합니다.

그런데 조선으로 돌아온 안용복은 허락 없이 국경을 넘은 죄로 곤장을 맞았습니다. 안용복 입장에서는 아주 억울했을 겁니다. 납치당해서 끌려갔다온데다가, 그래도 울릉도 문제와 관련해서는 성과를 거두었는데 되레 곤장을 맞았으니까요. 어쨌든 안용복이 일본에 다녀온 이후 조정에서는 울릉도와 독도 부근의 영유권 및 어업권에 대해 논의를 벌였고, 결국 일본 막부가 이 지역을 조선의 영토로 인정하고 일본 어민의 어업 활동을 금지했습니다.

하지만 일본 막부의 약속은 실천되지 못하고 있었습니다. 이때 다시 한 번 안용복이 나섭니다. 우선 안용복은 관복과 갓, 조선의 지도 등을 준비해서 조선의 관리 행세를 하며 울릉도에 갑니다. 역시 울릉도에는 일본 어부들이 고기잡이 중이었죠. 이에 1696년 안용복은 일본 어부를 꾸짖고 일본으로 가서 왜 조선 정부와 한 약속을 지키지 않느냐며 화를 냅니다. 여기까지는 좋았는데…… 안용복이 허락 없이 일본에 건너왔음이 들통 나 다시 조선으로 돌려보내집니다. 그리고 조선으로 돌아간 안용복은 더 큰 처벌을 받게 됩니다. 사형이 내려진 거죠. 이번에는 국경을 넘은 죄에 관리를 사칭한 죄까지 더해졌으니까요. 하지만 다행히도 울릉도 문제를 해결하는 데 공이 있음을 인정받아 사형 대신 유배를 가게 됩니다.

안용복의 사례만 봐도, 일본은 이미 조선 후기에 울릉도를 조선의 영토로 인정하고 있었습니다. 독도를 직접 언급하지는 않았지만 울릉도의 부속 도서로 포함시킬 수 있고요. 그럼 일본은 언제부터 독도에 대한 욕망을 드러내기 시작했을까요?

이제까지 역사를 공부하며 무수히 확인한 사실이 그렇듯, 독도 또한 우리의 국력이 약해질 때마다 일본이 깊숙이 손길을 뻗어왔습니다. 러일전쟁중이던 1905년, 일본이 시마네 현 고시 40호^{일본 정부가 독도를 일방적으로 시마네 현에 편입한 사실을 알린 고시}로 독도가 무주지, 즉 주인 없는 땅이라고 선언을 합니다. 그리고 이 무인도에 일본인이 상륙해 어업을 한 사례가 있다는 이유로 이곳이 일본의 영토가 되었다고 발표했습니다. 국력이 급속도로 쇠퇴하는 와중에 독도를 빼앗겨버린 거죠.

우리는 이런 독도를 1945년 광복 직후에 연합군의 문서 SCAPIN 제677호에 의해 울릉도, 제주도와 함께 돌려받습니다. 하지만 1953년 6·25전쟁이 끝나던 해에 일본은 혼란을 틈타 순시선에 관리 및 청년 들을 태우고 와서 독도에 상륙시켰고 영유권을 표명합니다. 이에 홍순칠 대장이 울릉도민들을 규합해 의용수비대를 구축, 일본군을 내쫓은 일도 있답니다. 지금도 일본은 갖가지 외교, 교육 등의 방법을 동원해 여전히 독도를 노리고 있습니다.

여기에 최근 문제가 하나 더 생겼어요. 1998년
에 맺은 '신新한일어업협정'을 말하는 것인데요. 원
래 한국과 일본은 1965년에 '한일어업협정'을 맺었
지만 국제 해양법의 변화 등으로 인해 새로운 협정
에 대한 요구가 대두되어 1998년에 다시 신어업협
정을 체결했습니다. 바다의 경계를 정할 때 양국
해안에서 똑같은 거리로 선을 긋다보면 필연적으
로 겹치는 부분이 생기죠. 이 겹치는 구간을 적당
히 타협해서 공동 관리 구역인 중간수역으로 설정

고 홍순칠 독도 의용수비대장

하는데요, 독도의 위치가 중간수역에 해당하는 것으로 협정이 맺어진 겁니다.
독도는 한국 영토인데 독도를 둘러싼 바다는 한국과 일본이 같이 관리하는 지
역이 되었다는 뜻이죠. 그러다 보니 신한일어업협정의 결과로 독도 영유권의 배
타성이 훼손되었다는 비판도 있습니다.

왜 독도인가?

일본이 독도를 탐내는 이유는 무엇일까요? 일본은 남태평양의 작은 바위
를 섬으로 만들어 인근 바다를 영해로 선언할 만큼 과거부터 영토 욕심이 상당
했고, 경제적 이득을 찾는 데 밝은 나라입니다. 독도 자체는 척박한 바위섬이지
만 독도를 얻으면 인근의 엄청나게 넓은 바다를 자국 해역으로 삼아 군사기지
로 요긴하게 사용할 수 있죠. 당연히 동해의 풍부한 황금어장에서 마음껏 어
업을 하는 것은 물론 독도 근해에 매장된 메탄하이드레이트 21세기의 신에너지 자원으로, 농
축된 천연가스라고 볼 수 있다. 빙하기 이후 해저 또는 동토 지역에서 고압, 저온으로 형성된 메탄의 수화물로, 해저에는 지하에 매장된

독도

2011년 저자가 직접 시마네 현에 가서 인터뷰한 일본 학생들 하나같이 독도는 당연히 일본의 영토라고 말하고 있다.

라는 미래 자원까지 차지할 수 있습니다. 메탄하이드레이트는 채굴이 어려워 아직 실용화하지 못하고 있지만 미래에 석유를 대체할 화석연료로 각광받는 가치 있는 천연자원입니다. 경제적, 군사적, 해양과학적, 지질학적 의미가 높은 곳이 바로 독도입니다. 그래서 그들이 눈독을 들이는 것이고, 그래서 더더욱 지켜내야 하는 땅인 것입니다.

2011년부터 일본 초등학교 사회 교과서에 독도가 일본 영토라고 표기되었고, 현재 일본의 학생들은 그렇게 배우고 있습니다. 일본인들이 독도에 대해 어떻게 생각하는지 궁금해 제가 일본 시마네 현에 직접 간 적이 있어요. 그곳에서 일본 우익들의 살벌한 감시 속에 현지 고등학생 열 명에게 독도에 관한 질문을 해봤는데요, 그중 한 명은 침을 뱉고 화내면서 가버렸고, 나머지 아홉 명은 독도의 올바른 이름은 다케시마이며 일본의 영토이고, 한국이 무력으로 차지하고 있다고 대답했습니다. 학교에서 그렇게 배웠기 때문이라더군요. 한 치의 의심도 없이 독도를 자국 땅이라고 인식하고 있었습니다.

일본과 우리는 화해해야 할 과거도 있고, 공존해야 할 미래도 있습니다. 그러나 각자의 경계에 대한 구분은 확실해야 하지 않겠어요? 독도는 우리 땅이라고 큰 목소리로 주장하는 것도 중요하지만, 이를 뒷받침하는 역사적 지식과 끊임없는 국민적 관심이 무엇보다 중요합니다. 왜 독도가 우리 땅인지 한국인으로서 누구에게나 설명할 수 있는 것, 어렵지 않습니다. 작은 관심과 애정이면 충분합니다. 우리 것을 지키는 힘! 바로 역사에서 찾을 수 있습니다.

태건 한국사 연표

시대 구분	연도	한국사
선사시대	B.C. 약 70만 년 전	구석기 문화
	B.C. 8000년경	신석기 문화
	B.C. 2333	단군, 아사달에 도읍
	B.C. 2000년경	청동기 문화
고대 (삼국~남북국 시대)	B.C. 400년경	철기 문화
	B.C. 108	고조선 멸망
	B.C. 57	신라 건국
	B.C. 37	고구려 건국
	B.C. 18	백제 건국
	194	고구려, 진대법 실시
	313	고구려, 낙랑군을 멸망시킴
	372	고구려, 불교 전래, 태학 설치
	384	백제, 불교 전래
	427	고구려, 평양 천도
	433	나제동맹 성립
	502	신라, 우경 실시
	503	신라, 국호와 왕호를 정함
	520	신라, 율령 반포, 백관의 공복 제정
	527	신라, 불교 공인
	538	백제, 도읍을 사비성으로 옮김
	545	신라, 국사 편찬
	552	백제, 일본에 불교를 전함
	612	고구려, 살수대첩
	624	고구려, 당에서 도교 전래
	645	고구려, 안시성싸움 승리
	647	신라, 첨성대 건립

고대	660	백제 멸망
	668	고구려 멸망
	676	신라, 삼국 통일
	682	신라, 국학 설립
	685	신라, 9주 5소경 설치
	698	발해의 건국
	722	신라, 정전 지급
	751	불국사와 석굴암 중건 시작
	788	신라, 독서삼품과 설치
	828	장보고, 청해진 설치
	900	견훤, 후백제 건국
	901	궁예, 후고구려 건국
	918	왕건, 고려 건국
	926	발해 멸망
	935	신라 멸망
	936	고려, 후삼국의 통일
중세 (고려 시대)	956	노비안검법 실시
	958	과거제도 실시
	976	전시과 실시
	983	전국에 12목 설치
	992	국자감 설치
	1009	강조의 정변
	1019	귀주대첩
	1086	의천, 교장도감을 두고 속장경을 조판
	1097	주전도감 설치
	1107	윤관, 여진 정벌
	1126	이자겸의 난
	1135	묘청의 서경 천도 운동

		1145	김부식, 『삼국사기』 편찬
중세		1170	무신정변
		1196	최충헌 집권
		1198	만적의 난
		1231	몽골의 제1차 침입
		1232	강화도 천도
		1234	금속활자로 『상정고금예문』 간행
		1236~1251	고려, 대장경을 새김
		1270	개경으로 환도, 삼별초의 대몽 항쟁
		1274	여·원의 제1차 일본 정벌
		1359~1361	홍건적의 침입
		1363	문익점, 원에서 목화씨 전래
		1376	최영, 왜구 정벌
		1377	『직지심체요절』 인쇄
		1388	위화도회군
		1389	박위, 쓰시마 섬 정벌
		1392	고려 멸망
근세 (조선 전기)		1392	조선 건국
		1394	한양 천도
		1402	호패법의 실시
		1403	주자소 설치
		1420	집현전 확장
		1441	측우기 제작
		1443	훈민정음 창제
		1446	훈민정음 반포
		1466	직전법 실시
		1485	『경국대전』 완성
		1510	삼포왜란, 비변사 설치

	1519	향약 실시
근세	1543	백운동서원 세움
	1554	비변사, 독립기관으로 발전
	1555	을묘왜변
	1592	임진왜란, 한산도대첩
	1593	행주대첩
	1597	명량해전 승리
	1608	경기도에 대동법 실시
	1609	일본과 기유약조 체결
	1610	「동의보감」 완성
	1623	인조반정
	1624	이괄의 난
	1627	정묘호란
	1636	병자호란
근대 태동기 (조선 후기)	1653	시헌력 채택
	1658	제2차 나선정벌
	1678	상평통보 주조
	1696	안용복, 독도에 불법으로 들어온 일본인 쫓음
	1708	대동법, 전국에 실시
	1712	백두산정계비 건립
	1725	탕평책 실시
	1750	균역법 실시
	1776	규장각 설치
	1784	이승훈, 천주교 전도
	1785	「대전통편」 완성
	1801	신유박해
	1811	홍경래의 난
	1860	최제우, 동학 창시

근대 태동기	1861	김정호, 대동여지도 제작
	1862	임술 농민 봉기
근대 (개항~개화기)	1863	고종 즉위, 흥선대원군 집권
	1865	경복궁 중건
	1866	제너럴셔먼호 사건
	1866	병인양요
	1871	신미양요
	1875	운요호 사건
	1876	강화도조약
	1879	지석영, 종두법 실시
	1881	신사유람단
	1881	영선사 파견
	1881	별기군 창설
	1882	임오군란
	1882	조미 수호 통상조약
	1883	한성순보 발간
	1883	전환국 설치
	1883	태극기 사용
	1884	우정국 설치
	1884	갑신정변
	1885	거문도사건
	1885	배재학당 설립
	1886	육영공원
	1886	이화학당 설립
	1889	함경도에 방곡령 발포
	1894	동학농민운동
	1894	갑오개혁
	1895	을미사변

	1895	『서유견문』 편찬
	1896	독립협회 설립
	1897	대한제국의 성립
	1898	만민공동회 개최
	1898	황성신문 발간
	1899	경인선 개통
	1902	서울과 인천 간 장거리전화 개통
	1904	한일의정서 맺음
	1904	경부선 준공
	1905	을사조약
	1905	동학이 천도교로 개칭
	1906	통감부 설치
	1906	경의선 개통
근대	1907	국채보상운동
	1907	헤이그 특사 파견
	1907	고종 퇴위
	1907	군대 해산
	1909	안중근, 이토 히로부미 처단
	1909	간도협약
	1909	대종교 창시
	1910	국권 피탈, 토지조사사업 시작
	1912	토지조사령 반포
	1914	대한 광복군 정부 수립
	1919	3·1운동
	1919	대한민국 임시정부 수립
	1920	김좌진, 청산리대첩
	1920	조선일보 창간
	1920	동아일보 창간

근대	1926	6·10만세운동
	1927	신간회 조직
	1929	광주학생항일운동
	1932	이봉창 의거
	1932	윤봉길 의거
	1933	한글 맞춤법 통일안 제정
	1936	손기정, 베를린 올림픽 마라톤 우승
	1942	조선어학회 사건
현대 (광복 이후)	1945	8·15 광복
	1946	제1차 미소공동위원회 개최
	1948	5·10 총선거
	1948	대한민국 정부 수립
	1950	6·25전쟁
	1952	평화선 선언
	1953	휴전협정 조인
	1960	4.19혁명
	1960	장면 내각 성립
	1961	5·16군사정변
	1962~1966	제1차 경제개발5개년계획
	1963	박정희 정부 수립
	1967~1971	제2차 경제개발5개년계획
	1968	1·21 사태
	1968	국민교육헌장 선포
	1970	새마을운동 시작
	1970	경부고속도로 개통
	1971	제7대 대통령 선거
	1971	제8대 국회의원 선거
	1972~1976	제3차 경제개발5개년계획

	1972	7 · 4 남북공동성명
	1972	10월유신
	1973	6 · 23 평화통일 선언
	1977~1981	제4차 경제개발5개년계획
	1981	전두환 정부 성립
	1981	88올림픽 개최 결정
	1985	남북 고향 방문단 상호 교류
	1986	서울아시안게임
	1987	6 · 29 민주화 선언
	1988	노태우 정부 성립
	1988	제24회 서울 올림픽
	1990	소련과 국교 수립
	1991	남북한 유엔 동시 가입
	1992	중국과 국교 수립
현대	1993	김영삼 정부 수립, 대전 엑스포, 금융실명제 실시
	1994	북한 김일성 사망
	1995	지방자치제 전면 실시
	1998	김대중 정부 출범
	2000	남북정상회담
	2002	한일월드컵 개최
	2003	노무현 정부 출범
	2007	제2차 남북정상회담
	2008	이명박 정부 출범
	2013	박근혜 정부 출범
	2017	문재인 정부 출범
	2018	제23회 평창 동계올림픽
	2018	2018 남북정상회담(4월 27일)
	2018	5 · 26 남북정상회담
	2018	2018 남북정상회담 평양(9월 18일~20일)

제1장 인물 편

1. 내 아버지의 아버지, 그 아버지의 아버지······ 단군왕검

1) 단군 표준 영정: 문화체육관광부

2) 단군의 차림으로 추정되는 모습: 고등학교 한국사 교과서, ㈜삼화출판사

가지 방울, 거친무늬 거울, 팔주령, 동탁, 비파형 동검, 장대투겁: 국립중앙박물관

3) 고조선의 영향력이 미친 범위: 고등학교 한국사 교과서, ㈜비상교육

2. 선덕여왕의 매력 발산

1) 황룡사 복원도: 고등학교 한국사 교과서, ㈜비상교육

2) 설민석, 〈모란도〉: 저자 소장

3) 분황사 모전석탑: 문화재청

3. 삼천궁녀의 미스터리, 의자왕

1) 7세기 삼국 통일기: 태건에듀

4. 국가의 안정과 변영을 위하여! 일생을 결혼에 매진한 태조 왕건

1) 태조 왕건의 북진정책: 태건에듀

2) 왕건 부인의 출신 지역 분포: 태건에듀

2. 불상도 모르는 불쌍한 중생을 위하여…… 역사 속의 불상

   1) 간다라 미술 양식 불상: 한겨레 신문

   2) 백제의 서산 마애삼존불: 전병철, 『빨래판도 잘 보면 팔만대장경이다 2』, 살림터

   3) 신라의 경주 배리 석불입상: 『빨래판도 잘 보면 팔만대장경이다 2』

   4) 백제의 금동미륵보살반가상: 국립중앙박물관

   5) 고류지 목조미륵보살반가상: 국립중앙박물관

   6) 하남 하사창동 철조석가여래좌상: 문화재청

   7) 관촉사 석조미륵보살입상: 『한국 생활사 박물관』, 사계절

   8) 부석사 소조여래좌상: 『빨래판도 잘 보면 팔만대장경이다 2』

   9) 금동관음보살좌상: 『한국 미의 재발견—불교 조각』, 솔

   10) 부처상: 문화재청

   11) 보살상: 국립중앙박물관

3. 이소룡도 반해버린 한국의 탑

   1) 민간에서 쌓은 돌탑: 『빨래판도 잘 보면 팔만대장경이다 2』

   2) 고려의 홍법국사 실상탑: 『빨래판도 잘 보면 팔만대장경이다 2』

   3) 탑의 세부 이름: 『빨래판도 잘 보면 팔만대장경이다 2』

   4) 미륵사지 석탑: 좌_두산백과사전 두피디아, 우_문화재청

   5) 미륵사 복원 모형도: 전북 익산시

   6) 감은사지 삼층석탑: 『빨래판도 잘 보면 팔만대장경이다 2』

   7) 마주보고 있는 불국사 석가탑(좌)과 다보탑(우): 『한국 미의 재발견—탑』, 솔

   8) 현재 용산 국립중앙박물관에 전시된 경천사지 십층석탑: 태건에듀

   9) 원각사지 십층석탑: 『빨래판도 잘 보면 팔만대장경이다 2』

   10) 〈사망유희〉의 한 장면: 작자 미상

   11) 영화 〈킬빌〉의 한 장면: 작자 미상

   12) 이소룡이 구상했던 〈사망유희〉: 네이버카페 이소룡월드

   13) 법주사 팔상전과 금동미륵대불 실제 모습: 작자 미상

4. 읽는 데만 30년! 팔만대장경

1) 무구정광대다라니경: 문화재청

2) 통일성을 지닌 팔만대장경의 글자들: 해인사

3) 해인사 장경판전에 보관된 대장경: 문화재청

5. 독자 여러분, 돈 많이 버세요! 한국의 화폐

1) 명도전: 두산백과사전 두피디아

2) 반량전: 국립중앙박물관

3) 건원중보: 한국은행 화폐박물관

4) 삼한통보: 두산백과사전 두피디아

5) 해동통보: 한국은행 화폐박물관

6) 활구(은병): 시공미디어

7) 상평통보: 한국은행 화폐박물관

8) 당백전: 한국은행 화폐박물관

9) 제일은행권: 한국은행 화폐박물관

10) 500원 동전: 한국은행 화폐박물관

11) 1000원 지폐 앞뒷면: 한국은행 화폐박물관

12) 겸재 정선, 계상정거도: 작자 미상

13) 5000원 지폐 앞뒷면: 한국은행 화폐박물관

14) 만 원 지폐 앞뒷면: 한국은행 화폐박물관

15) 〈일월오봉도〉: 국립고궁박물관

16) 보현산 천문대 1.8미터 광학망원경: 경향닷컴

17) 5만 원 지폐 앞뒷면: 한국은행 화폐박물관

18) 〈월매도〉: 고등학교 한국사 교과서, ㈜미래엔

19) 〈풍죽도〉: 고등학교 한국사 교과서, ㈜미래엔

6. 알면 알수록 빠져드는 우리의 세시풍속

1) 복조리: 한국민족문화대백과

2) 탕평채: 권명준

7. 초상화부터 풍속화까지! 만능 재주꾼, 단원 김홍도

1) 〈사군자〉: 네이버캐스트

2) 〈들국화〉: 동국대박물관

3) 〈점심〉: 국립중앙박물관

4) 〈씨름〉: 국립중앙박물관

5) 〈논갈이〉: 국립중앙박물관

6) 〈길쌈〉: 국립중앙박물관

7) 〈무동〉과 〈씨름〉의 부분: 국립중앙박물관

8) 〈황묘농접도〉: 간송미술관

9) 〈송하맹호도〉: 호암미술관

10) 〈구룡연도〉: 간송미술관

11) 〈서당〉: 국립중앙박물관

8. 난 여자가 아니랍니다, 혜원 신윤복

1) 〈이광사 초상〉: 최석조, 『옛사람들의 풍류』, 아트북스

2) 〈자모육아〉: 간송미술관

3) 〈단오풍정〉: 간송미술관

4) 〈주유청강〉: 간송미술관

5) 〈월하정인〉: 간송미술관

6) 〈미인도〉: 간송미술관

7) 〈월야밀회〉: 간송미술관

8) 〈무녀신무〉: 간송미술관

9) 전 신윤복, 〈사시장춘〉: 국립중앙박물관

10) 〈무제(기다림)〉: 간송미술관

9. 설민석도 그린 민화, 당신도 그릴 수 있어요. 한국의 민화

1) 〈봉황도〉: 정병모 외, 『민화이야기』, 열다

2) 〈기린도〉: 도쿄 일본민예관

3) 유니콘: 서울신문 나우뉴스

4) 〈해치도〉: 영월 조선민화박물관

5) 숭례문의 현판: 문화재청

6) 20세기 초반 광화문 앞의 해치상: 작자 미상

7) 〈어변성룡도〉: 가나아트센터

8) 〈오리가 있는 연화도〉: 김재춘

9) 〈모란도〉: 서울역사박물관

10) 〈조어도〉: 파리 국립기메동양박물관

11) 〈수성노인도〉: 『민화 이야기』

12) 〈비마도〉: 박선영

10. 간도와 독도 이야기

1) 서간도와 북간도의 위치: 고등학교 한국사 교과서, ㈜삼화출판사

2) 고 홍순칠 독도의용수비대장: 독도의용수비대 기념사업회

3) 독도: 정유나

4) 시마네 현에서 인터뷰한 일본 학생들: 태건에듀

설민석의
무도 한국사 특강 개정판

ⓒ 설민석 2017

1판 1쇄 발행 2017년 11월 15일
1판 13쇄 발행 2023년 2월 7일

지은이 설민석
펴낸이 황상욱

기획 황상욱 윤해승 **편집** 윤해승 이은현
디자인 최정윤 **마케팅** 윤해승 장동철 윤두열 양준철
일러스트 홍원표 **경영지원** 황지욱 **제작처** 영신사

펴낸곳 (주)휴먼큐브
출판등록 2015년 7월 24일 제406-2015-000096호
주소 03997 서울시 마포구 월드컵로14길 61 2층

문의전화 02-2039-9462(편집) 02-2039-9463(마케팅) 02-2039-9460(팩스)
전자우편 yun@humancube.kr
ISBN 979-11-960258-9-2 03910

🅞 @humancube_books 🅕 fb.com/humancube44